中公新書 2568

益尾知佐子著

中国の行動原理

国内潮流が決める国際関係

中央公論新社刊

まえがき

中国は不思議の国なのか

２０１７年10月、中国共産党第19回全国代表大会（党大会）が開かれた。党大会は５年に１回開催される。１９９０年代以降、中国の最高指導者（党総書記）は１期５年を２期務めて引退するパターンが続いている。

習近平《しゅうきんぺい》は２０１２年に総書記に就任したので、この大会で最高指導者の交代がないことはわかっていた。それでも日本を含む世界各国のメディアは、夏頃には中国国内の政治動向をきわめて詳細に報じ始めた。党大会が終了するまで、習近平の盟友である王岐山《おうきざん》が党内慣習を破って政治局常務委員に残るかどうか、それ以外の政治局常務委員には誰が就任するのかなど、具体的な予想に大量の紙面が割かれ続けた。

この党大会はドナルド・トランプが当選した米国の大統領選挙とは１年ずれており、どちらがより世界の注目を集めたか比べるのは難しい。ただしそれにしても、中国が米国と遜《そん》色《しょく》ないほど各国から関心を集めているのは興味深い。民主主義国のメディアは、自分たちの顧客が欲しがる、つまりは金になるニュースを選んで報道する。日本で米国の内政に関する報道が多いのは、米国が大国で、しかも日本の同盟国でもあって、その国内事情が日本に多大な影響を及ぼすと人々が考えているからである。だとすれば日本のメディアは、国内総生産（GDP）がまだ米国の61・9％程度の中国が（2017年）、世界に相当な影響力を持つと暗黙のうちに想定しているわけだ。

中国の台頭は世界中で認知されている。中国のある省が最低賃金を引き上げると多くの企業が世界戦略の転換を迫られるように、中国の一挙一動は他国に大きな波となって伝わる。欧米諸国が保守化を続け、中国の影響力の拡大がさらに進めば、中国が世界秩序を作る時代がやってくる可能性もある。

しかし、では中国の対外行動がどのように決まるのかについては、日本ではあまり真剣に議論されてこなかった。近年、巷《ちまた》にはさまざまな「中国論」があふれている。だが、中国の「野心」「陰謀」が強調され、中国は自分の利益を拡大するためによからぬことを企んでいるという印象論で組み立てられていることが多い。このような視点から描かれる中国は、われわれと同じ人間が作る社会ではなく、あたかも妖怪が闊歩《かっぽ》する不思議の国のようである。こうした話の作り方は、中国共産党の反日宣伝と質的に大差ない。

行動の規則性と論理性はあるか

たしかに、そのような印象が強まった原因は中国にもある。中国の対外行動は、外部世界から見て表面的には支離滅裂に見えるからだ。尖閣諸島近海で起きた２０１０年の漁船衝突事件と、３島「国有化」に誘発された暴力的な反日デモは、日本社会に強いショックを与えた。中国の指導者たちは、「われわれは長い歴史を持ち、文明と道徳に富んだ平和的な国だ」と自分を持ち上げながら、他国を力で押さえつけて自国の要求を呑《の》ませようとし、それが効かないと見れば政府と国民を総動員して、日本に対して執拗《しつよう》かつ横暴な嫌がらせを展開した。

しかも、中国のこうした行動は日本に対してだけではない。中国は近年、ほかの国との間でも、何か問題が生じると一方的に圧力をかけ、相手を力で屈服させる行動を繰り返している。その一方、大規模な国際会議を開催したがり、「中国は……相互に尊重しあい、公平で正義に則《のっと》った、協力的で互恵的な新しい国際関係を推進していく」（中共19大報告）と世界に対して大見得を切る。なんとも、言行不一致が甚だしい。外から見れば、中国が世界から真のリスペクトを受けるまでの道のりは、まだまだ相当遠そうに見える。

しかし興味深いことに、中国人と話をすると、庶民も知識人も役人も、実に多くの人々が中国は本質的に平和的な存在だと主張する。これは話者の学歴や社会的地位、公開・非公開といった場の性質を問わず、どこでどういう人と話をしてもほぼ共通である。

筆者はあるとき中国への飛行機のなかで、米国で働いている中国人科学者と隣同士になった。私が中国外交を勉強していると話すと彼は、「中国は平和な国で、長い歴史のなかで一度たりとも外国に申し訳ないことをしたことがない」と力説し始めた。私は中国の他国に対する内政干渉や武力行使の事例を思い出していたが、外国暮らしの長い彼があまりに真顔で熱心な議論を続けるので、到着までの時間をどうやり過ごすか考えあぐねたものだ。

さすがに反中ムード著しい近年の日本で、自信を持ってこのような議論を展開する中国人はあまり見かけない。だが、自国のことをよく理解しているはずの中国人の目には、政府がなぜあるとき突然、強硬な言動をとるのかが理解できるらしい。彼らの目には、中国の行動には規則性や論理性があると映る。

こうした認知ギャップはどこから来るのだろう。言い換えれば、中国人はどのように自国の対外行動を理解し、それに納得しているのだろう。彼らはそこに、どのような論理性なり合理性なりを見出しているのだろう。そしてそれをなぜ、中国で生まれ育った14億人の大半が共有できているのだろう。中国の対外行動は、中国国内のどのようなダイナミズムの結果生まれてくるのであろう。

以上のような問題意識を踏まえ、本書は中国の対外行動原理を、中国国内の視点から分析していく。中国はわけのわからない存在ではない、と筆者は考える。中国を構成し動かすのは、われわれと同じ生身の人間である。彼らはわれわれと似たような心と頭を持ち、喜びや悲しみにまみれながら明日に向けて日々を送る、いたって普通の人たちである。日本でも中国でも、国民性や民族性をめぐる議論は人気があり、しばしば歴史的ルーツにまで遡《さかのぼ》って話が構成される。だが、両国民のDNAを比較しても、二つの集団の間に有意な差は検出されない。もし中国に特殊性があるとすれば、それは個人ではなく、彼らを動かす社会システムに理由を見出すべきである。

たしかに、14億の人口を抱え経済の高速発展を続ける中国の動きには、われわれには捉えがたいスケールの大きさがある。中国の政策決定は、その時々のきわめて複雑な内外情勢を、政策決定者がどう認識するかによって下される。状況依存性が高く、内部の情報は公開されないため、外部の人間がその結果を完全に予測することはほぼ不可能である。

しかし、彼らを取り囲む環境を理解し、中国社会の動き方のパターンや傾向性を分析できれば、多くの中国人——あるいは中国人の専門家——が理解している程度には、中国の対外行動は理解できる。さらには、特定の条件の下に置かれたとき、政策決定者の頭のなかにどういった選択肢が用意されているか、ある程度は推測できる。中国の行動の予測可能性が上がれば、中国に振り回される徒労感は緩和される。中国のような大国と長期的に共存していくために、それはいま、私たちの社会にとって必要な知恵である。

目次

序　章　国内力学が決める対外行動──中国共産党の統治

国際関係論の視角

中国の対外行動は、どのようにすればうまく理解できるのだろう。やや専門的になるが、ここで少し学術的な議論を振り返っておきたい。

この分野でこれまで最も多くの研究を蓄積してきたのは、国際関係論の分野であろう。第2次世界大戦後に発展した国際関係論は、国家間の関係をできるだけ客観的かつ理論的に説明することに力を注いだ。近代の国際関係システムの特徴は、各国にそれぞれ主権があり、それらに超越する政府が存在しないこと、つまり世界大にみれば無政府状態（アナーキー）であることとされる。

そのなかでは、各国は身を守るために他の権威にすがることができない。自国の国力の限界をしっかり認識しながら、頼るもののない国際関係のなかサバイバル（生存）していかねばならない。このような認識から、国際関係論のリアリズム（現実主義）は、バランス・オブ・パワー（勢力均衡）と呼ばれる国家間の力の構造が、国家の対外行動に与える影響を重視してきた。各国は、近隣の国家間の力関係を見ながら、大国は大国なりに国力の増強に励み、小国は小国なりに生き残りを図っていく、という考え方である。

国際関係論は、力の大小を基準に物事を考えるリアリズムのほか、リベラリズムをもう一つの重要な柱としている。どちらかといえば性悪説を前提とするリアリズムに対し、性善説に立つリベラリズムは、長期的には経済的な相互依存関係が国家間の関係を安定化させるとする。世界が弱肉強食ばかりでは、結局誰もが傷を負って疲弊するため、各国は政治経済に関するルールを定め、秩序を作って平和に向けた国際協力を進める、と考えるのである。

しかし興味深いことに、これまでリベラリズムに基づく議論が中国専門家の間で主力になったことはない。

内政理論――国内状況によって決まる

中国をめぐる対外政策論にリアリズムの影響が強いことに対し、系統的な疑問を呈したのが、中国出身でノッティンガム大学で教鞭《きょうべん》を執る頼洪毅《ライホンイー》である。ただし、彼が立てた対抗軸はリベラリズムではなかった。

頼の整理によれば、近年の国際関係論のなかで中国の対外行動を説明するのに最も有力とされてきたのは、リアリズムのなかでもネオ・リアリズムと呼ばれる学派である。米国の国際政治学者、ケネス・ウォルツがその代表格である。

ネオ・リアリズムはリアリズムを理論的により単純化し、国家の行動は国際構造によってほぼ自動的に決まると考え、一国の政策決定に対する国際的な要因を絶対視する。理論性を重視するため、ネオ・リアリズムは各国の対外行動の個性を誤差の範囲とみなす。他国との間で同じような力関係にあるときには、どの国であろうが似たような対外行動を選択する、と考えるのである。

ネオ・リアリズムによれば、大国は大国であるがゆえに利己的な行動を許され、それよりも弱い小国は、別の力強い国と手を結ばない限りその大国の意向に制約され続ける。ソ連の力が拡張し、それに脅威を抱いた米中両国が、イデオロギー対立を超えて1971〜72年に手を結んだのは、ネオ・リアリズムの立場からすれば必然である。

新古典的リアリズムは、こうした極度に単純化された見方を批判する。新古典派の考えによれば、一国の対外政策決定には国内政治的な要因もそれなりの影響を及ぼす。しかしそれでも、国際的要因の方が国内要因より重要だと考える点で、両者は共通している。

ところが頼は、国際関係論のなかで主流となってきたリアリズムは、対外政策決定の国際的要因をあまりにも強調しすぎで、中国の対外行動を十分説明していないと批判する。そして頼は、イデオロギー、指導者の認識、その国の政治経済社会の構造、さらに世論など、国内的要因をより重視する内政理論（*innenpolitik*）の立場を唱え、国内要因に重きを置いて中国の対外政策を説明していく（*The Domestic Sources of China's Foreign Policy*）。

頼によれば、このような考え方は例外的ではない。国内の階級間対立を社会変革の動因と見るマルクス主義や、冷戦後に流行した民主主義国同士が戦争しないという民主平和論、またその変種である独裁平和論などは、まさに内政理論の立場に基づく主張である。

これまでも多くの研究者が中国について、しばしば内政理論に立脚した分析を提示してきた。そうした先行研究を踏まえつつ、頼は各国にはそれぞれ仕事の定型や価値基準があると主張する。さらに彼は、各国政府の対外政策決定の目的を、自国の政治経済体制、さらには最高指導者の権力を守るためであると強調する。

つまり、頼は国内におけるレジーム・セキュリティ（体制の保全）への考慮こそが、中国の対外政策の主たる決定要因だとする。独裁政権の指導者は選挙という民主主義的な手続きを経ずにその地位についたため、民主主義国の指導者よりもレジーム・セキュリティへの苦悩が深くなる、と指摘するのだ。

人々はなぜ政府に迎合するのか

国際関係はいまもアナーキーであるが、すでに70年以上、世界戦争は起きていない。戦争の危険が大きく低下し、国際的な緊張は過去に比べ大きく緩んでいる。そうした国際社会で、そもそもそう深刻ではない自国の国際的サバイバルより、国内における政権のサバイバルの方が重要とする頼の主張は、多くの人々の肌感覚に訴えるものだろう。このような観点は、他の優れた研究者の議論とも重なる。

東北大学の阿南友亮は、中国の著しい軍拡は中国共産党自身の安全保障のためだと主張している。またクレアモント・マッキーナ大学の裴敏欣《ペイミンシン》は、世界の人類の経験を踏まえれば、中国ほど豊かになった国のなかで民主化せずに独裁を保てたのは石油産出国の例だけと指摘し、中国共産党は新たに巨大油田を発見しない限り政権を維持できないと指摘する。

ただし頼の研究では、中国の隣国として日本が直面する困惑には、いまひとつ迫り切れない。頼は基本的に、中国の指導層がその地位を守るため、さまざまな問題のなかから何を優先し、どのように対外政策決定を下しているかを議論する。これはもちろん重要な問いだが、それだけではわれわれが折に触れて直面する中国のダイナミズムが説明できない。

中国の息吹に触れることの多い隣国として、日本人が強く戸惑うのは、中国の指導者がある特定の決定を下したとき、中国でなぜそれが社会の大きなうねりとなり、政府から距離のある人々までがなぜ主体的・積極的に参入していくのか理解できないからである。

特有のうねりはどうやってできるのか

たとえば尖閣諸島についてである。２０１２年に日本政府が3島を「国有化」した際、中国の指導者がそれに強硬な反対を唱えたことくらいまでは納得がいく。しかし、多くの日本人が大きなショックを受けたのは、おそらく政府の誘導があったとはいえ、中国共産党に迎合する人々が中国大陸の全土で攻撃的な反日デモに流れ込み、事件とは関係のない日系の商店や工場に対して狂ったように暴力を振るったことである。

同じことは、学問の世界でも起きている。このとき、海外経験があり流暢《りゅうちょう》な英語を話す洗練された国際派学者たちが、中国政府のちぐはぐな主権主張を完全に擁護し、国際社会に向けて大々的な日本批判を展開した。

その後しばらく、中国から日本への観光客の流れもピタリと止まった。ところが、数年経つと同じ人々——庶民も学者も——が、過去の記憶をなくしたように大挙して日本に流れ込み、日本製品を購入し、着物のコスプレを楽しみ、温泉旅館で羽を伸ばすようになった。

似たような現象は、日本以外の他の地域でも観察される。習近平政権が「一帯一路」構想を打ち出すと、中国企業は世界各地で大規模な対外投資に乗り出すようになった。ここで、国家の意向に背《そむ》けない国有企業が率先して対外進出するのは理解できる。しかし実際には、国家の立場とは関係のない独立採算の民営企業も、この新たな流れに積極的に参加し、自己リスクを負いながら対外投資を進めている。

こうした「波」は、どのように理解すればよいのか。

もしここで、中国の強硬な対外行動が単純に中国共産党自身のレジーム・セキュリティのためなのであれば、中国の庶民や学者、民間企業には、政権の行動を承認するかどうかの選択肢があるはずだ。しかしそれだけでは、なぜ比較的自由な立場にあるはずの人々までが、中国共産党の設定した政策に次々と呼応し迎合していくのか、中国特有のうねりがどうやってできてくるのか、整合的に説明できない。

これを考えていくには、中国共産党と人々との関係性が、中国の対外行動全体にどのような影響を与えているのかという問題を検討しなければならない。そのためには、中国共産党の統治体制への分析が欠かせないのである。

中国共産党の統治が国家を動かす

日中両国の社会的な異質性は、日本人の中国理解を難しくしている。そしてその異質性は、根本的には政治体制の違いに根付いている。

いうまでもなく、１９４９年10月１日の中華人民共和国の建国以降、中国を統治してきたのは中国共産党である。中国共産党は民主集中制を掲げる独裁政権で、中国をもう70年間も治めてきたため、よくも悪くもその統治は一定の成熟をみせている。

２０１７年末の時点で、中国共産党の党員数は８９５６万人（人口の６・５％）。政党の規模は紛れもなく世界最大である。党員数は、２００２年11月の中国共産党第16回大会以降の10年間で新たに２６８５万人、12年11月の第18回大会から17年末までの約５年間でさらに９０５万人増えている。入党には厳しい審査の過程があり、献血や清掃といったボランティア活動が必須で、入ってからも党費納入や政治学習への参加など面倒な義務が多い。しかし、入党できれば就職や昇進に有利なため、希望者は後を絶たない。

共産党はイデオロギー的には労働者の前衛政党と位置付けられる。しかし2017年末現在、中国共産党のなかで労働者の属性を持つ党員は665万人にすぎず、農民・牧民・漁民の2550万人に比べてもずっと少ない。

他方、最近では企業でも党組織の拡大がめざされており、同じ年に公有制企業の91・2%、非公有制企業すなわち民営企業の73・1%にすでに党組織が作られている。後者の数字は、過去1年で5・2%上昇している。習近平政権になってから、党グループの活動には写真や筆記記録の提出が求められ、巡視役も置かれて、企業に対する党の指導は一層強化されている。さらに党は、人々が住むコミュニティ（都市の居民委員会、農村の村民委員会など）でも活動を行っている。日本風に言えば、町内会の99%以上に党組織がある。

社会のあちこちに張り巡らされる党のネットワークにより、中国では政治だけでなく歴史も文学も経済も生活も、すべてが中国共産党のリアルな統制下に置かれる。最近まで長く続いてきた「一人っ子政策」は、中国共産党が夫婦生活まで統制していた究極の事例である。歴史の分野を例にとれば、中国共産党は複雑で多様な中国史をかっちり定型化されたストーリーに落とし込み、それを正しい歴史観として人々の脳裏に刻み込む力を持つ。現代中国を理解する鍵は、中国共産党の統治体制なのである。

中国共産党は、世界の共産党史のなかでは比較的ユニークな存在だ。これまで地上に存在した多くの社会主義国は、いずれもソ連に大きく依存して国家建設を進めてきた。そのなかで中国共産党は、ほぼ自助努力で中国革命を達成したため、ソ連と異なる独自モデルへのこだわりが当初から強かった。ただし中国共産党の最大のオリジナリティは、共産党の名前を掲げながら計画経済をあきらめ、自由主義経済——彼らの伝統的な呼び方では資本主義経済——に走ったところであろう。

キメラ体制の選択

カール・マルクスとフリードリヒ・エンゲルスは、1848年に出版した『共産党宣言』を、「万国の労働者よ、団結せよ！」と結んだ。彼らは労働者階級（プロレタリアート）に国境を越えた世界的な団結を呼びかけ、資本家（ブルジョアジー）に対して武力闘争を発動し、社会主義革命を起こして、多数が幸福に暮らせる社会を実現しようと訴えた。その前提としてマルクスは、社会発展における経済の役割をひときわ重視し、経済という下部構造が政治という上部構造のあり方を規定しながら、歴史を段階的に発展させていくと考えていた。そのパワフルな主張は、まさに20世紀の世界史を塗り替える原動力となる。

中国共産党はもちろん、こうした考え方を受け入れていた。このイデオロギーに基づけば、共産党の先導で社会主義革命を成功させ、公有制を基礎とする社会主義経済を達成した後に再び資本主義を復活させることは、時計の針を巻き戻し、政治経済をまるごとひとつ前の歴史段階に戻す行為である。

しかし中国共産党は１９７８年以降、共産党が資本主義を推進するという、理論的にはあるはずのない、いやあってはならないことをやってのけた。しかも中国共産党は、この矛盾を国民に納得させつつ政権の座に居座り続けるために、「われわれは社会主義初級段階にある」と開き直り、自分たちの統治の正当性を主張する。

さらに、中国共産党が計画経済の代わりに取り入れた自由主義経済——イデオロギー上の配慮から市場経済と呼ばれる——は、西側の産業革命以降の近代社会では、政治的民主主義とともに発展してきたものだった。人々が君主の絶対的権威を制約し否定した後、個人が自らの私有財産を守り増やしていくには、民間の社会秩序の安定が不可欠だった。そのため人々は、社会のなかで明確なルールを定め、自分と他者の権利をできるだけバランスよく尊重かつ制約しあう必要性を見出した。民主主義とその制度は、その過程で発展し充実していく。市場と国家の望ましい関係性は今日も議論されているが、自由主義経済をフェアに創造的に発展させていくには、最も適合的な政治体制は民主主義だと多くの人が信じている。

ギリシャ神話にキメラという怪物がいる。ライオンと山羊と蛇とを組み合わせた姿をしており、時に火を噴いて万物を燃やす。いまの中国の政治経済体制はこのキメラのように、本来なら相容れないものどうしを人為的に組み合わせた状態に見える。中国人は悪魔でも妖怪でもないが、中国の政治経済体制は自然とは言い難い。

後述するように、中国共産党がこのキメラ体制を採用したのは、まさに党のレジーム・セキュリティのためであった。それによって、中国社会は再び息を吹き返した面もあるが、体制内に無理なストレスを抱え続けることにもなった。

だが、それでもキメラはかれこれ40年も生き続けてきた。その間中国共産党は、国民を納得させる実績作りに精を出し、国民に自分の体制を受け入れさせるだけの利益配分メカニズムを整備した。さまざまな批判はあるが、中国の民生は過去に比べて確実に向上した。もはや、キメラの自壊に期待することは現実的ではない。中国の対外行動を内部の視点から分析していくには、まずキメラの頭脳を理解し、その生態を捉えていかねばならない。

本書の構成

本書は、この序章を除いて7章で構成し、中国の国内政治の視点から中国の対外行動原理を説明していく。

全体の基礎作業として、第1章では中国がどのように世界を見ているかを論じていく。ここで基本となるのは、中国の世界観が「脅威」の存在を強調する傾向にあることだ。ただしこの脅威は、必ずしも中国が世界を論じるときだけに登場するのではない。実際には、中国人は国内社会を見るときにも、強い「脅威」の存在を感じているからだ。

第2章では、中国外交に関する本としてはやや変わった作業を行う。ここでは、中国の伝統的な家族制度を日本との比較で論じ、中国の社会組織や社会秩序の構造や特徴を捉えていく。中国の伝統的社会は、フランスの社会学者エマニュエル・トッドの言葉を用いれば、「外婚制共同体家族」である。詳細はこの章を読んで欲しいが、中国の社会組織は現在もこの家族制度から派生した形をとるため、それを明らかにすることで、中国共産党の動き方を考える基礎作業としたい。重要なのは、中国の社会構造は家父長を頂点としており、家父長のバイオリズムによって組織の動き方に波が生じる、ということである。

第3章では、この波の動き方を毛沢東時代の対外関係の歴史のなかで捉え直す。毛沢東時代の中国の対外関係はきわめて不安定であった。この頃、中国は二種類の対外政策を採り、それぞれに執行機関も置いていた。このような組織形態が、国内政治と絡み合ったときに対外関係の波が拡大し、最終的には大きな外交的混乱をもたらした。対外政策の二重性は1979年以降に徐々に是正されたが、混乱の一因が中国共産党の組織秩序にあることは、これまで見落とされていた。

第4章では、政治的には社会主義、経済的には資本主義を行うというキメラ時代になって、対外行動のダイナミズムがどのように変化したかを考える。鄧小平《とうしょうへい》がキメラ方式を採用したのは、あくまで中国共産党の統治を守るためであり、その原則は今日も不変である。改革開放以降になって、中国国内の統治体制はより実務性、専門性を増し、中国の経済発展に大きく貢献することになるが、中国共産党の組織の作り方はほとんど変化していない。そのため今日も、家父長のバイオリズムで中国国内のアクターの行動が変わるという現象は継続している。習近平は前総書記である胡錦濤《こきんとう》政権の国内統制力の弱さに危機感を持ち、国内の引き締めを始めたが、それによって国内アクターの対外行動の選択の幅が大きく変化した。

第5章と第6章は、中国の国内政治からその対外行動を考察するケーススタディである。第5章で取り上げるのは、広西チワン族自治区政府の経済行動である。広西政府は中国の国内政治ゲームのなかで、対ASEANの交流窓口としての地位をめぐって雲南省と争っていた。雲南省は近隣諸国との陸上経済協力の実績を豊富に持っていたため、広西政府は陸上に加えて海上での経済協力の可能性を強調し、中国-ASEAN博覧会の開催地に選ばれた。広西政府はゲームの有利な展開のため、その後も海を活用した経済協力を次々と立ち上げ、最終的に習近平の「一帯一路」にモデルを提供する。

第6章は、国家海洋局の組織史を検討する。国家海洋局は海洋行政を行う専門組織で、中国国内ではきわめてマイナーな存在であった。ところが、反日ナショナリズムの盛り上がりを機に急速に胡錦濤政権の注目を集め、係争海域で「パトロール」の名目による実力行使制度を立ち上げて、中国の外部環境が海洋をめぐって緊張していく原因を作った。問題の拡大を認識した習近平は、就任後ほどなくして国家海洋局の行動を統制し、自分が海洋問題のグリップを握る体制づくりを始めた。最終的には、国家海洋局が育てた中国海警局は中央軍事委員会の指揮下に吸い上げられ、国家海洋局本体も組織解体された。

終章では、これまでの議論に基づき、国内社会との関係性を考慮しながら習近平の対外政策を評価する。筆者の考えでは、習近平は中国の伝統に根ざした正統派の指導者である。彼は中国の対外関係を自分の意志の下で一体的にとりまとめ、対外政策の硬軟バランスを実現しようとしてきた。中国の対外行動は彼の下である種の安定を遂げ、突発的な状況の発生によって対外関係の収拾がつかなくなるような事態は回避できている。その一方で、社会秩序の価値観をめぐって、西側との摩擦が拡大していく可能性は高まっている。ただし、中国の対外行動は中国国内の力学によって決まるところが大きいだけに、中国は「習近平後」に最大のチャレンジを迎えると考えられる。

第1章　現代中国の世界観——強調され続ける脅威

中華思想では説明できない

この章の目的は、中国の世界観を概観していくことである。国内政治と対外行動が具体的にどう結びつくのか考えるには、多くの中国人が世の中をどう理解しているか、という問題に触れないわけにはいかない。本章では、中国の対外行動原理を考える背景として、現代の中国で世界がどのように描かれるのかを説明していく。ただし、ここでは一般的な中国論を展開しているので、時間のない読者は次の第2章から読み始めていただいて構わない。

日本ではよく、中国の世界観は「中華思想」だと言われる。これは自国中心的世界観という意味で使われ、それから派生して、他者に従属を求める態度、さらには対外膨張主義を指して用いられることも多い。「中華思想」には否定的ニュアンスがつきものであり、この言葉が使われるときには結論ありきの議論が行われる傾向がある。

たしかに今日の中国には、過去の歴史からの影響が見られる。中国はなぜアメリカと肩を並べたがるのか、なぜ世界一の大国をめざそうとするのかを探れば、究極的には、多くの中国人がそれが中国のあるべき姿だと考えているから、という点に行き着く。日本人はそれを中華思想と解すのかもしれない。筆者の周辺でも、中国は宋代には世界のGDPの6割を占める豊かな国だったと語り、中国は超大国の地位に復活するのが当然だと語る中国人研究者が少なくない。

ただし、超大国への希求＝中華思想とみなすには論理の飛躍がある。アメリカが中華思想を持つと考える人はまずいないだろう。中国のすべての行動の原因を中華思想に求めるのはバランスに欠ける。強烈な被害者意識、力への信奉、現状に対する不満といった中国の志向性は、歴史的優越性から自動的に導き出されるものではない。

本章では、歴史的影響のほかに、中国史に根付くリアリズムの強さや、中国共産党の組織慣習を踏まえた世界の描き方にも目配りしつつ、中国の世界観を重層的に紹介する。

苦痛に満ちた近代化への歩みのなかで、中国の世界観は複雑化し、いくつかの要因を合体させながら一つの体系を作り出してきた。その体系を作り出す原動力となってきた中国共産党の役割は、やはり重要である。

中国の世界観は、基本的に現状への恐怖で満ちあふれている。平和で安定した状態は現在ではなく、未来に達成される。この世界観は具体的には三つの要素で構成されている。第一に中華帝国の喪失感、第二に強烈なリアリズム、第三に中国共産党内の組織慣習である。

それらの重なりを踏まえ、この章では、中国にとってどのような状態が平和と呼べるのかを分析していく。

1　中華帝国の喪失感——あるべき中国の姿

圧倒的力を持った中国歴代王朝

まず、中華帝国の喪失感について説明していこう。ここではやや長い歴史的プロセスから紐解《ひもと》くことになる。

先述したように、中国の世界観は中華思想だという言い方は、日本では人口に膾炙《かいしゃ》している。より具体的に言えば、中国はかつてアジア世界の中心国（中華帝国）として、自国を中心とする朝貢《ちょうこう》／冊封《さくほう》体制を築いていたため、自己中心的な世界観から抜けきれず、今日の大国化にあたっても当然その復活をめざしている、という議論である。

筆者はいわゆる中華思想が、中国の今日の世界観に与える影響は限定的と考えている。ただしそれならば、中華帝国の歴史に根付く世界観が、今日どのような点で中国人の脳裏に影響を残しているのかを明らかにする必要があろう。ここではまず、西側の国際秩序との対比で、中華帝国を中心とする国際秩序の特色を説明し、両者の邂逅《かいこう》が現在の中国の世界観にどのような特徴を与えているか紹介していきたい。

近代主権国家体制は、17世紀の西欧で、より具体的に言えば1648年のウェストファリア（ヴェストファーレン）条約によって成立したとされる。この条約は、カトリックとプロテスタントの間で発生した三十年戦争の講和のために結ばれた。条約は神聖ローマ皇帝の政治的権威を制限し、各国の国王（諸侯）がそれぞれの領土で排他的に主権を行使することを認めた。以後各国は、少なくともルールのうえでは互いに対等な関係に置かれた。

現在の国際関係は、このとき成立したルールをベースとしている。そのためわれわれが今日、国際関係に対して持つイメージは、国ごとに違う色で塗られたパズルのようになっている。各国が国境で切り分けられてそれぞれのピースとなり、ある土地がある一国にしか属さないような国際関係に、われわれは子どもの頃から慣れ親しんでいる。

しかし歴史的にみれば、国と国とが国境で明確に区分され、各国間の主権平等（逆に言えば内政不干渉）が謳《うた》われる国際関係は、むしろ例外的である。皇帝が支配する国を「帝国」と呼ぶ。その含意は、帝国がその他の国を自分より下位の存在（藩属国、朝貢国、植民地）として従えているということだ。ヨーロッパでもアジアでも、地域の最強国が帝国として振る舞い、それ以外の小国は服従を示すことで、帝国から体制保証を得ていた。かつては世界各地に、こうした階層的な国際秩序が見られた。

ユーラシア大陸の東部では、その地理的要因から、広大な中国の平野部を統一した中国の歴代王朝が周辺国を圧倒する力を持った。中国平野部では、気候が暑すぎも寒すぎもせず、大河川もあって水の利用が可能で、早くから農耕が発達した。人口が増大し、莫大《ばくだい》な富の集積が可能となり、文明が発達した。ここでは強大な国家が成立する条件が整っていた。紀元前221年に秦の始皇帝が中国統一を実現し、最初の巨大王朝、秦が誕生した。1974年に偶然発見された西安の兵馬俑《へいばよう》は、始皇帝に仕えた無敵の巨大軍隊の様子を後世に生々しく伝えている。秦は短命に終わったが、その後成立した漢は約400年続く長期政権となった。

平和な国際秩序という虚構

この頃から近隣国の国王たちは、戦っても敵わない中華帝国からの攻撃を避けるため、皇帝に恭順《きょうじゅん》を示すことを覚えた。彼らは中国の歴代王朝に使者を送って朝貢するようになり、自分やその子孫の統治者としての権威を中国から承認してもらう者もいた（冊封）。

彼らの目的は、中国との安全保障上の問題を解決し、中国の他の属国との関係も安定化させて、自分たちの国内的権威を確立することであった。また、自身を天下の頂点とみなす中国の皇帝の側も、朝貢使節を送ってきた国王たちに、その偉大な力を印象付けようと豪華な品々を分け与えた。

多くの研究者が指摘するように、この朝貢／冊封体制には域内におけるモノの交易という経済的側面があり、近隣国側にメリットが大きかった。そのため欧米列強が東アジアに到達し清王朝が瓦解するまで、約２０００年も続く。これは中国人に、東アジアには長い間、自分たちを頂点とする平和な国際秩序が存在したという強いプライドを持たせている。そのため彼らの物語のなかでは、中国は西側列強のように近隣国を武力侵略したことがなく、それらの国々に常に徳をもって接していたと語られる。

しかしもちろんこれは、多分に抽象化された帝国安定期のイメージだ。白石隆とハウ・カロラインの研究によれば、隣接地域のなかでは、すべての中国王朝にとって朝鮮と雲南が戦略的要衝だった。両者は歴代王朝に何度も征服され、屈服させられた。

雲南には明代以降、大勢の華人が流入し、清代以降は「漢民族」の地となる（『中国は東アジアをどう変えるか』第4章）。他方で朝鮮は、自ら進んで帝国の模範的藩属国になることで、中国との関係を安定化させた。強い勢力に付き従う習性をいう「事大《じだい》主義」は、韓国・北朝鮮が近代以降に自分たちの国家形成をめざすうえで最大の課題とされた。ベトナム人の間でも、中国に10回も侵略された悲哀が自国の物語として語り継がれている。中国と陸続きの国々にとって、その歴代王朝から受ける軍事的圧力はきわめて大きかった。

彼らは経験を通して、中華帝国に武力侵攻され続けるよりは、朝貢して高価な品々を受け取る方がいいと考えるようになった。ただし中国では、そうしたディテールは語られない。多くの中国人は、近隣国が中国の文化の力にひれ伏して朝貢してきたと信じている。

朝貢／冊封体制の構造

では、次に、朝貢／冊封体制の構造を見ていこう。その世界観は、平面上ではしばしば同心円で表現される。

世界の中心には、徳の高い天子、つまり中国の皇帝がいる。皇帝を取り囲むのは、皇帝が強力な官僚制度によって直接治めている中華王朝の領域だ。その外側には、皇帝に忠誠を誓う近隣国がある。そのさらに外側には、藩属国ほど王朝との結びつきは強くないが、朝貢使節を送って皇帝に礼を示す朝貢国や、互市《ごし》を通して交易が許された国がある。そのさらに外側には、野蛮な化外《けがい》の国々があった。

この同心円は、外側に行くに従ってグラデーション状に文明の力が薄くなっていく。横から見れば、皇帝の権威が富士山の山頂のようにあり、徐々に山裾が下がって、文明の格が低下していく世界観である。平時では、この国際秩序は中国の文化力を通して成立していた。漢字が書け皇帝に礼を尽くすのであれば、唐の玄宗皇帝に仕えた阿倍仲麻呂のように、民族にかかわりなく誰でもその一員になれた。

このような世界観では、近代主権国家体制と異なり、どこまでが皇帝の支配下にあるのかはっきりしない。中心部にいる中国人にとっては、皇帝の権威を受け入れる地域はどこでも「中国」の一部のようであり、受け入れないなら化外の地だった。

他方で、近隣国に住む人々は、皇帝と国王との重層的な権威に従っていた。同じ土地が3

人以上の支配者を戴いていることすらあった。だが、それが秩序として安定していれば問題にならなかった。遠くにいて直接会う機会もない皇帝は、現地の人々が反逆でも起こさない限り、通常は干渉もしない。帝国システムにとって、地理的領域の重要性は低かった。

列強による帝国システムの解体

ところが、19世紀以降、近代主権国家体制が世界大に波及してくると、欧米日列強の植民地化の圧力から自国を守るため、中国も主権国家としての体裁を整えて自己防衛する必要に迫られた。20世紀初頭に清王朝が崩壊し、中華帝国を中心とする帝国システムが瓦解すると、東アジアではどの地域が新たに主権国家となり、どう国境を引くかが初めて問題化した。

今日の世界地図で言えば、清王朝の権威に従っていた地域のうち、ベトナム、(南北)朝鮮、ラオス、タイのように主権国家として独立した国もあれば、チベットや新疆《しんきょう》のように中国に統一されたところもある。モンゴルは半分が中国に吸収され、半分が主権国家となった。さらに琉球やシッキムのように、日本やインドなど他国に併合された国もある(当初は朝鮮もそうだった)。また満州は、もとは清王朝を建国した満州族の土地であったが、その東北部はロシアに奪われたままだ。対照的に西南部では、清王朝解体後に満州族が新たに主権国家を建国しようとしたが、日本と結託したその試みは敗れ、結果的に中国の一部として残った。台湾のように、福建省から来た移民が暮らす植民地でほぼ省ですらなかったのに、歴史的な経緯から中国の一部とされ、しかし今日も独自の中央政府を維持する複雑な国もある。

重要なのは、この秩序転換が主に19世紀以降、列強の侵略で急激に引き起こされたことだ。列強から身を守るため、東アジアはとにかく迅速な対応を迫られた。当然、中華帝国の勢力下にあった領域のうち、どこが主権国家となりどこが新たな中国に入るべきかを、関係者が集まって悠長に議論する余裕はなかった。当時の選択肢は、西欧型の国家の体裁を急ごしらえして主権を主張し自己防衛するか、あるいは列強の支配のもとに組み込まれるか、だったからである。

つまり東アジアでは、中華帝国を中心に2000年も続いてきた階層的、重層的な国際秩序が、列強の圧力であっという間に解体され、新たな秩序に組み変わった。この秩序転換は相当乱暴だったため、中国にとってきわめて不可解な、大きな不満の残る結果となった。今日、中国をめぐる民族問題、領土問題の多くは、当時の荒療治の後遺症という側面が大きい。

こうした過程を考えると、中国が自国の辺境地域についてなんらかの権利を主張したとき、それをなんでも中華思想と決めつけるのは、フェアな議論といえない。

むしろ歴史的な影響という点では、今日の中国では、もとの国際秩序を劇的に失った喪失感の方が大きい。中国人はいまも、19世紀以降、中華帝国の解体を強要し、中国を「蚕食《さんしょく》」した「帝国主義」に強い反感を持つ。世界的に見れば、列強に完全に植民地化された国々は少なくなく、たとえばインドと比べれば中国の経験はまだ軽い。しかし、中国人の被害者意識はきわめて大きい。

ただし、この部分の歴史を語るとき、中華帝国が復活すべきと唱える中国人はまずいない。彼らの不満は、自分たちの間では主権平等を掲げた欧米列強（さらには日本）が、アジア人であった中国を不平等に扱って侵略し、中国人に「百年の国恥《こくち》」を舐《な》めさせた、という点に集中する。だから中国にとって内政不干渉は絶対的原則であり、多くの中国人はかつての列強のような行動を諸外国に二度と許してはならない、と固く信じている。いわゆる中華思想による対外膨張は、この原則と完全に逆行する。

しかし日本では、中国は中華思想だから領土問題で強欲だという見方が強い。これはどの程度、本当なのか。近代主権国家体制に基づく国家間の平等原則と中華思想は、結局どちらが強いのか。次に、中国がこれまでどのように領土問題を処理してきたか見てみよう。

中華人民共和国による領土問題処理

中国は１９４９年の建国以降、62年の中印戦争、69年の珍宝島をめぐる中ソ紛争、74年のパラセル諸島海戦、79年の中越戦争、88年のスプラトリー諸島海戦と、たびたび領土をめぐる武力衝突を起こしている。これに１９５４年と58年の台湾海峡危機を入れて考えれば、回数は実に７回にのぼる。

しかし、陸上国境を接する隣国14ヵ国のうち、中国は12ヵ国とはすでに話し合いで国境問題を解決している（残りはインドおよび国交のないブータン）。戦後70年以上、領土問題を何ひとつ動かせていない日本より、外交的な成果はずっと大きい。

中国のすべての陸上国境問題を検討したマサチューセッツ工科大学（MIT）のテイラー・フレイヴェルによれば、中国はこれまでの交渉のなかで、係争地域の半分以上の面積を相手方に譲り、清王朝の最大版図のうち340万平方キロメートルを放棄している。これはインドの面積を上回る。彼はまた、中国は話し合いによる問題解決にかなり協力的だが、国内政治が不安定なときに対外的な武力策に出やすいと指摘する（『中国の領土紛争』）。

他方で、同じく中国の陸上・海上国境問題を検討したインドの外交研究所のサナ・ハシミは、中国は小国には大きな譲歩を行い、外交上の味方を増やそうとするが、自国への服従が期待できず、ライバルとみなす隣国には強硬な姿勢で臨むと分析する（*China's Approach Towards Territorial Disputes*）。

どちらの研究からも、中国が領土について特に強欲という結論は導き出せない。中国は一般原則として、各国の主権を平等とする近代主権国家体制を受け入れ、それにかなり忠実である。中華思想が現代中国の対外行動の決定的な要因とは、とても言えない。

とはいえ、たしかに中国には、近隣国に対して特殊な考え方を持つのではと思わせるところはある。ハシミが指摘するように、中国は自国と歩調を合わせる小国には、朝貢国に多くの褒美を与えてきた皇帝のように、自分の経済的利益を度外視して厚遇する傾向がある。たとえば中国にとって初のFTA（自由貿易圏）となったASEAN‐中国自由貿易圏（2002年調印）の構築に際して、中国は「アーリーハーベスト」と呼ばれる一方的な早期関税優遇策をASEANに提示し実施した。日中関係が緊張していた2015年には、日本から新幹線建設の受注を奪い取るため、中国はインドネシアに政府保証不要という破格の条件を提示した。

ところが、小国が中国の意向に沿わない態度をとったと判断すれば、中国は懲罰行動を躊躇《ちゅうちょ》しない。1979年2月にベトナムに対する武力攻撃を準備していた際、渡米中だった鄧小平はカーター米大統領に対し、「ベトナムに教訓を与える」と述べて攻撃計画を説明した。改革開放後、こうした言動は長い間みられなくなっていたが、中国の国際的地位の向上が顕著になるにつれ、近年、再び類似の傾向が観察されている。

1‐1は、2010年以降に中国が実施した一方的な制裁の事例である。中国はそれらが制裁だったとは認めていない。だが、どのケースもタイミングが絶妙で、国際的な説得力をほとんど持たない。1‐1で明らかなのは、劉暁波《りゅうぎょうは》のノーベル平和賞受賞にからむノルウェーの一例を除いて、近年の制裁事例が完全に近隣国に集中していることだ。たとえばダライ・ラマは世界中を外遊しているが、彼を受け入れたことで激しい経済制裁を科せられたのはモンゴルだけである。

近年の制裁行為からすると中国では、国力の増強に伴い、近隣国は自国の意に沿った行動をとるべきという考えが強まっている可能性が否定できない。中国は欧米先進国に対しては、その対外行動に「帝国主義」的な要素があるのではと常に警戒するが、歴史的に中国自らがそれ以外の国々に類似の行動をとってきたこと、近年再びとり始めている可能性があることについては無自覚である。今後こうした行動が拡大するなら、内政不干渉を高らかに掲げてきたこれまでの対外政策と大きな矛盾が生じる。

リスペクトされたい――自国の歴史的「あるべき姿」

もう一点、中華帝国の歴史からの影響が指摘できるのは、中国人の間で道徳的な優位性や文化の力によって世界からリスペクトされたいという願望が強い点であろう。

経済力や軍事力によって大国の地位を得ることは、中国人にとって十分ではない。中国的リアリズムについては後述するが、中国の歴代王朝で、戦いなくして統一を達成した政権など存在しない。一般に中国人は権威には力による裏付けが不可欠と認識しており、だからこそ政府による国防費の急拡大を大多数が支持している。

しかし、中国人にとって、自国が他国に内政干渉したり、武力で言うことを聞かせたと考えることは不快なのだ。彼らは必ず、他国は自国の徳の高さに感銘して自主的に自分に賛同したと考えたがる。中華帝国は軍事的な領土制圧では完成しない。近隣国が中国の経済力や軍事力に服従するのではなく、中国の提案や理想をリスペクトし、中国への「心の服従」を

事実上の制裁とみなしている事例）

経緯と結果
中国がレアアースの通関手続きを遅延、輸出に15-25%の関税適用。日米欧はWTOに共同提訴、2014年に中国の敗訴決定。他方、日本企業は新技術を開発しレアアース使用量を低減、他国に新鉱区開発。中国は15年中にレアアースの輸出枠・輸出税撤廃
中国がノルウェー産サーモンに輸入制限。6年後、ノルウェーが中国の「核心的利益や主要な懸念に配慮する」と声明で約束し制限解除
害虫発見を理由にフィリピン産バナナの輸入差し止め。中国公民の安全を理由に団体・個人旅行を差し止め
中国全土におよぶ反日デモのなか日系店舗・工場が攻撃される。日本政府の推計で被害額は数十～100億円、うち平和堂は3店舗で30億円超。日本車の売り上げ激減。事件後、日本企業は「チャイナプラスワン」の動きを加速、日系企業の対中投資および在留邦人数ともに減少
中国がベトナム産ライチの輸入を差し止め。ベトナムからの輸出量は前年比10%に。ベトナムは翌年から輸出先を多角化してリスク分散
中蒙国境の主要税関で輸出入料適用。銅などモンゴルの主要鉱物資源輸出を狙い撃ち。経済協力を協議する2国間会議等も無期限差し止め。モンゴルの経済危機にインドが10億ドル融資
台湾で軍事演習を終え、民間輸送船で帰国の途にあったシンガポール軍の装甲車9台が厦門にて発見され、その後香港入港後に差し押さえ。「武器密輸の疑い」で2ヵ月間留め置き
土地を提供したロッテに抗議運動。中国国営メディアが韓国製品の不買運動を呼びかけ、韓国車の売り上げが急減。ロッテスーパーの第2四半期の売り上げは95%減少、店舗売却に追い込まれる。中国の旅行社による韓国旅行の取り扱いも差し止め、観光業は65億ドルの売り上げ減少。10月の文大統領の訪中で両国は関係改善に合意

1-1　中国の制裁行為（諸外国が

対象国	時期	対象物品、事項	きっかけ
日本	2010.9～15.5	レアアース禁輸	尖閣諸島沖の中国漁船衝突事件
ノルウェー	2010.10～16.12	サーモン禁輸	劉暁波へのノーベル平和賞授与
フィリピン	2012.5～	バナナ禁輸、旅行差し止め	スカボロー礁をめぐる対峙
日本	2012.9	不買運動、日系店舗・工場攻撃	日本政府による尖閣3島の購入
ベトナム	2014.6～7	ライチ禁輸	パラセル諸島沖で中国オイルリグをめぐる対峙
モンゴル	2016.11～	鉱物資源輸入制限、経済支援停止	ダライ・ラマ訪問
シンガポール	2016.11～17.1	装甲車押収	不明（台湾もしくは米国との軍事協力、あるいは南シナ海政策？）
韓国	2017.3～10	不買運動、旅行・ポップカルチャー差し止め	韓国でのTHAAD配備

出典：各国のニュースに基づき、筆者作成

示したと認識してやっと、中国人は天下の安寧が実現されたとみなす。

言葉を換えれば、中国は自国の周辺地域に、共同体家族のような、少なくとも表面的には穏やかな仲睦《むつ》まじい世界が構築されることを期待し、そのなかで自国を権威ある家父長と位置付けたがる。それが多くの中国人にとって、自国の歴史的「あるべき姿」なのである。自分をアジアの最高位の国家と考えるからこそ、中国は対外的なメンツを重視し、自国が尊重されていないとみなせばすぐに制裁行動を繰り出す、とも考えられる。

ただしこの点は、近隣国に対する無自覚な見下しと表裏一体である。中国は自国を伝統的なアジア秩序の中心地とみなすため、近隣国の文化や歴史を無意識のうちに軽んじ、それらの地域の独自の発展経験を尊重しない傾向がある。

中国の多くの歴史博物館の展示は、中国の王朝の偉大さを誇張し、中国が諸外国に「与えたもの」を一方的に強調する傾向が顕著だ。これはインドの博物館展示と比較すると対照的である。インドも伝統的な文明国だが、その国立博物館は、インドが他の文明との相互作用のなかで、どのように自分の文化を育んでいったかを主に描いている。

近隣国の主体性への感度の低さ

近隣国の主体性に対する感度の低さは、実際の対外関係でも弊害《へいがい》を生んでいる。

中国の高校の歴史の授業では、中国史、特に抗日戦争の歴史に重きが置かれ、ヨーロッパの王朝には多少触れても、東南アジアやインドの王朝の名前はほとんど教えられない。南シナ海の領有権を主張するとき、中国人は明の宦官《かんがん》、鄭和《ていわ》が平和の使者となってインド洋に7度の大航海を行い、その際に南シナ海の島々を命名したと主張する。しかし、イスラム商人たちがその前から東アフリカと中国の間の航路を開拓し、頻繁に利用していたことはまず忘れさられている（そもそも鄭和は、スリランカの国王を生け捕りにして中国に連れ帰っており、現地の人々にとって平和の使者ではない）。

「一帯一路」で周辺国との関係が重要といっても、中国政府は賛同国の数がどれだけ増えたかを気にし、それらの経済プロジェクトがどれだけ各国の実情に合っているのかには、海外からの批判が高まるまで関心を向けてこなかった。

習近平は2017年の中国共産党第19回大会で、「世界最大の発展途上国というわが国の国際的な地位は変わっていない」と主張し、自分たちこそ発展途上国の代表と位置付けた。しかし、中国の外交官や国際問題の専門家は、国際会議で発展途上国を「貧乏」「無力」と見下す露骨な発言をすることがあり、そうした国々が国際政治の対等な主体だという事実に敬意を払っていない。

2010年代末の現在、過去の階層的な国際秩序が中国の世界観に与える影響はそれほど顕著ではない。しかし、国が豊かになりナショナリズムが高揚したことで、中国ではこの数年、先述したような傲慢《ごうまん》さが強まる傾向にある。警戒は必要である。

2　強烈なリアリズム――被害者意識と陰謀論

現実主義的世界観

中国の世界観の第二の特徴として、強烈なリアリズムがある。中国の対外政策を研究する専門家の間では、特にこの点が強調される。

序章で述べたように、国際関係論では、国家間の力関係によって世界を捉える見方をリアリズムと呼び、通商や文化の影響、国際制度などを重視するリベラリズムなどと区別する。中国と初めて接する人は、中国人の話し手があまりにも「誰が強いか」に力点を置いて世界を語ることに驚く場合が多い。

中華帝国は皇帝の文化力を前提に成り立っていた。これと同様に、中国人が外交で「徳の高さ」といったポジティブな精神的要素を認めるのは、自国についてだけである。ゆえに、日本の「平和外交」など一顧だにしない（逆にネガティブな要素については、たとえば日本人は武士道精神が根付いているから軍国主義だ、などの言い方がなされる）。諸外国の精神性を重視しない中国人は、基本的には大国間の力の分布に依拠して各国の戦略を考察する。

こうした傾向性は米中和解の原動力にもなった。長年にわたる中国との敵対後、1970年代初めにようやく交流を再開したニクソン米大統領とキッシンジャー大統領補佐官は、いずれも中国の指導者の戦略的思考を高く評価した。彼らは、中国の指導者はソ連の指導者と比べ、世界戦略について議論しやすく、共通利益を探りやすいという印象を抱いた。だからこそ、米中両国は政治体制を超えてうまくやっていけると国内外に主張した。

中国の現実主義的世界観は、多くの研究者の研究対象にもなってきた。日本では特に岡部達味（東京都立大名誉教授）が中国外交のパワー・ポリティクス的傾向を深く分析しており、相互依存の深まる1990年代半ば、中国の国際政治観や対外行動はもはや「古典的」になっていると指摘した（「中国外交の古典的性格」）。

ハーバード大学のアラスター・ジョンストンは、対外政策決定における認識の役割を重視するコンストラクティビストである。コンストラクティビストとは、世界観などの「作られた認識」が、その主体の行動に決定的な影響を与えると考える人たちである。

彼は中国の伝統的な戦略文化に関心を持ち、明代の戦争論を取り上げ、中国人の深層の思考パターンを分析した。その結果、彼は中国の戦略文化を「文化的リアリズム」と名付けた。そして、中国の戦略文化はその歴史に深く根ざしながら現代に生き続けており、中国人の対外行動を今日も強く規定していると指摘する（*Cultural Realism*）。

1990年代末、中国の西側国際関係論の受容過程を検討するため、筆者も中国の大学で用いられていた国際関係論の教科書を分析したことがある。中国では1970年代まで、国際関係はマルクス-レーニン主義の理論に基づいて分析すべきという建前があった。198

0年代に「思想解放」が行われ、西側の文献が流入すると、中国の学者はリアリズムにひときわ強く反応する。彼らは西側理論と既存の概念を融合させ、「格局」と呼ばれる力の配置（いわゆるバランス・オブ・パワーの形態）を基礎に国際関係の発展段階を解釈し、国際政治を分析し始めた。次節で述べるように、この発展段階論はマルクス主義の影響である。

対照的に、中国の国際関係論のなかでリベラリズムが本格的に紹介されるようになったのは1990年代半ば以降である。中国では経済学は、早くからマルクス主義の影響が除去され、1990年代には西側と同様の自由主義経済が教授されるようになった。しかし、それと不可分のリベラリズムが中国の国際関係論コミュニティの主流になったことはない。国内でキメラ体制を採用する中国は、学問的にも政治と経済を使い分けている。

性悪説に基づく徹底的な警戒心

ただし、より詳細に見ていけば、中国のリアリズムは西側のそれとも少し異なる。国際関係論が理論的な普遍性を追求してきたのに対し、中国のリアリズムははるかに人間的な要素が強く、権謀術数の渦巻く場所として世界を描く傾向にある。

西側国際関係論でリアリズムの祖とされるのは、17世紀にイギリスで活躍したホッブズだ。彼は人間の自然状態を「万人の万人に対する闘争」と捉え、個々の人間の行動には、サバイバルできるかという恐怖が最も重要な役割を果たすと指摘した。人間の自然状態は無秩序状態なので、それを回避するため、人は国家と契約関係を結び、一国のなかで秩序を達成し、個人の自由をある程度犠牲にして生存の恐怖から脱した、とホッブズは指摘する。

だが序章でも述べたように、今日の国際関係には国家を超えた世界政府がまだ存在していない。ホッブズは、各国は自分のサバイバルのために国力の増強を図り、自国の力が足りないとなれば他の国との同盟などを考慮すると考える。

彼は紀元前５～４世紀に書かれたトゥーキュディデースの大著、『戦史』の英訳者でもあった。そのため彼は、自分が生きた17世紀のイギリスや、また紀元前のギリシャ都市国家間の国際関係を参照体系としていた。トゥーキュディデースは、繁栄していたアテネが戦争によって自壊した理由を追及し、アテネの台頭がスパルタに与えた恐怖こそが戦争を招いた真の原因だったとした。これに基づき、ホッブズは「サバイバル」こそがすべての主体の共通目的と考えた。

人間社会の普遍性を問うこうした西側のリアリズムと比較すると、中国のそれはより人間くさく個人的で、しばしば善悪の価値判断を伴う。中国人にとっての参照体系は、三国志に代表されるような、巨大国家の統一に向けた英雄的物語である。中国では歴史は通常、勝者によって書かれるものであり、自分は善、敵は悪という前提が強調される傾向が強い。

中国人にとって、すべての人間にとってのサバイバルの重要性は当たり前すぎる。むしろ天下統一を実現しようとする戦略家は、その次の高みに立って物事を考えるべきだ。すなわち、自国を奇策によって陥れよう、呑み込もうという強大な敵の陰謀を巧みに察知しながら、時代の大きな潮流を読み、敵の裏をかいて、自国の勢力を拡大していかねばならない。

そのため中国の戦略家は、次のように考える。理想の国家を打ち立てようとする自分に必要なのは、性悪説に基づく徹底的な警戒心である。なにしろ敵は、わが勢力を吸収し天下を狙おうと、常日頃から陰謀を企てている勢力である。戦いに負ければ、自分だけでなく一族すべてが根絶やしにされる。それを防ぐために、自らは聡明な判断で敵の罠《わな》を読み解き、あらゆる可能性と油断なく戦っていかねばならない。

こうした世界観のなかでは、「国家」の枠自体が重層的かつ流動的なので、ホッブズの想定と異なり、自国内でも安堵《あんど》できる空間はない。

支持される陰謀論

中国の政治の舞台はギリシャの都市国家群よりもずっと大きく、中国人は自国の壮大な物語に魅了される。中国人のリアリズムは、自分は善、敵は悪という前提に立ち、人間的な感情の渦巻く権謀術数の世界観である。そのサバイバル競争はホッブズの想定よりもずっと激しく、指導者はあらゆる場所で友からも部下からもだまし討ちの恐怖に苛《さいな》まれ続ける。

では、こうした考え方が世界に対して投影されるとどうなるのか。中国人の世界観では、陰謀論がきわめて強い。対立が高次であればあるほど、相手は根本的に性悪な存在で、自国を食い物にするためにあらゆる権謀術数を仕掛けてくるはずだ、と彼らは考える。

たとえば尖閣諸島問題が拡大した頃、中国人の知識人の間では、日中間で島をめぐって領有権問題が存在しているのは米国に仕掛けられた陰謀だ、という説が流布していた。米国はアジア太平洋地域で日本と中国の勢力を削《そ》ごうとした。そのため、将来的に両国の勢力がぶつかるよう、本来であれば中国が領有するべき尖閣諸島を、第2次世界大戦後にあえて日本側に引き渡し、対立の火種を作っておいたのだという。

筆者の理解では、戦後から1970年頃までの間、中華民国政権も中華人民共和国政権も尖閣諸島の領有権を主張したことがない。そのため米国は、中国側にそのような考えが存在することになるとは知らずに1950年代から尖閣2島を在日米軍の射爆撃訓練場として使い続けていたはずだが、中国人に言わせればそれは読みが浅すぎるそうである。

野田佳彦政権による2012年9月の尖閣3島国有化への決断は、同年4月に東京都の石原慎太郎知事が米国でその購入計画を発表したのに対し、それを阻止するためだったというのが日本での通説である。だが中国人に言わせればこれも、野田と石原が尖閣諸島の実効支配を強めるために最初から結託してとった陰謀だという。筆者は石原と民主党政権との関係性を考えればありえないと思うが、中国人は信じない。

同様に、1999年5月に発生した北大西洋条約機構（NATO）軍による駐ユーゴスラビア中国大使館誤爆事件は、中国では当然、NATO軍のユーゴ出兵に反対した中国を罰するためにアメリカが意図的に行ったもの、と広く信じられている。こうした思考のなかでは、中国の経済発展に際し、米国が中国に自国の自由なマーケットを提供し、日本が技術と資金と知恵をもたらして、その発展を手助けしたことはまず顧《かえり》みられない。

このように、中国人は大国間関係を陰謀論で考える傾向がきわめて強い。度を越した主張をすることも多く、それは疑いすぎではないのと筆者が指摘すると、お前は政治がわかっていない、戦略的マインドがない、と言われる。要は宗教と同じで信じるか信じないかだが、中国で「戦略家」を自称する人々の間では、それくらい陰謀論系リアリズムが普及している。

中国の戦略家は、強大な敵が仕掛けてくるかもしれない最悪の陰謀に常に怯《おび》え、それに備えようとする。彼らの不安感は、自分たちが天下統一を実現し、自分たちの目に届く範囲から有力な敵が消滅するまで消えないのだ。

近代以降の被害者意識

大国の意図をありえないレベルまで疑う傾向はおそらく、先述した近現代史の国家的体験によって増幅されたものだ。中国人にとって、中国2000年の国家統一の物語が第一の参照体系だったとすれば、第二のそれは1840年のアヘン戦争以降の近代史、およびそれに続く中華人民共和国建国後の外交的困難にまみれた現代史である。その経験を踏まえ、中国人が「中国は国を閉ざし、弱体化してしまったがために列強に食い物にされた」と固く信じている点は、中国のリアリズムを理解するには重要である。他の大国に対する中国人の不安感は、伝統的なリアリズムに根付きながらも、近代史以降の被害者意識と共鳴しあい、他者に対する強い猜疑《さいぎ》心を生み出し続けている。

中国的リアリズムが近現代史と融合すると、中国の専門家にとり海洋は特殊な戦略空間となる。前述したように、列強による東アジアの国際秩序転換は中国に強いショックをもたらしたが、これは地政学的な認識転換を伴った。近代以前、中国平野部の農耕地帯の人々にとっての脅威は、北方あるいは西方からやってくる騎馬民族であった。だからこそ中国王朝は、長大な万里の長城を何度も修築して、夷狄《いてき》から自分たちを守ろうとした。

ただし、金や元や清など、侵入者として中国を治めた異民族の人々は、統治のため歴代の中国王朝と似た制度を採用し、いつしか中国のシステムに馴染《なじ》んでいく。清王朝を担った満州族は、今日ではほとんど漢族に同化して区別がつかない。清代までの中国史は、異民族の侵入と同化の歴史でもあった。陸からやってきた侵入者は、最後にはしばしば、中国のシステムに呑み込まれ融合された。

一方、列強が中国に与えた脅威の性質は、それとまったく異なる。中国にやってきた列強のほとんどは、大陸ではなく南方あるいは東方の海から到来した。清代は、沿岸部は安定的な発展が可能な、かなり安全な地域であった。倭寇という例外が略奪行為を働いたことはあったが、それは王朝の国家権威を脅かすほどの存在ではなかった。

ところが19世紀中盤以降になると、海からやってきた欧米列強、そして中国よりも先に近代化した小国日本が、清王朝に次々と無理難題をふっかけ、中国の領土を割譲し、その藩属国を植民地化し、さらに中国各地に租界を開いて蚕食を進め、中国を合法的に弱体化させた。しかもこれらの列強は、中国のシステムに同化するどころか、中国に西欧式の近代化を強制し、中国の秩序を解体して彼らの色に塗り替えていく。

中国が新たな近代国家を築いてからも痛みは続いた。清王朝の後にできた中華民国は機能不全に陥り、抗日戦争と内戦を経て中華人民共和国が建国された。第2次世界大戦後に世界の超大国となった米国は、朝鮮半島とインドシナで中国を封じ込め、台湾を軍事的な庇護《ひご》下に置いて、中国に海からの脅威を与え続けた。

マラッカ・ジレンマ——海洋重視の新リアリズム

こうした歴史的なショックにより、中国のリアリストたちは、その目線を陸上から海へと大きくシフトさせた。今日、中国の戦略家は、海洋部を大国間の角逐の戦略的舞台と見る。海洋覇権国の攻防史は、自らも社会的地位の向上をめざす野心的な男性の間で人気の高い研究テーマである。中国が二度と列強に蹂躙《じゅうりん》されたくなければ、海洋をめぐる安全保障を固めなければならないという認識は、彼らには常識だ。

海洋重視を加味した新たなリアリズムのなかで、中国の戦略家が気にかける中国の地政学的弱点はマラッカ海峡である。これは「マラッカ・ジレンマ」（馬六甲困境）と呼ばれる。彼らが懸念するのは、マラッカ海峡が敵対勢力（明らかに米国とその同盟国）からの封鎖を受け、石油の多くを海上輸送し、マラッカ海峡経由のシーレーンに深く依存する中国が、あっという間に行き詰まるという可能性である。

それが心配なら、万一の事態を回避する外交努力を普段から図ればよい、と考える人間は中国的な戦略センスがない。中国の戦略家たちはほぼ安全保障フリークである。彼らはまず起こらない万一の事態に備え、マラッカ海峡への依存を減らす真剣な努力を払ってきた。2000年代半ば以降、中国はミャンマー－雲南、パキスタン－新疆などの国境山岳地帯に、大量の国費を投入してパイプラインを建設し、最近はロシアやカザフスタンとも協力を推進している。マレー半島のクラ地峡（ほぼタイ領、一部ミャンマー領）に運河を通し、親米的なシンガポールを回避するルートを造る構想もある。

このように、可能性がほとんどない問題に、大まじめになって多くの労力と資金を投入するほど、中国は海洋からの脅威を警戒し続けている。いくら国民の福祉や教育への要求が小さいとはいえ、中国共産党が空母や原子力潜水艦に多くの税金を投入し、それがまかり通っているのも、多くの人々にこの万一の不安感が共有されているからである。

3　中国共産党の組織慣習——崇高な任務のために

「現状への不満」——立ち向かう共産党

中国の世界観の第三の特徴は、中国共産党の組織慣習の影響である。

これまで中国の歴史や伝統の影響を論じてきたが、中国の王朝はそれぞれに個性的で、多様性に富んでいる。唐朝は国際色豊かで、宋朝は商業と文化を振興し、清朝は安全保障を重視しながら国内では善政に努めた。これらの王朝と同様に、現在、執政を担う中国共産党も、今日の中国のあり方に独特のカラーを与えている。

中国共産党は「脱イデオロギー化」したと言われる。たしかに、世界の免税店でブランド品を買い漁《あさ》る中国の観光客を見ると、中国が社会主義国だと信じる気持ちは薄れる。しかし重要なのは、中国共産党が中国の唯一の執政党で、全中国の政治的権力を集中的に掌握していることだ。中国共産党はイデオロギーとしてのマルクス−レーニン主義はほぼ放棄したが、仕事のやり方、進め方には社会主義的な慣習を強く残している。そしてその手法は、党の指導を受けるメディアや教育などを通して、中国の世界観を特色付ける。

中国共産党の世界の描き方は、もともとマルクス−レーニン主義に基づくものであった。これは1980年代前半を中心に大きな変化を経験したが、今日までほぼ一貫して引き継がれている部分もある。シンプルに説明するならそれは、現状に常に不満で、美しく平和な未来は必ず中国共産党が導くというものである。また、毛沢東時代ほど顕著ではないが、敵と味方を峻別《しゅんべつ》し、独自の価値観で敵対勢力を批判する傾向性も強く残っている。

やや細かくなるが、ここでマルクス－レーニン主義政党の仕事の「定型」を紹介し、そこから派生する中国の世界観を概観していこう。序章で述べたように、マルクス主義は経済様式の変化（生産力と生産関係の変化）によって人類の歴史が段階的に発展していくと考えた。いわゆる唯物史観である。

マルクスの「科学的社会主義」に基づけば、人類の歴史は狩猟採集社会、封建社会、資本主義社会と進化を遂げた。そのあとは、共産党が前衛となって人々を率いることで、社会主義革命が達成されたとき社会主義社会に、さらに所有物の完全平等が達成されたとき共産主義社会に移行すると考えた。

マルクスの認識における共産党は、より平等な社会という理想を達成するため、人々を次の社会的段階に導いていく役割を担う。したがって共産党は、現在が「どのような時代か」を判断し、革命に向けた国際情勢の成熟度を分析し、人々に進むべき未来への方向性と行動の指針を示して、彼らに現在の課題を提示する責任を持つ。

ソ連と中国での革命運動を通して、マルクス－レーニン主義は革命戦略をより強めた。レーニンは1917年のロシア革命の前年に『帝国主義論』を著し、「帝国主義」を資本主義の最高段階に位置付けた。資本主義が高度に発展すると、国家と結託した巨大な独占資本主義の間で世界の再分割圧力が高まり、帝国主義国家間の戦争が不可避的に発生する。この段階で資本主義はすでに腐敗しているため、革命を起こして人々を次の段階の社会主義に導かねばならない。こうした世界観では、中国を半植民地化し互いに戦争ばかりしていた「帝国」は、時代の潮流によって打倒され淘汰《とうた》される存在だった。

ロシア革命とそれに続く1922年のソ連の誕生により、世界で初めて社会主義国が誕生した。マルクス−レーニン主義の影響力は、現状に問題意識を抱える資本主義国の労働者や(半)植民地の人々の間で急速に高まった。国際主義を志向していたレーニンは、1919年にコミンテルンを組織し、世界の共産主義運動の支援と組織化を試みる。

1921年、国際都市・上海のフランス租界で中国共産党が結成された。中国共産党はやがて、中華民国政権を担う国民党と対立し、またコミンテルンの意向にも反発しながら、1934年からの長征を経て、37年には陝西《せんせい》省北部の延安に革命根拠地を建設した。

同年、毛沢東は『矛盾論』を著し、搾取階級と非搾取階級の間にある「基本矛盾(根源的な対立)」として、中国では帝国主義と中国、封建制度と人民の矛盾の二つがあると述べた。毛はさらに、そのうちどれが「主要矛盾(最も重要な対立)」になるかは時代の特性により変化するが、現在は抗日戦争が最大の課題であるため、日本との戦いに全力を注ぐべきで、これまで敵対してきた国民党政権とも連合せねばならないと説いた。

このように、中国共産党は中国革命の達成に向け、その時代の潮流と特性を読み込み、主要矛盾を特定してそれを克服する戦略を練る作業を重要な任務とした。そのなかで、時代の潮流に背き、自分たちに脅威を与える最強の存在を「主要敵」と位置付けた。そして自分たちを、諸勢力と連合し、政治経済の力を結集して「主要敵」に対抗することで、新しい時代を切り開く前衛的な存在とみなした。

明るい未来実現のための戦い

1921年に設立された中国共産党は、こうした作業を続けてもうすぐ100年経つ。その間、何度もイデオロギーの修正を行っている。改革開放以降は「三つの代表」を掲げて起業家（＝資本家）の入党を認めたし、最近では「習近平の新時代の中国の特色ある社会主義」を掲げ、中国共産党の領導こそが社会主義だと開き直っている。もっとも、過去四半世紀ほど中国と付き合いのある筆者は、中国共産党の執政の先に、共産主義の明るい未来があると信じている中国人に出会ったことがない。

ただし、中国共産党が一つの大きな「組織」として運営される以上、長年の間に仕事のやり方は慣習化し、ルーティンワーク化する。マルクスやレーニンが地球上の人類のあり方に挑む議論をしてきただけに、中国が世界を見るときのレンズの口径や厚さは、これまでのルーティンのなかで彼らが慣れ親しんだ「定型」によってほぼ決まる。

中国共産党は今日でも、唯物史観を原型として、時代を段階的に発展していくものとして描こうとする傾向がある。世界革命の実現に熱心だった毛沢東が死去してから、さすがに中国共産党も、世界中で革命を推進しようとは言わなくなった。他国の革命に介入することは、近代主権国家体制ではそもそも内政干渉にあたる。中国共産党は１９８０年代後半以降は、世界革命に代わって「国際政治経済新秩序」、「和諧世界」、「人類運命共同体」などの目標を掲げ、人類の明るい未来を実現しようと唱えている。

それでもなお、美しく平和な時代は、いまではなく未来のなかに描かれる。なぜなら、中国共産党は人々をそこに導く崇高な任務のために、中国で執政党の地位に居座っているからだ。進むべき未来の理想像がなければ、彼らは理論上、存在意義を失う。中国が民主化し、中国共産党が人々に真に選ばれて執政を担うようにならない限り、共産主義世界の実現に匹敵するくらい明るい未来を、中国共産党は「人類のため」に描き続けなければならない。

逆の見方をすれば、そうした未来のために、現在はより暗く、人類の不満が累積されていく場所として描かれなければならない。でなければ未来が明るく見えないからだ。ただし、これはなかなかトリッキーである。中国共産党は国内でもう70年も政権を担っている。国内情勢についてあまりに多く問題点を指摘すれば、それは必然的に中国共産党自身が無能という批判を招く。国内で権威を保つために、党の失敗は表立って指摘できない。

であれば執政党としては、理論上、「人類の不満」の主な源を国際情勢に求めざるを得ない。国際的な圧力に耐えながら、人類の明るい未来のために戦っている中国共産党という英雄的イメージが、中国共産党の執政の維持には論理的に必要だ。しかし、誰が中国に圧力を加えるのか。

悪者は誰か――米国、ソ連から日米へ

レーニンと毛沢東は革命家であったため、いつ帝国主義に対する武装蜂起を展開するか、誰を味方につけるかを常に判断しようとした。それには国際情勢の現状を分析し、次の時代に向けた革命的情勢の成熟度を見極め、「時代の潮流」に乗って敵我を明確化せねばならない。革命勢力側には資本力がなく武器も少ない。そのため「主要敵」が特定できた後は、それ以外の勢力とは統一戦線を組んで協力する必要がある。無理に味方に取り込んだ勢力に対しては、「主要敵」の打倒後に再教育を施すか、革命の敵として殲滅《せんめつ》すればよい。

だが、世界を白黒で判断するこの「主要敵」論は、中国が対外開放に乗り出し、複雑な世界情勢に接するようになった1980年頃に、党内で正式に否定された（『中国政治外交の転換点』）。また、毛沢東時代に「明日にでも世界戦争が起きる」と言い続けて経済発展を後回しにした反省から、1980年代半ばは国際情勢への判断も正式に緩和された。中国共産党は、当面世界戦争は起きないので、覚悟を決めて経済改革に邁進《まいしん》し、世界のグローバリゼーションの潮流に乗っていけと人々に発破をかけた。

しかし、世界戦争に備え続けた過去の影響はまだ残る。中国が世界を見るときには、誰が味方で誰が敵かを判断し、いずれ来る強力な敵の攻撃に備えようとする傾向がいまも強い。

明るい未来を描くには、多くの人が納得するくらい国際的に影響力のある誰かを、潜在的な悪役として指名しなければならない。中国は1950年代から60年代には米国の「帝国主義」を「主要敵」に位置付け、70年代から80年代にはソ連を新たなターゲットとした。

冷戦後になると、既存の国際システムのなかで中心的な役割を果たす先進国、特に日米両国が、潜在的な敵の役割を担わされた。冷戦崩壊直前の1989年6月、第2次天安門事件が起き、中国政府が学生の民主化運動を武力弾圧したため、中国はG7諸国から数年間の制裁を受けた。そのため中国国内では、ターゲットの切り替えは実にスムーズに行われた。

ただ、本質的にはこれは大きな矛盾をはらむ。中国は西側の自由主義経済を最大限活用して経済成長した。西側先進国が中国に協力的でなく、中国を虐《しいた》げ圧力を加えていたのであれば、中国が40年間の高度経済成長を続け世界第2の経済大国に浮上できたはずがない。中国経済が着実に発展できたような国際環境は、中国にとってきわめて有利だった。

しかし中国共産党のルーティンワークに沿うと、中国は国際情勢の現状に満足してはならない。中国に最大限の恩恵をもたらした西側先進国は、中国を含む人類社会に大きな圧力をもたらす存在として、陰に陽に批判され続けなければならない。しかも、中国国内で中国共産党の執政への不満が高まれば高まるほど、それを抑え込むために、中国共産党のなかでは外敵の存在を強調しようというニーズが高まる。

大国化後も訴える外来脅威

1‐2は5年ごとに開かれる中国共産党の党大会報告から、国際情勢判断、現状への不満、中国の政策と目標の部分を抜粋したものである（2002〜17年）。この間に中国のGDPは約6.1倍に拡大し、世界ランキングは世界第6位から第2位へと飛躍を遂げた。また2008年に北京オリンピック、10年に上海国際博覧会が開催され、中国は国際的地位を急上昇させた。しかし、1‐2を一覧すればわかるように、どれだけ大国化が実現しても、中国の国際情勢への判断にはほとんど変化がない。

中国は今日も相変わらず、西側先進国の「冷戦思考」「覇権主義」「強権政治」に対する不満を列挙し続けている。中国は、特に米国が世界に張り巡らす同盟関係には強い反感を持つ。同盟を結ぶのは古くさいとして、これをしばしば「冷戦思考」という言葉で批判する（1950年には中ソ間でも同盟が結ばれたが、関係悪化により事実上、10年ほどで破綻した）。中国では、自国の安定的な発展を促した世界情勢は、「なお安寧《あんねい》でない」と判断される。

1‐2の三つの項目のうち、最も変化が大きいのは「中国の政策と目標」で、特に中国の目標についてである。世界革命という目標に代え、中国は1988年頃から公正で合理的な「国際政治経済新秩序」の実現を唱え始めた。地球規模の南北格差が指摘されるなか、発展

の国際情勢判断（2002-17年）

中国にとっての不満	中国の政策と目標
で不合理な国際政治経済の旧根本的に変化がない。平和と影響する不確定要素は増えて……覇権主義と強権政治には形が生まれている。……世界も安寧といえず、人類は多くい挑戦に直面している	国際的な波風がどう変化しても、我々は常に揺るがず独立自主の平和的外交政策を奉じていく。……我々は歴史の潮流に沿い、全人類の共通利益の擁護を主張する。……我々は公正で合理的な国際政治経済新秩序の構築を主張する
なお安寧ではない。覇権主義政治はなお存在し、局部的なホットな問題は後をたたず、バル経済のアンバランスは深…世界の平和と発展には多くと挑戦が待ち受けている	各国の人民がともに努力し、いつまでも平和で、ともに繁栄する和諧世界の建設推進を我々は主張する。……国際的な波がどのように変化しても、中国政府と人民はいつまでも平和、発展、協力の旗印を高く掲げ、独立自主の平和的外交政策を奉じる……
なお安寧ではない。国際金融影響は深く、世界の経済成長安定・不確定要素は増え、グルな発展不均衡は深まり、覇や強権政治、新干渉主義が多し、局部的な動揺がよく発生る…。弱肉強食は人類共存のない。兵力を振りかざしても世界は実現しない	我々は国際関係において、平等と相互信頼、包容と相互学習、協力とウィンウィン精神を高めた、国際的に平等な正義を共同で守っていく……（我々は）発展途上国が国際問題で代表性と発言権を拡大するのを支持し、発展途上国の永遠の頼もしい友人、かつ誠実なパートナーになる
直面する不安定性と不確定性は突出し、世界経済の成長の動力は不…人類は多くの共通の挑戦に直面している。……各国の人民が心をて協力し、人類運命共同体を構築し、いつまでも平和で、普遍的に、ともに繁栄し、開放的で包容的で、清潔で美しい世界を作るよう呼びかける。相互尊重と平等な協商が必要で、冷戦思考と強権政治葬り去らねばならず、対話を行い対抗をやめ、パートナーシップを盟は結ばないのが、国と国との新しい交流の道である	

1-2　中国共産党大会報告

	国際情勢判断	
16大（2002年11月）	平和と発展はいまも時代の主題である。……世界は多極化と経済グローバリゼーションの趨勢に向け発展している。……新しい世界大戦は予測可能な時間内には起きない。かなり長期間、平和な国際環境と良好な周辺環境を勝ち取れる	不公正 秩序は 発展に いる。 新たな はとて の厳し
17大（2007年10月）	いまの世界は大変革、大調整の最中にある。平和と発展はなお時代の主題で、平和を求め、発展を図り、協力を促すのが抗えぬ時代の潮流である。……国際的な力の配置は、世界の平和と発展の擁護に有利な方向に発展しており、国際情勢は全体的に安定している	世界は と強権 衝突や グロー まり、 の難題
18大（2012年11月）	いま世界ではまさに深刻で複雑な変化が発生し、平和と発展はなお時代の主題である。世界の多極化と経済的グローバリゼーションは深まっている……新興国と発展途上国の全体的な実力は強まり、国際的な力の配置は世界の平和と発展の擁護に有利な方向に発展している……	世界は 危機の への不 ローバ 権主義 少拡大 してい 道では 美しい
19大（2017年10月）	世界はまさに大発展・大変革・大調整の時期にあり、平和と発展はなお時代の主題である。……グローバルガバナンスシステムと国際秩序の変革は加速し、各国相互の関係性と依存性はますます深まり、国際的な力の配置はよりバランスが取れてきている……	世界が 足し… 合わせ 安全で 我々は は断固 結び同

筆者作成

途上国の間では1970年代から、先進国に対して「新国際経済秩序」の構築を求める声が上がっていた。中国はその一員として「国際政治経済新秩序」の構築を主張する。

ただし、中国自身が多くの国際組織に参加し、国際的なステータスを向上させると、より美しく聞こえのよい総合的な目標を描いていく必要が生じる。胡錦濤政権の「和諧社会」(調和的社会)の実現というスローガンに沿い、2007年の党大会では「いつまでも平和で、ともに繁栄する和諧世界」の建設が目標として書き込まれた。

さらに、習近平が総書記に就任した2012年の党大会では、前任者の用語が避けられ、「和諧世界」は落とされた。代わりに書き込まれたのが、「平等と相互信頼、包容と相互学習、協力とウィンウィン精神を高めた、国際的に平等な正義を共同で守っていく」という長い目標だった。発展途上国を「後押し」する姿勢も示された。これはさらに、2017年には「人類運命共同体」という目標に発展する。この大会では、その構築を目標に、中国が「いつまでも平和で、普遍的に安全で、ともに繁栄し、開放的で包容的で、清潔で美しい世界」の実現に向けて中心的な役割を果たすという未来への道筋が示された。

「世界革命」の実現は全人類の目標だったが、その後の「国際政治経済新秩序」は発展途上国の一員としての主張という性質が濃厚だった。しかし自国が大国化を果たすと、中国は再び「世界革命」レベルの、先進国を含む全人類のための目標を描くようになった。

目標値の変化は、中国が自国の実力の向上をしっかりと認識していることを示す。だとすれば相対的に、外来の脅威に怯える必要性は低下しているはずだ。しかし中国の脅威の描き方にはほとんど変化がない。世界を映し出す中国共産党のレンズには、外来の脅威を強調し、自らの正当性を主張する機能があらかじめ備わっている。

しかも、中国が多くの国と異なるのは、こうした世界観が、中国共産党の統治機構を通して日常的に国家の隅々に届けられる点である。党の「喉舌《こうぜつ》」と言われるメディアに、党は上記の世界観に適合するニュースのみを日々報道させる。中国のメディアは中共中央宣伝部の完全な統制下にあり、宣伝部は全メディアの人事権を握っている。もしも党の指示に逆らおうものなら、個々の記者は家族を養っていけなくなるのだ。

情報統制による陰謀論の主張

以上に基づき、中国のメディアは、自国の国防費がすでにアジア太平洋諸国の総額の半分以上に拡大しているなどとは決して報じない。

だが、たとえば米国海軍が韓国との軍事演習で黄海に進入した、日本が5年連続で防衛費を増大したなどの話題は好んで流す。毎日そうしたニュースに接していると、人々は中国が敵対勢力に包囲され、いまにも攻めてこられそうだという気分になってくる。

さらに、幼稚園から大学院までのすべての教育課程で政治教育が行われている。授業はさまざまな方法で監視され、中国共産党の観点に沿わない歴史が教えられることはない。中国のインターネット統制は世界最先端である。閉ざされた言論空間と技術的規制は、中国人の思い込みにさらなる拍車をかける。

情報の偏《かたよ》りは、中国的リアリズムと組み合わさると相乗効果を生む。中国人は、自分たちが持つ情報でうまく説明できない事象が生じると、それを他国の陰謀と解釈しがちだ。

米国のオバマ政権が２０１１年に「アジア太平洋リバランス戦略」を打ち出したとき、中国の専門家はその目的をいっせいに、「中国の台頭を阻止する陰謀」と理解した。実際には２００９年頃から、南シナ海や東シナ海で、中国海監の他国の船舶に対する挑戦的行動が目立っていた。国際問題の専門家の間では、中国はいわゆる「韜光養晦《とうこうようかい》」（目立たず力を隠し蓄える）策を捨てたようだと議論されていた。中国への懸念を強めた東南アジア諸国は、それぞれ米国との関係強化に乗り出し、協力を求めた。リバランス戦略は、こうした事情を踏まえ、中国の行動の変化に対する米国の反応として打ち出された。

しかし、自国の対外行動の変化を知らず、中国は常に平和的と信じる中国の専門家たちは、これを米国の陰謀と見ることで、自分たちの認知ギャップのバランスをとった。中国が他国の「陰謀」を主張するときには、国内に流れる情報の偏りに原因があることが多い。

4　彼らがめざす平和とは――消えない不安感

楽観主義の拡大と政治制度の壁

この章では、中国の世界観を構成する三つの要素を、中華帝国の喪失感、中国に浸透する強烈なリアリズム、中国共産党の組織慣習の影響と大別して見てきた。三つに共通するのは、中国では外部からの脅威が実際よりも強調される傾向があり、中国人は常に強い不安感、不満足感を抱えていることである。より強い存在からとって喰われるかもしれない恐怖が、中国人の間にはかなり蔓延《まんえん》している。

この不安感は、日本人の世界観と比べてみれば対照的である。日本人は一般に悲観的と言われる。しかし不思議なことに、国際関係の現状への不満はそう強くない。一例を取れば安倍晋三首相は、2017年の施政方針演説で70年前に戦争で荒廃していた日本を振り返り、次のように述べている。「先人たちは決して諦めなかった。廃墟と窮乏のなかから敢然と立ち上がり、……世界第3位の経済大国、世界に誇る自由で民主的な国を、未来を生きる世代のため創り上げてくれました」。そして彼はこう呼びかける。「今を生きる私たちもまた」、「もう一度スタートラインに立って、共に、新しい国創りを進めていこうではありませんか」。

安倍は、戦後の日本の歩みは世界のなかでまずまずだったとみており、今後も同様にできれば十分よいと考えている。現状にかなり満足しているのである。20年間の長期経済停滞を経験しても、日本では世界の枠組みを大きく変えようという議論はほとんど聞かれない。生活が向上しているのに、世界に根深い不安と不満を抱える中国とは、まったく逆だ。

では、中国人の不安感はどうすれば解消するのか。これは難しい課題である。中国社会は確実に豊かになり、ゆとりを持って生活を楽しむ人が増えている。そのため個人レベルでは、楽観主義が着実に広がっている。特に海外旅行の効果は絶大だ。旅行を通して外国人の実生活に触れた多くの人は、相手国の市民に対して警戒心を和らげて帰国するからだ。

たとえば2018年、中国のネットでは、コンクリートの壁に開けられた三つの窓から顔をのぞかせる三匹の柴犬が「超可愛《かわいい》」と人気者になった。三匹は長崎県島原に住む。中国語のサイトではその民家までの道のりが詳細に紹介され、多くの人が呑気《のんき》な柴犬探しを楽しんだ。こうした人々に、日本の軍国主義化を警戒せよと宣伝しても説得力はない。

しかし、政府や学者の公的・半公的レベルでは、既存の世界観の影響がまだきわめて強い。また社会レベルにも、中国人が世界と渡り合うには、中国人は一つにまとまらなければならないという信念が根強く残っている。これは、彼らが理解する中国の歴史的経験に基づく。論理的に考えれば、選択肢はそれ以外にもあるはずだが、国内の政治制度の壁が高いため、多くの人は中国共産党の意向に背くことをまず考えない。

そのため多くの人にとって、共産党に領導された中国という国家が世界のなかの「我」であり、党が推し進める世界観が社会的な主流である。中国人の不安感は、全体としては、今後もかなりの長期にわたり継続するだろう。

中国にとっての「平和」とは

では、中国はどのような状態になれば、敵の恐怖から解放されるのだろうか。リアリズムは力の要素を重視するため、中国という「我」にとっての脅威は、「我」よりも強大な者、あるいは「我」に対抗可能な者である。中国の歴史的経験と現在の国際関係を踏まえれば、列強の系譜に連なる日欧米にその可能性が高く、またそれと協力関係にある小国も危険な存在である。いうまでもなく、中国にとっての最大の脅威は世界最強国の米国である。逆に中国は、統一戦線の伝統を踏まえ、力の弱い発展途上国を自国にとっての暗黙の連携相手と想定している。彼らは「我」の側に取り込める相手である。

さらに、地理的な領域について考えてみたい。中国にとって、中華帝国を中心とする朝貢／冊封体制は、かつてアジアに存在した理想的な平和の形であった。中国が南シナ海を自分の勢力下に置こうとし、またマラッカ海峡に関する議論を延々と続けていることを考えると、中国は自国を取り囲む近隣地域、言い換えればかつての朝貢国があるくらいの領域から、「我」を脅かす勢力の除去を望んでいる。これは、中国が近年、制裁行動を打ち出した国の範囲ともほぼ重なる。

元・杏林大学教授の平松茂雄は、かつて「戦略的辺疆」という概念を提唱し、中国は国力の大きさによって自国の影響圏が変わると認識している、と指摘した（『甦る中国海軍』）。中国が想定する影響圏は、すでに東アジアや東南アジアを含んでいるようだが、どの程度、西太平洋やインド洋に伸びるかはまだはっきりしない。いずれにせよ中国にとって、自国に対抗しうる勢力が、自国の「周辺」にプレゼンスを持つことは脅威と映る。それが除去されれば、中国にとっての平和は達成されたことになる。

これを具体的な国際関係に落とし込むならば、米国が中国の近隣国との同盟関係を解消して域内から手を引き、日本が弱体化し、ロシアやインドが台頭しないままでいるのが中国にとっての理想である。中国が周辺地域で明確に最高位のポジションを維持することができれば、中国の不安感はほぼ解消される、といってよかろう。

習近平を含む中国の指導者は何度か、アメリカ人と接触した際に、広い太平洋を分けようと提案している。中国的世界観に基づけば、米国が中国の周辺事態に干渉をやめさえすれば、米中共存は十分可能だ。かつて中華帝国がローマ帝国と共存できていたように、中国は世界の覇権国になることを望んでおらず、米国を侵攻する意図も持たない平和な国だからだ。

このように、国際関係に関する中国国内の議論を突き詰めれば、中国がめざす「平和」は、自国による域内覇権の確立という形を志向することになる。もちろん、皇帝の威光が届く範囲は広ければ広いほどよい。ただし、彼らが最も気にしている強者の影が、彼らの目の届く範囲から遠ざかれば、中国はひとまず安心できる。中国は他国に内政干渉をするつもりはないからだ。中国にとってこうした脅威の除去は「防衛」であり「国防」である。

外来脅威を強調し続けるゲーム

もっとも、彼らにとって「気になる範囲」は、かつての中華帝国の影響圏と地理的にほぼ重なる。自国の国防のためにという中国の主張は、日本ですでにそうなっているように、国際的には「中華思想」として理解されていく可能性が高い。

それに、中国が想定する中国にとっての「平和」が、今日の世界で実現する可能性はまずない。現在の国際秩序は、すでに主権国家体制に切り替わっている。中国の近隣国はそれぞれ主権を持って国家形成を進めており、もはや中国の属国ではない。

国際関係論で「安全保障のジレンマ」と呼ばれる現象が、中国をめぐってすでに発生し始めている。中国が独自のレンズで米国の脅威を強調し、それに対抗するために軍備増強に励めば励むほど、近隣国の安全保障は脅かされる。近隣国は自国の主権を守るために、自分で軍備を増強するか、中国以外の国との連携を模索するかして、勢力均衡を図ろうとする。将来万が一、米国がアジアから撤退しても、それに代わって中国を牽制する国際的な枠組みがほぼ確実に登場するだろう。

しかも、中華帝国を中心とする旧秩序は、中国が藩属国や朝貢国に経済的メリットを提供することで成り立っていた。民主主義国を含む小国の人々を、中国の描く理想的な世界に向けて総動員させていけるほどの経済的メリットを、現代の中国が一方的に提供し続けられるだろうか。対外援助で大盤振る舞いする政府の行動には、国内でもすでに多くの批判がある。

つまり、論理的に考えれば、中国的世界観は国際的に負の連鎖を招く。中国もそろそろこれを見直すべきだが、中国共産党の国内体制はそう踏み切ることを許さない。美しい未来理想図を描き続けるために、党は外来の脅威を強調するゲームを続けなければならない。中国をとりまく地域は、当面の間、このゲームに悩まされることになるだろう。

しかし、実は中国にとって、こうした対外的ゲームはそこまで重要ではない。たしかに、中国人の世界観には不安定感が強く、中国人は国際秩序に強い不満を抱えている。ただし、中国人は同じような不安定感を、国内社会に対しても強く感じているからだ。

ホッブズは、一国の国内では国家と民の契約により秩序が成立するため、国内社会と国際社会のあり方はまったく異なると指摘した。しかし、多くの国の何倍もの面積と人口を持つ中国の国内秩序は、多くの人々に安心を提供せず、むしろ彼らを常に競争に駆り立てている。中国国内のサバイバル競争は、国際社会におけるそれよりもずっと激しい。

それに比べると、中国をとりまく外来の脅威は、まったく差し迫っていない。実際的には恵まれた国際環境のなかで、中国人の主たる関心はダイナミックに変動する国内事情に注がれている。むしろ、中国国内の多くのアクターにとって、国際問題は国内競争を有利に進めるためのリソースの一部に見える。

だからこそわれわれは、中国の国内秩序がどうなっているのか、それが国際問題とどのように連動するのか、もっと理解するべきである。

第2章　中国人を規定する伝統的家族観

家族構造から見る――外婚制共同体家族

この章では、中国共産党の国内統治の構造と特徴を考えていく。

中国共産党の統治体制といえば、まずはその組織のあり方を紹介することが多い。ただし本書では、中国社会における動き方のルールの把握をめざす。そのためここでは、中国社会全体の組織構造と、それを踏まえた組織の規範や価値観を考察する。

筆者は、日本人が中国社会の動き方を理解する最も有用な方法は、まずは家族構造の差から両国の社会構造の違いを明示することだと考えている。

フランスの歴史人口学者エマニュエル・トッドは、家族という視点から人類社会のあり方を理解しようとしてきた。彼は1983年にデビュー作の『第三惑星』（原題 *La Troisième Planète*）で、世界各地の家族の形を7つに類型化した。

まず先行研究を引き継ぐ形で、親子関係が権威的か自由的かで家族形態を二分する（子どもが結婚後も親と同居するなら権威的、独立するなら自由的）。次に、兄弟間の関係に着目し、相続にあたって親の財産が男の兄弟の間で均等に分割されるなら平等、1人を残してその他が相続から排除されるなら不平等とした。

これにより、家族の形は4つに大別される（2-1）。①親子関係が自由で兄弟関係が不平等な「絶対核家族」、②自由で平等な「平等主義核家族」、③権威的で不平等な「権威主義家族」、④権威的で平等な「共同体家族」、である。先行研究では、「権威主義家族」は「直系家族」、「共同体家族」は「家父長制」などとも呼ばれる。日本や朝鮮半島は権威主義家族に当てはまる。

さらにトッドは、近親婚（主としていとこ婚）のタブーがどの程度許容されるかに着目し、共同体家族を3つに分ける（2-2）。いとこ同士の結婚が許されない場合は「外婚制共同体家族」、許されたり好まれたりする場合は「内婚制共同体家族」（アラブなど）である。それ以外に、兄妹もしくは姉弟の子ども同士の結婚のみが許容される、非対称な「中間形態型共同体家族」（インド南部など）がある。

近親相姦を厳しく禁ずる中国は、「外婚制共同体家族」の家族形態をとる（のちにトッドは結婚における男女の扱いの違いに着目し、これを「父方居住共同体家族」とも呼んだ）。

なお、そのほかにトッドは、絶対核家族と平等主義核家族のうち、近親相姦の禁止原則が緩み、家族の構造や結束が弱いものを「アノミー型家族」と呼ぶ（ミャンマー、タイ、カンボジアなど）。さらに、一夫多妻と離婚を規範とする流動的なアフリカ・モデルを、7類型に

2-1 「平等／不平等」と「自由／権威」の2つの軸による家族類型の分類

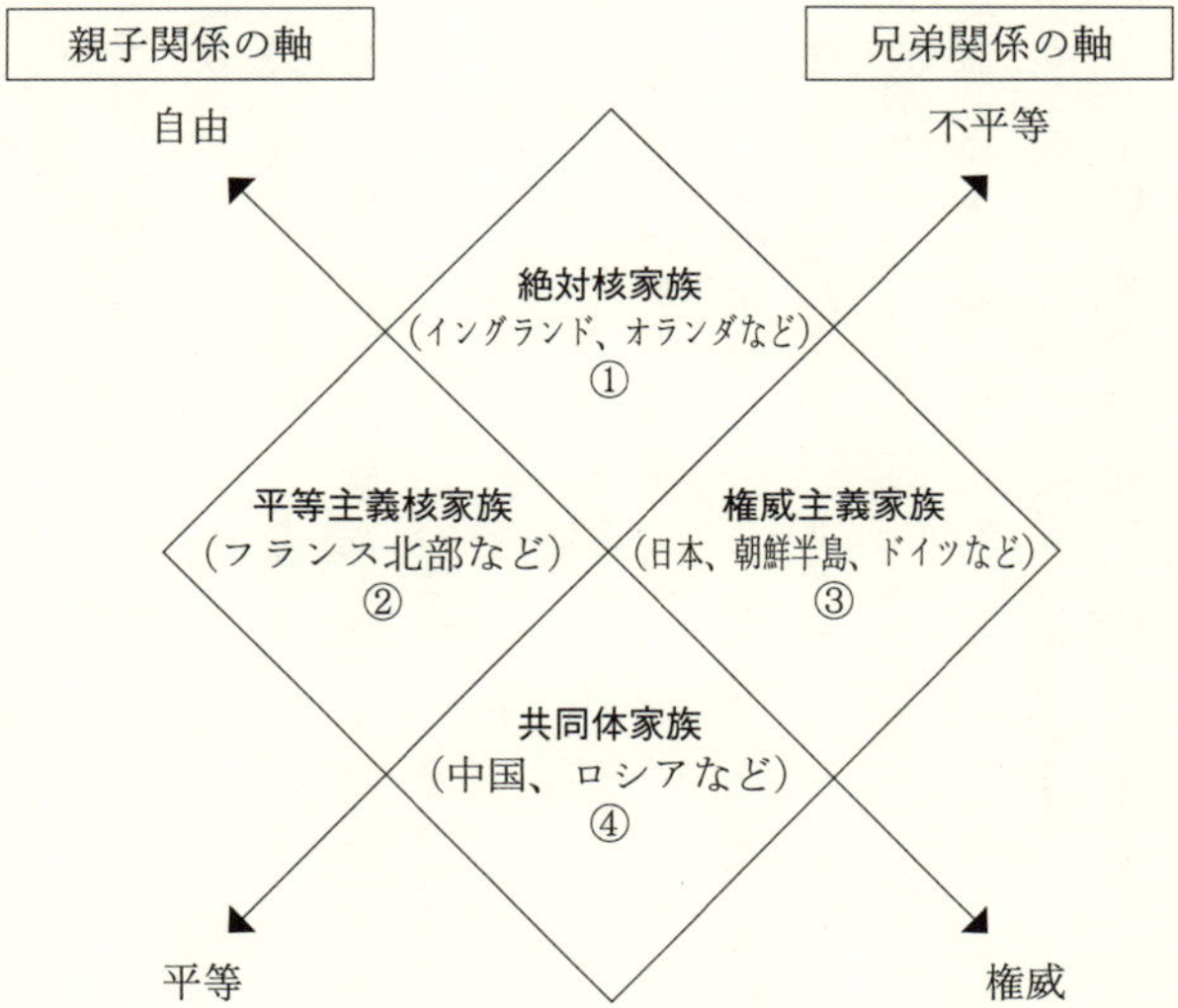

2-2　共同体家族の3類型

外婚制共同体家族	いとこ同士の結婚の不可（中国、ロシア、インド北部など）
内婚制共同体家族	いとこ同士の結婚の許容（アラブなど）
中間形態型共同体家族	兄妹・姉弟の子ども同士の結婚の許容（インド南部など）

出典：2-1は、エマニュエル・トッド『第三惑星』（『世界の多様性』に収録）47ページ、を筆者改変。2-2は、同序章本文より筆者作成

属さない独立した一つの形としている。

社会主義との親和性

中国が該当する外婚制共同体家族では、父親は家族に対して強い権威を持つ。他方、相続では、男兄弟は平等な扱いを受け、1人の息子（日本では長男）が家全体の財産を受け継ぐことはない。息子たちは結婚後も両親と同居し、家族は父の強い権威の下に、横に大きく広がる共同体となる。しかしそのなかで、兄弟の子ども同士が結婚することはなく、新たな配偶者は常に共同体の外からやってくる。

トッドによれば、この外婚制共同体家族の形態は、ロシア、ユーゴスラビア、スロバキア、ブルガリア、ハンガリー、フィンランド、アルバニア、イタリア中部、中国、ベトナム、キューバ、インド北部などにある（『世界の多様性』）。興味深いことに、これらはいずれも共産主義革命が成功した地域か、共産党が大きな政治勢力を持った地域である。トッドは、外婚制共同体家族をとってきた地域で共産党への支持率が明らかに高いことを、豊富な統計データで実証してもいる。

それから言えるのは、共産党の絶対的な権威のもとで、平等社会の実現をめざす共産主義イデオロギーは、外婚制共同体家族の組織形態が根付く地域で支持を受けやすかったということだ。ロシアや中国の共産主義は、封建的な家父長制を厳しく批判し、革命によって伝統的社会を取り壊したはずだった。しかし実際には、革命は父親の権威を排除する代わり、共産党や政治警察の権威を社会の頂点に植え付けた、とトッドは主張する。

二〇〇〇年の伝統

中国における外婚制共同体家族制の歴史はきわめて長い。トッドは『家族システムの起源Ⅰユーラシア 上』のなかで、人類の家族制度の歴史を包括的に検討している。それによれば、商（殷）王朝末期や周王朝の時代、中国の貴族の間では権威主義家族に分類される男性長子相続原則がとられた。紀元前6世紀に生まれた孔子は、子から親への「孝」だけでなく、弟・年少者から兄・年長者への「悌」を説き、それを儒教の大きな柱とした。

トッドは豊富な歴史的記述の検討を通して、中国で権威主義家族の原則が変化し、相続で男子の兄弟が平等に扱われたのは、漢王朝が長子相続原則を廃止した紀元前127年以降と推定する。そして、社会に広く定着したのは紀元7世紀から9世紀の間である。家族制度の移行は、父方居住原則を徹底化した秦の始皇帝の時代には始まっていた。トッドの推測によればこれは、農耕民族であった中国本土の人々と北方遊牧民の間の接触が起きたこと、およびそれによって秦の側に騎兵隊編成の軍事的必要が生じた結果であった。

すなわち、中国で外婚制共同体家族制は、ほぼ２０００年の歴史を持つ。歴代王朝は統治のためにその後も儒教を活用した。中国周辺部や福建省などには男性長子相続原則をとる地域が今日も残る。そのため、それ以前の権威主義家族制の影響が完全になくなったわけではない。兄弟間では年齢の要素も一定の役割を果たし、同じ世代の兄弟を多少は階層序列化している。中国ではしかし、相続のルールは明確に平等である。伝統的な家族のなかでは、兄弟は結婚しても父が死ぬまで同じ家のなかで留まり続けることが期待されていた。

さらにトッドは、家庭内における女性のステータスにも着目している。中国よりも女性の地位の高いロシアが、中国と同じ父方居住型の共同体家族制に移行したのは、中国よりもずっと後だったと推測する。

ソ連や東欧の社会主義国が崩壊してからも、中国ではいまだに共産党政権が脈々と生きながらえている。つまり中国では、約2000年の家族形態の伝統に由来する社会的基盤――価値観や組織規範――は、社会の近代化が進んでもまだ強く残っていると考えられるのだ。

束縛と重たい階層的関係

では、外婚制共同体家族を基盤とする社会は、どのような特徴を持つのだろうか。トッドはそれを端的に、「束縛」という言葉で表現する。彼によれば、人類の家族制度として最も古いのは核家族であり、それが権威主義家族に移行したときに、両性間の結婚を超える強い権威が父親にもたらされた。家族は階層序列化によって重く「束縛」されるようになったが、外婚制共同体家族では、この「束縛」のレベルがさらに一段階上がる。

しかもこの家族制度は、息子たちの結婚に際し、大家族のなかに嫁という〝異人〟を必ず招き入れる。絶対的な権威を持つ父親の下で、何組もの息子夫婦が強制的に同居させられる。嫁は生家から追い出されたあげく、夫との関係だけでなく、共同体のメンバー全員と密接な、そして重たい階層的関係の構築を迫られる。

父親という権威者の下で、息子たちは表面的には連帯を求められる。しかし、それぞれの夫婦関係には外から来た嫁という異質な要素を抱え、共同体のなかの人間関係は極度に緊張しやすい。「彼女〔嫁〕たちは、母親となるや、それぞれ夫の子どもの『利益のために』兄弟の仲を裂こうと努めるのだ」とトッドは記す。たしかに中国の文学作品には、こうした重たい共同体家族のあり方を描いたものが数えきれない。

外婚制共同体家族制は、巨大な生産集団や軍事集団の形成には有利だが、一般的には権威主義家族に比べて経済合理性が見出しにくい。権威主義家族の場合、農地やファミリービジネスが唯一の継承者に引き継がれ、経営の継続的な運営と改善が可能になる。家族がひとつの経済体として機能するのである。しかし、共同体家族制では遺産が平等に分割され、多くの場合、息子たちはそれだけでは食べていくこともできない。ゆえに、外婚制共同体家族制は不安定で、自発的な解体を招きやすい。トッドは指摘する。「父親の死は、その死後しばらくして、集団の分裂を引き起こす。この集団は、そもそも構造的に緊張を孕《はら》んだ脆弱《ぜいじゃく》なものなのである」。

家族は人間が初めて出会う最も基本的な社会組織の形である。非常に長期にわたって作られてきた家族秩序のイメージは、より大きな組織秩序のイメージに投影される。そして、社会はこうあるべき、こう動くべきだという人々の「心性」を無意識のうちに強く規定する、とトッドは考えている。

中国の外婚制共同体家族では、共同体の正式な成員である男子同士は、基本的に父と息子の上下の権威関係の束で構築されており、平等を建前とする兄弟間の横の結びつきは稀薄、あるいは緊張含みですらある。筆者の経験では、中国社会がこうした家族形態を組織作りの暗黙のモデルにしていることを念頭におけば、中国の社会組織、またその動き方がとても理解しやすくなる。中国人の組織の作り方や組織の動き方は、今日でも基本的に、この外婚制共同体家族のあり方に沿ったものだからである。

1 権威集中の社会組織——家父長による〝支配〟

日本の社会組織

では、外婚制共同体家族を基礎とする中国人の社会組織はどのように構成され、どのように動くかを具体的に見ていこう。私たちにとってそれには、権威主義家族に分類される日本との比較がわかりやすい。

日本人が作る伝統的な社会組織は、階層が何層にも重なり、家系図のように枝分かれする。家のなかでは自分がいて、両親がいて、祖父母がいて、さらには曽祖父母がいるかもしれない。しかしそれ以外にも、叔父さんや叔母さんの一家も近くに住んでいて、家族のように振る舞っているかもしれない。伝統的には、こうした家族はずっと一緒に、あるいはすぐ近くに住み続け、組織は長期持続を前提とする。

日本では一般に、年長者ほど、上の世代であるほど敬意を受ける。また長男は家を継承できるため、同じ世代のなかにも明確な序列がある。ただし日本では、跡継ぎとして家業や本家を継承する長男には、年少の弟や姉妹、さらには分家の面倒をみる義務もあり、兄弟は親が死んだ後も一族として親しい関係を保ち続けることが多い。

これは会社に当てはめれば、平社員の上に、係長、課長、部長、社長がいて、それから会長がいる、そういう階層的な組織である。同期のメンバーは、仕事ができて将来を嘱望《しょくぼう》される社員と、あまりそうではないが組織のなかでそれなりに役割を果たしている社員とに分かれている。ただし基本的には、年をとればみんなある程度は尊重されるため、組織のなかで待つことは重要である。またこのなかでは、権威と責任は一番年長の父親だけに集中するわけではない。それぞれの世代の何人もの人に段階的に分散する（たとえば次男は三男より少し立場が上である）。

では、こうした組織のなかで人々はどう動くのか。あなたが平社員だとする。担当係のなかで問題が発生し、係長がうまい指示を出せないでいる場合、あなたはどうするだろうか。多少は待つだろうが、このままでは組織全体にとってまずいなと思ったとき、多くの人は機会を捉え、課長や部長に問題を報告、もしくは相談するのではないだろうか。

あなたはそれによって、課長や部長が係長に対して直接何か行動を起こしてくれるのを期待しているかもしれない。日本の組織では、現場からのボトムアップの提案は、組織を守るために必要不可欠とみなされることが多いし、あなたが組織に咎《とが》められるリスクはほとんどない。もしかすると、課長や部長はあなたのことを気の利《き》く奴だと評価してくれるかもしれない。

日本では、組織のどこかで問題が発生すれば、組織を守るために誰もがどんな役割もこなす。総合職で採用された人間が、最初工場まわりから始めるのは当然である。組織のメンバーはその全体的な仕組みを理解しておくべきで、これを後輩に教え込むのは先輩の重要な役割である。

このようなシステムのなかでは、権威は多くの人物に分散する。そのため組織内で誰が実権を持つのかが特定しにくい一方、組織は一丸となって繁栄をめざし、他者に対して排他的なグループを形成しやすい。

絶対的な一人への権威集中

ところが、日本での当たり前は、中国では当たり前ではない。日本型の縦に長い階層的組織構造と比べると、中国や台湾（文化的には大陸中国人とほぼ同質）の組織は横に平べったい。こうした組織はよく共同体と表現される。夫婦とその子どもたちからなる複数のグループが、共同体のなかで大家族として一緒に暮らす。そのなかでは、夫たちの父親（家父長）一人に絶対的な権威が集中する。

組織は基本的に、縦に連なる重層的な関係性ではなく、家父長と息子たちとの一対一の関係性の束で成り立っている。家父長が死ねば、遺産は息子たちの間で平等に分配され、共同体は解散する。

このような家族のなかでは、家父長の権威は突出したものとなる。家父長は家族を食べさせていくこと、できれば豊かな生活をさせることに全責任を持ち、誰に何をさせるかを決める権限を持つ。息子たちの相互の間には命令・服従の関係がほとんどなく、基本的に平等である（ただし、息子たちはその妻や子どもにとってのみ権威ある存在となる）。

家人は家父長の命令に忠実であることが求められるため、家父長に与えられた仕事をしっかりとこなそうとする。仕事は家父長の判断で特定の誰かに割り当てられたものであり、その分業に思うところがあっても、兄弟同士は互いに口出ししない。ただし、家のなかで何をやらされても将来的な遺産配分が同じなため、できればおいしい仕事を割り当ててほしい、家父長に気に入られておいて損はないと考える。

では、こうした家族制度を規範とする社会組織はどう動くのか。もちろん、組織が大きな企業体になれば、係長、課長、部長といった階層的な職位の差が生じる。だがそれでも、「老板《ラオバン》」と呼ばれるボス（社長もしくは支店長など）の絶対的な権威の前で、従業員の間の関係は平等に近い。組織のなかの身分は年齢より、ボスのその人物に対する評価で決まる。

つまり中国の組織では、従業員間の下克上の可能性が十分にある。もし年長者が若い新入りをいじめ、その新入りがのちにボスに取り立てられれば、年長者は困った立場に追い込まれる。そうならないためにも、中国人は自分より偉くなる可能性のある年少者にはいばり散らさない。中国の先輩後輩関係は、日本よりかなり緩やかである。なお、中国では同じ世代は兄弟関係と同じく平等とみなされ、数歳の差はほとんど意味を持たない。

他方で中国の組織では、ボスからの指示や命令がない限り、先輩が後輩に丁寧に仕事を教え、育てることもあまりない。あるポジションについている人間は、上司に能力を認められてそのポジションを得たはずだからだ。

中国人の組織では、ボスと部下たちは基本的に一対一の権威関係で結ばれている。部下たちの関係はほぼフラットで、互いに独立し、協力することもあまりない。むしろボスに認めてもらうという目的の前で、彼らは潜在的な競争関係にある。

もし具体的に想像しにくければ、ぜひ個人経営の中華料理店を覗《のぞ》いてほしい。全体を取り仕切っているのは「老板《ラオバン》」（社長）で、従業員はそれぞれ自分の受け持ちの仕事をしている。

そこそこ規模のある店なら、皿を運んで接客する人とお勘定をする人はたいてい別で、店がどんなに混んでいても、厨房《ちゅうぼう》にいる者がフロアに出てきて皿を下げたり、客のテーブルを拭くことはまずない。

従業員同士の関係は、ボスと特別な関係にある妻や愛人を除き、年齢の上下に関係なく比較的平等である。あくまでボスとの個人的な関係性が重要なのだ。その一方、従業員同士がボスに命じられた持ち場を越えて助け合うこともほとんどない。それは彼らの間の関係が悪いのではなく、相手のテリトリーに干渉することが、ボスに認められた相手の立場や能力を尊重していないことを意味し、マナー違反になるからである。

最高指導者の威厳と能力

ではこのような組織は、問題が起こったときにはどう対応するのか。

中国型の組織では、ボトムアップの解決に期待できない。同じ世代の息子同士は互いに内政不干渉だからだ。たとえば、パスポートの発行のために、ある人が勤務先で異なる部署が発行するAとBの書類を取り寄せなければならないとしよう。Aを発行する部署はBがなければAは発行できないと言い、Bを発行する部署はAがなければBは発行できないと言う。

日本であれば、担当者はそこで相手の部署に電話などで連絡を入れ、どういう手続きが定められているか相互に確認し、問題解決の方法を見出す。しかし、中国では連絡はしない。

なぜならそれは、相手の部署に対する干渉になるからだ。上から圧力がかからない限り、うちはうちのやり方でやる、平等な組織同士は調整をしない、それが中国人のやり方だ。担当者は、頼むから書類を発行してくれと言う人間に、頑固にダメというだけである。中国人が人的コネの開拓に熱心なのは、こういうときに内部から気を利かせてくれる人、あるいは上からどうにかしてくれる人を確保するため、という保険の意味もある。

こうした秩序のあり方は、場合によってはより深刻な問題を招く。中国の従業員たちは、善意ある人間であれば、たとえ組織のなかで問題を見つけても、自分の持ち場と関係なければマナーとして見て見ぬふりをする。もし自分の持ち場で問題が発生し、ボスがまだそれに気づいていない場合は、従業員はなんとか取り繕《つくろ》うか、それがどうしても無理ならボスを怒らせないように問題の存在を慎重に報告する。

しかし、序列化が起こりにくい中国では、両者の間を取り持つ中間的権威が不在がちである。ボスは従業員に関するほぼすべての権限を持つため、従業員は自分の身を守るために損害を過少報告しがちとなる。つまり、問題が深刻であればあるほど、中国ではボトムアップの問題解決の可能性が小さくなる。

日本型組織の解決方法は、ここでは使えない。中国の組織にも、平社員、係長、課長といった序列はある。しかし、もし平社員が係長を越えて課長や部長に報告すれば、平社員が係長というライバルを出し抜こうとしてボスに告げ口をしたと人々は解釈する。ボスは組織を守るため、モラルなく密告に走った人間を評価することもあるが、その後平社員が昇進するか、あるいは窓際に追いやられるかはケースバイケースで、告げ口のリスクは大きい。

中国型の組織が成功し成長するには、万能で、あらゆる物事に目配りがきき、息子たちの長所短所を使い分けて、初めから問題が起きないような人材配置を行い、みんなに畏怖《いふ》され尊重される強面《こわもて》のボスが欠かせない。ボスがしっかりしていなければ、そもそも組織が組織として機能しないのだ。だから、ボスが風邪をひいて寝込めば重要な決定は下せないし、ボスの寿命が組織の寿命となる可能性も高い。つまり中国人が作る組織が機能するためには、最高指導者の威厳と能力と健康状態がきわめて重要なのである。

2　暗黙の社会秩序とは——4つの特徴

「この人を怒らせると怖い」

同じアジアのなかで隣り合う日本と中国であるが、いままで見たように、社会組織の構造はかなり異なる。そこから派生し、人々が暗黙のうちに想定する社会秩序はまったく違うものになる。この節では、前節の組織構造を踏まえ、また筆者の体験など身近なエピソードを交えながら、中国の社会秩序の特徴をイメージしやすいようにまとめてみよう。

第一に、権威が最高指導者に一点集中する点である。

あるとき筆者は授業で、各国から来た学生に「リーダーと聞いてどんな人を想像するか」と尋ねた。日本やヨーロッパの学生たちは、「多くの人の利害に配慮して、それを調整しながら新しいものが作れる人」などと答えた。ところがある中国人学生は中国語の「領導《リンタオ》」（指導者）を想像したようで、「他人に言うことを聞かせる力を持つ人。でも怒らせると怖くて、みんなに嫌われている人」と答える。

中国人の家族のなかでは、家父長は愛される存在ではなく、極度に敬われ恐れられる存在である。しかし他方で、そうした家父長がいなければ、組織はしっかりと回らない。他人に畏敬の念を持たせることができるかどうかは、トップに立つ者の根源的な資質である。中国の組織は、部下たちが「この人を怒らせると怖い」と感じるようでなければ機能しない。中国の指導者に笑顔や親しみやすさは不要である。

「国家の失策だ」

第二に、中国では組織内分業について、ボスが独断で決める。

日本の組織内分業は、組織の階層構造のなかで、年齢や性別などの個人の属性によって自然に決まる。これと対照的に、中国では有能なボスが、個人の特性を踏まえながら適切に人材を配置し、組織全体を管理していく。

筆者はある興味深い場面に遭遇したことがある。中国東北地区で、日本人・韓国人・中国人の研究者と北朝鮮経営のレストランに行ったときのことである。

北朝鮮から出稼ぎでやってきた若く美しい女性たちは、とても働き者だ。客の出身国に機敏に対応しながら、日本語、韓国語、中国語さらには英語でオーダーをとり（おそらく厨房では料理も手伝い）、にこやかに皿を運び、心遣い細やかな給仕サービスを提供する。そうかと思うと、さっと華やかな衣装に着替え、楽器を演奏し各国語の歌を唱って、観客から花束を受け取ってその代金を稼ぐ。合間に少しでも手が空けばまめにお皿を下げ、舞台が終わると今度は手際よく会計作業を進めて、空いたテーブルを片付ける。メンバーの一人が翌朝早くに再訪したところ、彼女たちはもう店の前で掃除を始めていたそうだ。

組織のどこで何をやらせても万能で、かつにこやかな女性たちは、権威主義家族の系譜に属する日韓の男性たちにとってまさに理想だ。おじさまがたは相好を崩しまくっていた。

しかし、このとき同席していた男性の中国人研究者は、盛り上がる日韓の男性陣に聞こえないよう、吐き捨てるように私にこう耳打ちした。「語学ができ、音楽ができ、計算もできる、そういう女性たちを給仕にしか使えない。まさに人材の無駄、国家の失策だ。彼女たちを外資企業で働かせれば、どれだけ国の発展のためになるだろうか」と。

中国型の外婚制共同体家族では、全体の適切な人材配置に責任を持つのはその国の家父長、つまりは国家指導者である。効率重視の中国人は、誰でもできる仕事を有能な人間にはやらせない。だから、有能な女性たちにレストランの仕事しか与えられないことは、彼には北朝鮮の指導者の無能ぶりを象徴する出来事と映ったのである。

「私に教えてくれなかった」

第三に、日本の組織では横のつながりが多く、その間の連携は容易だが、中国では同レベルの部署同士は上の指示がない限り連絡をとらず、助け合わない。同列の部署同士は、ひいてはボスの歓心を買うための対立や競争の関係にある。

あるとき、中国人留学生が筆者に、「私、もう中国人が怖くなりました」と暗い顔で話しかけてきたことがある。聞いてみると、就職活動の悩みである。日本人の友人たちは、就職説明会などの情報を目にすると、「こんなのあったよ。知っている？」と積極的に教えてくれる。ところが中国人の留学生仲間たちは、むしろそうした情報をできるだけ友達に隠し、競争相手をひとりでも減らそうとする。

「この間、日本人の友達に、『今日説明会あるんだよ、知らないの？』と言われて、あわてて一緒に行ったんです。そしたらそこに、いつも仲良くしていた中国人の友達が、先に来て座っていました。その子は説明会のことを知っていたのに、私に教えてくれなかったんです。彼女は会うと笑顔で話しかけてくれるけど、友達が自分より成功することを本心では望んでいない。周りの友達を競争相手だと思っているんです」。

中国人は常に、親しい他者との不安な競争を続けている。人口規模が大きいことも加わって、競争は中国社会の重要な動力となっている。

「中国人は必ず潮流を読むのよ」

第四の点は、おそらく最も重要である。組織全体として、日本ではその凝集力や運営方法が時期を問わずほぼ安定している。しかし中国では、トップの寿命や時々の考え方によって波が生じる。その下にいる人々は、トップの下で「いまがどういう潮目の時期か」を常に熱心に読みとろうとし、どんなことをしてでも潮流に乗ろうとする。

日本の組織では、組織内の権限がもともと多数の人間に分散しているため、仮に家長が死んでも、組織は基本的にこれまでと同じやり方を粛々と続ける。家長がいなくなっても、残っている姑《しゅうとめ》や伯父の目が気になるからだ。

ところが中国の組織では、家父長の生命力は組織の持続時間を決定付ける最大の要素である。若く活力ある家父長が新たな組織作りに燃えていれば、その下の個人は従順な姿勢を示さねばならない。そうでなければ、怒りに触れて窮地に追いやられる。逆に家父長がもうすぐ命尽きそうな状態にあれば、組織解体に備えて早めに次の時代への準備を始めていく。

中国型組織の凝集力は、家父長の寿命によって一代ごと、およそ数十年スパンで長期的な波がやってくる。加えて、組織の方向性が家父長一人に依存するため、人々は自分の利益を最大化しようと、家父長の時々のムードや考えの変化をも常に読もうとする。そしてそれに沿うように、さらにはできれば家父長の考えの半歩先を歩んでお褒《ほ》めの言葉をいただけるように、自分の短期的行動を計算し選択する。そのため組織全体の行動には、長期的な波とは別に、より細かい波も生じる。

中国で、この「潮流」を読み間違えることは、ほぼ自殺行為を意味する。中国の組織の運営方法は、明示化されたルールではなく、家父長を頂点とする組織のそのときの状況によって、きわめて流動的に決まる。そのため所属メンバーは、いつも緊張感をもってその行方を見守っている。日本人が「風見鶏」とみなすような行動が、中国では「常識」となる。

筆者にとって衝撃的だったのは、友人と北京のイケアに行ったときのことである。スウェーデン発のイケアは中国でもとても流行っており、広大な店内はどこも人であふれ、大混雑だった。しかし、トイレから出てきた友人は、まじめな顔で言い放った。「イケアは大成功しているけど、唯一の失敗は女子トイレを全部洋式にしたことね」。私は意味がわからず、洋式トイレのどこがいけないのかと尋ねた。彼女の答えは次のようなものであった。

「中国人は必ず潮流を読むのよ。人が多い、トイレが汚れてきている、と思ったら、便座に座らなくなるの。そうすると水はねしてさらに汚れる。こうなれば悪循環で、トイレはどんどん汚れる一方。スウェーデン人は中国人の習性を理解してなかったってことね。でも、これは中国人がトイレを汚くしか使えないということではないわ。日本に遊びに行って、ここではみんながトイレをきれいに使っていると判断すれば、ちゃんときれいに使う。誰も見ていない個室のなかでも、中国人は社会の潮流がどちらを向いているかを判断して、自分の行動を即座に決めるの」。

この「潮流読み」は、中国社会で生きるにはきわめて重要なコツと考えられている。筆者も学生指導で難しいケースに直面したことがあった。数年前、日中関係史を研究したいという中国人を、まず研究生として受け入れた。彼はその直前まで、日本風に言えばいわゆる中央省庁で勤務していたエリートだったが、いずれ中国で学者として名を成したいと言って留学してきた。ところが日本に来て、中国の公船や戦闘機の東シナ海での行動の激しさを知り、習近平が関係改善を求める安倍晋三首相に冷淡なのを見て、日中関係の緊張の高さをあらためて認識した。そして、中国人として潮流を見誤ってしまったとパニックに陥った。

ある日、彼が新しい研究計画書を送ってきたので開いてみると、テーマを変えてドイツ外交を研究したいなどと書いてある。意味がわからず面談すると、習近平の権力はどんどん強化されている、彼が改善の意思を持たない日中関係に自分の人生を投資するなんて危険すぎる、時代の潮流に背いていることが恐ろしくて夜も眠れない、と訴えるのである。

たしかに顔色はとても悪く、目の下のくまは大きく、明らかに寝不足なようではあった。私は、あなたが博士論文を書いている間に国内の潮流は変わるし、研究する人が少なければ後でチャンスが広がるから、いまは自分の仕事に集中したら、とアドバイスした。しかし彼は、潮流には背けない、自分は一人息子だ、自分がうまくやらなければ両親が不幸になる、とつぶやき続けた。

彼は、すでに4月から始まる大学院の試験に合格していたが、3月31日に荷物をまとめて帰国してしまった。その後はある有名大学で「一帯一路」の研究職に就いたと聞く。うまく「潮流」に乗れて一安心だろう。ただし実はその春から、日中関係の改善も始まったのだが。

変わらない秩序観

このように、エマニュエル・トッドによる外婚制共同体家族制の議論を踏まえると、日本人にも中国人の社会秩序の特徴がかなりわかりやすくなる。伝統的な家族制度に基づく秩序は、それぞれの社会に数百年、数千年の単位で根付いた強固なものである。

多少の例外はあれど、それに由来する価値観や組織像は、近代化に伴って核家族化が進んでも、そう簡単に変わらないし変われない。「人はこう振る舞うものだ」という暗黙の規範は、それぞれの社会に一定の傾向性や特徴をもたらす。中国人が作る組織には、本人たちが意図していなくても、ほぼ確実に外婚制共同体家族制に沿った力学が働く。

なお、念を押しておくと、筆者の目的は、中国よりも日本の社会の方が優れていると主張することではまったくない。日本社会が地上の楽園ではないことは、われわれ自身がよく知っている。いわゆる「あの戦争」で、日本は責任の所在すらはっきりさせないまま、他者の尊厳を顧みない対外軍事行動を国家一丸となって拡大させた。これは日本型の社会秩序が最悪の形で機能した例であろう。そこまでいかずとも、日本では重層的で固定的な階層構造が人々の日常生活の隅々まで規定し、少しでもそのルールに抵触する行動をとれば冷遇される。電車のなかで子どもが走り回るなど、あってはならないとされる。

それに比べれば中国では、組織全体の統制力は緩い。ボスの価値観に抵触しない限り、個々の人々はわりと高い独立性を持って勝手に愉しくやっており、それなりの気軽さがある。ボスにダメだと言われない限り、中国人は自由である。他人の子どもが走り回っても、中国人はまず気にしない。

それぞれの国の社会秩序は、よし悪しの問題では議論できない。中国でも日本と同様に、伝統に基づく独自の秩序が生き続けているというだけである。

3　構造的な脆弱性――家父長と息子たちとの関係

家族制上の弱点

では中国の社会秩序は、構造的にどのような問題を招きやすいだろうか。

ここで再びエマニュエル・トッドの議論に戻ろう。先述したように、トッドはこの外婚制共同体家族制の構造をとても不安定なものと捉える。外婚制共同体家族制の構造は、父と息子たちによる一対一の関係の集合で成り立つ。父は強い権威で、息子たちが成人し結婚した後もその家族を従わせている。父の強い権威なしには、この共同体は集合体としてまとまらない。

第一にトッドは、外婚制共同体家族制の構造上、共同体にとって最も危険なのは、息子たちが同盟して唯一の権力者の父親を排除する「神殺し」「父殺し」のリスクと指摘している。この家族制では家父長一人に権力が集中するため、家父長の家人に対する抑圧が強ければ強いほど、息子たちが結託し、数の力で家父長を排除するインセンティブが高まる。これはまさに革命の論理である。

第二にトッドは、権威を持つ父親が死去し、世代交代が行われるとき、共同体は解体の可能性にさらされるとする。共同体家族を束ねていた権威がなくなると、共同体はひとつ屋根の下に留まる目的を見失い、個々の構成員がバラバラになろうとする。これは中国人がよく言う「国家分裂」の危機である（『第三惑星』）。

父と息子たちの二元構造をとる外婚制共同体家族制は、構造的には単純だが、共同体に留まる家人への束縛が強く、多くの場合、個人には組織に頼って持続的に生活を営み続けられるだけの経済的メリットもない。メンバーにとってデメリットの方が目立ちやすいため、その構造を維持していくこと自体が組織の命題になりやすい。

家父長は、組織を維持するために、家人を束縛し抑圧しなければならない。息子たちは、いつの日かその束縛から逃れ、自分が新たな家の家父長となる日を夢見ながら、当面は父に迎合して日々をやり過ごす。この共同体のなかでは、家人をまとめようとする父から子への縦の「収」の力と、できることならそれから逃れて自由になりたいという横の「放」の力が、常に同時に働くのである。

起こりうる具体的な問題とは

トッドが指摘した先述の二つの可能性は、共同体の解体を伴う極端な例だが、共同体が持続している間であっても、その動き方には特色がある。家父長と息子たちの関係性によって、問題のあり方は次のように分類できる。

第一に、先に「潮流」について説明したように、家父長一人が組織をまとめる力を担うため、組織が家父長の寿命や健康状態、または気分や考え方の変化といった属人的要素に支配されやすく、長期的な見通しが立てにくい(他方で、組織を家父長一人の意思で動かせるため、フットワークが軽く、短期的な成果は上げやすい)。

第二に、家父長自らが組織強化を望み、共同体家族をしっかりとまとめあげようとすれば、家人はその意向に対してイエスマンにならざるを得ない。家人は与えられた仕事を貫徹することで、家父長に満足してもらい、自身の安全を守ろうとする。だがその際、現場で生じた問題に、家父長対策で手いっぱいの家人は対処する余裕がない。担当者同士が調整して問題解決を図ることもない。さらに、家父長の人材起用にミスがあったり、家父長がそれぞれの家人に言い渡す指示が矛盾していれば、組織はあっという間に機能不全に陥る。

第三に、家父長が期待された役割を果たさず、家人を統制できなかった場合の問題もある。すでに成人している息子たちは、抑圧されてきた過去を補い、自分がトップを担う次の時代に備えるために、こっそり蓄財してそれぞれ独立の経済基盤を固めていこうとする。同じ屋根の下で、構成メンバーがそれぞれの目的のために異なる行動をとれば、組織は全体としては相矛盾する言動を繰り返し、やはり機能不全を起こす。

こうした共同体は、それが持続しているときであっても、機能させるのはきわめて難しい作業なのである。共同体の指導者は、メンバーにはアメとムチを使って服従のメリットを目に見える形で示し、彼らのメンタリティを総合的にコントロールし続けなければならない。こうした組織を動かそうとすれば、常に大きな緊張感が要求されるのだ。

日中の組織のあり方を花束に譬《たと》えるならば、日本人の組織はかすみ草で、中国人の組織はバラである。かすみ草の花束は、小さな花や小枝が複雑に絡み合っている。たとえ家長が亡くなり、リボンが解けても、花束はほぼその形を保ち続ける。しかし中国人の組織は、刺々《とげとげ》しいバラを何本も、家父長というリボンが無理に束ねているようなものである。リボンが解ければ、花束はそれこそ瞬時にバラバラになってしまう。

かつて中国に近代主権国家を築こうとした孫文は、「中国人はバラバラの砂だ（一盤散沙）」と国家統一の難しさを嘆いた。家族制度に根付く中国の社会秩序を踏まえれば、それはいかにもありうる悩みだった。

4　中国共産党の場合――党・軍・国の3つの「系統」

3つの組織系統の誕生

いままで説明してきた中国社会の動き方を念頭に置きながら、この章の最後に、中国共産党の統治体制の基本的枠組みを説明していきたい。

中国は世界第4位の面積を持ち、広大な国土に56の民族が暮らす多民族国家である。中国の主要民族、漢族の伝統に即すと、こうした国家像は、ひとつの敷地に多くの民族が兄弟のように肩を並べあって暮らす共同体家族を想起させる。この共同体家族のなかで家父長の役割を果たすのが中国共産党である。

ただし、より細かく見ていけば、実際には中国共産党そのものも、党中央の下にまとまるひとつの共同体として活動していることがわかる。以下では、中国共産党の歴史を簡単に振り返りながら、その組織の仕組みを概説していく。

中国共産党は1921年の成立後、徐々に組織を充実させた。そのなかで1924年から3年ほど、中国国民党との第1次国共合作を行った。

当時、中国国民党は北方の軍閥に対処するために軍事力を育てようとしていた。そのため第1次国共合作の間、両党は広州でともに黄埔《こうほ》軍官学校を設立し、ソ連の支援の下でソ連式の軍隊の設立をめざした。初代校長は数年後、中国国民党の領袖となる蔣介石《しょうかいせき》で、政治部主任には中国共産党の周恩来がいた。しかし、中国共産党が中国国民党組織への浸透を図ったことなどから、両党の関係は次第に緊張する。

中国共産党は1927年8月1日、黄埔軍官学校で学んだ人々を中心に中国工農革命軍(のちの中国人民解放軍)を創設し、朱徳《しゅとく》を指揮者として南昌で中国国民党に対する武装蜂起を起こした。これによって第1次国共合作は完全に終わる。以来、解放軍は中国革命実現に向けた主力部隊となり、今日まで中国共産党直属の武装組織として機能している。

解放軍と台湾の中国国民党軍は、源流も組織構成もほぼ同じであり、かつては「双子の軍隊」と呼ばれた。ただし、中国国民党軍が台湾の民主化に伴って中華民国の国軍へと転換したのに対し、解放軍は現在もなお中国共産党の党軍のままである。

抗日戦争後、国共内戦に勝利し、1949年に中華人民共和国を設立した中国共産党は、正式な国家組織の構築をめざした。建国初期は中国共産党の権威がまだ盤石ではなく、国家運営を担える知識人や技術者などの人材が少なかった。そのため中国共産党は、民主党派と呼ばれる国共両党以外の政党や、国家運営に精通した経験者(国民党員を含む)に協力を仰ぎながら国づくりを進めた。

1954年に制定された初の憲法は、中国共産党とその他の政治勢力との関係を次のように規定している。「わが国の人民は、中華人民共和国を建設するという偉大な闘争において、中国共産党が領導する各民主的階級、各民主党派、各人民団体の広範な人民民主統一戦線をすでに作り上げてきた。今後、〔中略〕わが国の人民民主統一戦線はその作用をますます発揮していくだろう」（強調筆者）。

「領導」は強制力を伴う指導のことをいう。中国革命を率いて中華人民共和国を樹立した中国共産党には、国のすべての勢力を領導する権力が認められた。ただ、この時点ではまだ、党と国家は本質的に区別されていた。中国共産党の下で国づくりの主体になることが想定されたのは、共産党以外の勢力を含む「人民民主統一戦線」であった。

党や軍の組織の活動内容は秘匿《ひとく》されることが多いが、国家組織はこれとは別に、中国という国家を動かす正式な、かつ大団結の枠組みとして構築される。国家組織は中国共産党によって導かれ、時間の経過とともにその内部にも中国共産党の党組織のネットワークが張り巡らされていくが、本来の存在目的が違うため、党と国家は別の組織系統を持つ。

こうして中国では、中国共産党指導部の下に、それぞれ「系統」と呼ばれる党・軍・国の三つの組織系統が誕生した。

家父長としての「党中央」

では、三つの組織系統からなる中国共産党の形を、エマニュエル・トッドの議論に当ててはめるとどうなるのか。

まず、中国全体の「父」「家父長」は誰だろう（2-3）。中国のニュースには、党の意思決定機構としてよく「党中央」が登場する。これは、広義には党中央委員会のことである。ただし、中央委員には約200名のメンバーがいる。さらに中央候補委員も、中央委員よりもやや少ないが200名近くいる。彼らの多くは全国に散らばり、実際の政策決定は行えない。党中央委員会の任務はむしろ、すでに下された決定を各地でしっかりと実行に移していくことと見てよい。

そのため一般に「党中央」として意思決定を行うのは、党中央委員会のなかの党中央政治局とされる。ところが実は、そのメンバー（現在25名）の多くも、それぞれの地方の共産党組織のトップである。中国という巨体全体を動かし、国家の統一を守るには、地方ににらみを利かせるこうした体制が不可欠だ。だがもちろん、地方在住の政治局委員は、北京の中枢の日常業務のマネージメントはできない。すなわち、中国全体の司令塔にはなれない。

そのため狭義の「党中央」は、党中央政治局常務委員会を指す。そのメンバー（現在7名）は北京にベースを置いて日常的な政策決定を行っている。最高指導者の秘書役を務める中央弁公庁などが、これを助けている。

中国ではよく、「党中央の決定」によって新たにこれこれの任務の遂行が決まったと通達が出る。それは多くの場合、政治局常務委員会7名の決定を意味する。すなわち一般的には、

2-3　第19期中共中央組織機構図

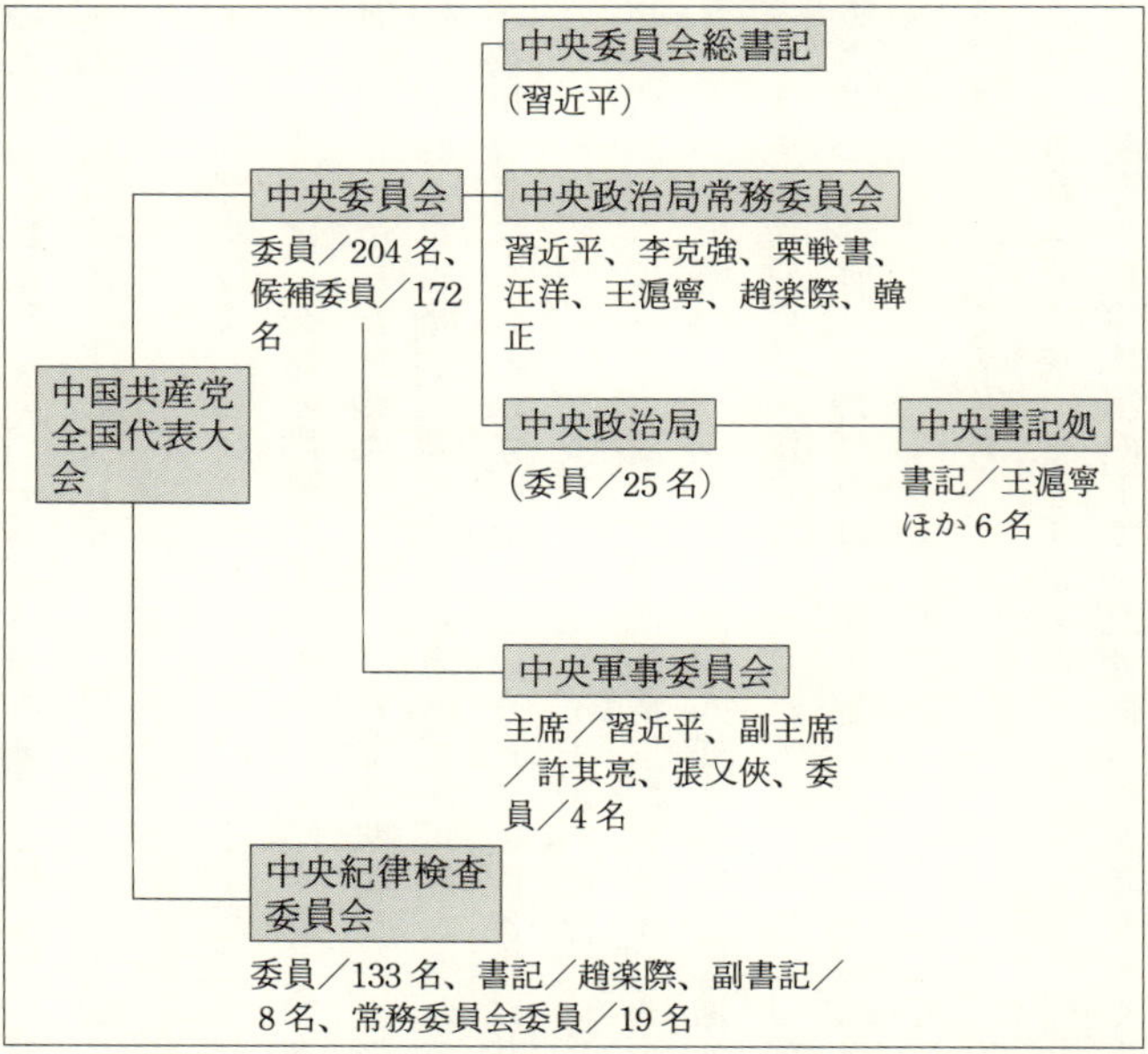

註記：ルールの上では中国共産党全国代表大会（最左）が重大問題を討議し決定する場と位置付けられている。しかし、党内の実質的な決定は総書記を頂点とする中央委員会が行っているため、この図はより大きな権力を持つ主体を上から表記している
出典：『人民網』（http://cpc.people.com.cn/GB/64162/414940/index.html）。一部の委員名は省略

この政治局常務委員会を、中国全体の家父長と見ておくのが妥当である。しかし、その7名が実際にどう決定を下しているかは、構成メンバーの顔ぶれや関係性に依存するところが大きいようだ。

中国は外部からよく独裁体制などと呼ばれる。だが中国自身はこれを否定する。中国が採用しているのは、ソ連の影響を受けた「民主集中制」である。民主集中制とは、人民の民主的理解者が、人民全体のために集約的に意思決定を行う制度のことを指す。自由選挙などの煩雑な手続きを省略し、効率的な意思決定が可能とされる。適切な能力を持たない人間や悪人が党指導者になれるはずがないという、強い性善説に基づく制度である。

この「民主集中制」を実施するため、中国共産党では集団指導体制が採用されている。毛沢東時代に個人崇拝を容認し、最高指導者が党内手続きを無視して独裁体制を築くのを防止できなかった反省から、ルール上は個人独裁が禁止である。ただし、同じ集団指導体制をとるベトナム共産党の政策決定などと比べると、中国では最高指導者に権力が集中する傾向がかなり強い。後述するがこれは、指導部と党・軍・国の各系統との関係からも裏付けられる。

党、軍、国にいる息子たち

次に、誰が「党中央」の息子なのか。

中国共産党の統治体制の下で、次世代の指導者をめぐる闘争、あるいは各地・各分野の主導権をめぐる争いは、各省委員会書記や中央政府・党組織の部長の間で起きる。近年、軍人が政治局常務委員会に入ることはほぼないが、伝統的には各軍区や政治部、参謀部などのトップが、各地でそれぞれ独立王国を築いてきた（軍は２０１５〜１６年に大きく組織改編）。党中央におもねりつつも、それぞれ次の時代に向けた準備を図るという点で、これらの幹部はみな並列関係にあり、息子の位置を占めると言える。

しかも、中国の統治体制のなかで特徴的なのは、系統を越えた組織間の関係性がかなり薄いことである。それを踏まえると、党系統を正妻の息子たち、軍系統を二番目の妻の息子たち、国家系統を三番目の妻の息子たち、とみなすのが理解しやすい。彼らは中国という同じ共同体に住んでおり、互いに顔を知らないわけではないが、親しく接する理由もない。

息子たちのなかで中心的な地位を占めるのは、党の系統の組織のトップである。党は、マルクス‐レーニン主義のイデオロギーを掲げ、中国全体の思想統一、規律、宣伝、重要人事を取り仕切る。またそのほか、「精神」や「路線」などと呼ばれる、中国が進むべき今後の方向性を策定する役割も担う。これらの仕事は、中国では端的に「政治」と呼ばれ、たとえば医療や科学技術などよりもずっと高次の、大局的な仕事だと信じられている。

党系統は、組織的には総書記と呼ばれる党の最高指導者を頂点とする。先述した党中央には中央書記処が設けられており、現在ではここが内部の業務の執行を組織的に束ねている。

さらに党中央には、全国の主要人事を握る中央組織部や、メディア統括にあたる中央宣伝部、党の対外関係を取り仕切る中央対外連絡部などの職能部門が設置されており、これらは党内省庁ともいうべき存在である（2-4）。加えて習近平政権になってからは、重要イシューごとに弁事機構が設けられて発展し、党中央の機能強化が図られた。党中央にはまた、主要な幹部の教育にあたる中央党校、正史の編纂にあたる中央党史・文献研究院など、党の運営に必要な事業部門が多数付随している。

党の血脈はこれらの各部門から下り、地方政府や国有企業、さらに最近では民間企業や外資企業にも張り巡らされ、基層と呼ばれる町内会のレベルまでカバーしている。このような組織構成により、党の意思が全国に周知され、貫徹される仕組みが整えられている。

軍系統と武警の掌握

党中央は、二番目の妻である軍系統の息子たち、そして三番目の妻である国家の系統の息子たちにも、それぞれ任務を与えている。

軍の任務はもちろん、中国の主権や安全を守ることである。すでに述べたとおり、解放軍は設立の経緯により中国共産党の隷下《れいか》の軍隊として位置付けられており、国軍ではない。その意思決定は党中央軍事委員会で行われる。

党中央軍事委員会のメンバーはほぼ軍人で、現在は7名のうち6名までが職業軍人という専門家集団である。主席を務める習近平が唯一の例外である。党中央の指導者のうち、実際

2-4　**中共中央の機構編成**（2018年3月以降）

中共中央直属機構	中共中央紀律検査委員会／中華人民共和国国家監察委員会
	中共中央弁公庁
中共中央職能部門	中共中央組織部
	中共中央宣伝部
	中共中央統一戦線工作部
	中共中央対外連絡部
	中共中央政法委員会
中共中央弁事機構	中共中央政策研究室／中央全面深化改革委員会弁公室
	中共中央国家安全委員会弁公室
	中共中央インターネットセキュリティ・情報化委員会弁公室
	中共中央軍民融合発展委員会弁公室
	中共中央台湾工作弁公室
	中共中央財経委員会弁公室
	中共中央外事工作委員会弁公室
	中共中央機構編制委員会弁公室
	中共中央・国家機関工作委員会（派出機構）
中央直属事業単位	中央党校
	中央党史・文献研究院
	中央編訳局
	『人民日報』社
	『求是』雑誌社
	『光明日報』社
	中国浦東幹部学院
	中国井岡山幹部学院
	中国延安幹部学院
	中共中央社会主義学院

出典：中共中央「深化党和国家機構改革方案」（2018年3月）、中国機構編制網「党中央機構」（http://www.scopsr.gov.cn/zlzx/jggk/201901/t20190118_359604.html）などより筆者作成

には最高指導者である彼だけが、軍の行動に命令を下せる職位を有している。

毛沢東はかつて、「鉄砲から政権が生まれる」と述べた。インドのマハトマ・ガンジーが非暴力運動で独立を勝ち取ったのと対照的に、同時代に展開された中国革命はマルクスの呼びかけに沿った武装革命として展開された。中国共産党が天下を取れたのは、解放軍があったからこそである。そのため中国では、この党中央軍事委員会主席のポジションは特別視されている。かつては鄧小平が、党と国家の系統で何の肩書きも持たず、党中央軍事委員会主席の職位だけを維持して最高指導者として君臨していた。

こうした組織体制では、党系統や国家系統は、最高指導者の同意がなければ軍系統の行動に干渉できない。逆に、党中央軍事委員会の2名の副主席は、党のなかではともに中央政治局委員止まりで、党中央の決定を左右するのは難しい。党中央軍事委員会の序列第4位は、国務院のなかの国防部部長を兼務するが、中国の国防部は解放軍が国家の体裁をとって対外活動を行う窓口として設けられているに過ぎない。そのため、軍系統が党系統や国家系統に口出しするのもまず不可能である。

また、軍の任務は中国の主権と安全の確保と述べたが、解放軍は中国国民党との内戦を戦ってきた中国共産党の軍隊であり、内外の敵から党を守ることを使命としてきた歴史がある。ゆえに、国内の治安維持にあたる中国人民武装警察部隊（武警）も、実質的に軍の系統に属してきた。

よく中国は国防費を拡大し続けていると指摘されるが、国家予算表にはもう一つ、公共安全費という武装力関連の経費がある。2018年度の予算では、国防費1兆1289億元に対して公共安全費1兆1281億元が計上され、ほぼ同額である。国防費が外部の脅威向けの費用であるのに対し、公共安全費は国内の安全確保の費用である。公共安全費には、公安（警察）、さらには裁判所や検察所の経費も含むが、その多くは武警が消化しているとされる。

武警を軍の系統とみなすのか、それとも公安などと同様に国家の系統とみなすのかは、長い間はっきりしない問題であった。1982年に設立された武警は、中共中央、中央軍事委員会、そして国務院の領導を受けていた。少数民族問題や貧富の格差による社会問題が拡大する2000年代以降、その重要性は飛躍的に高まり、多額の国費が投入されるようになった。ついには2018年の組織改革で、武警に対する国務院の領導が取り消され、武警は制度的にも最高指導者と中央軍事委員会の命令のみを受けて動くことになる。

さらに、2013年に国家系統の国家海洋局の局内局として、公安局および国家海洋局の二重指導を受ける形で設置された中国海警局も、2018年中に武警に完全に吸収された（第6章参照）。これは実際には、ただでさえ稀薄な息子たちの間の関係性をさらに薄め、中国の全武装力に対する最高指導者の統制を一層強化する措置であった。

国系統の役割

国系統の任務は「行政」である。中国では、政策の大まかな方向性の策定は党、なかでも党中央が行うため、国家組織（政府）の任務は、党が定めた、しばしばかなり曖昧な「精神」に則り、それを具体的な措置に落とし込んで実行することである。つまり政府は、経済分野を中心に、行政を行って人々の生活に密接に関わる実務を担当する。

このなかでは、北京に置かれた中央人民政府、すなわち国務院が中心的役割を果たす。国務院内に設置された国家発展・改革委員会、財政部、外交部、商務部、中国人民銀行などが、各領域を分業して守っている。この部分の組織形態は、他国とそう大差ないだろう。

中国ではさらに、全国各地に省（自治区や特別市を含む）、県、市などの各レベルの地方政府が置かれている。地方政府は、必ず内側に党の系統を張り巡らしているが、政府そのものとしての機能は国家系統に属する。国家系統の職員は、最近は非正規職員も少なくないが、基本的には公務員である。中国共産党内の人事では、各部の部長と省レベル地方政府の党書記がほぼ同等の扱いを受けている。

省レベルの政府について少し説明を加えておきたい。中国はほぼヨーロッパの面積に相当する、しかも世界の人口の2割を抱えた大きな国で、ひとつの省は国際的に一国を形成できる規模だ。省レベルの政府は、中央政府と連携をとりながら、その地方の経済発展や民生の向上をめざし、時期によってブレはあるが、相当大きな裁量権が与えられている。国民の満足度を高め、中国共産党の執政を受け入れさせるため、党中央は地方政府のパフォーマンスをきわめて重視している。

中国という〝大家族〟の統治

以上をまとめると、党中央という家父長の下に、党と軍と国の多数の息子たちが並列する構図になる。息子は父親から与えられたそれぞれの任務を意識し、その貫徹のため全国に散らばっている。息子たちはまた、それぞれにさらに多くの息子たちを使って組織を動かしている。これが中国という共同体の統治の基本形である。

ここで注意すべきなのは、家族のなかの力関係である。集団指導体制とはいうが、実際には現行の制度設計は、党中央のなかの家父長、つまり最高指導者に突出した権限を認めている。習近平政権下で、その傾向はますます強まっている。息子たちは、家父長が下した大雑把な指令に基づき、親に認めてもらえるよう努力しながら、他方で時々の「潮流」を読みながら、与えられた各分野の守備についている。彼らは各々高い独立性を維持し、原則的に互いの仕事に口出ししないが、あまり協力もしない。

３系統の間の関係はどれも難しいが、最も問題が多いのは、党系統の両サイドに控える軍系統と国系統の間である。中国では党系統と国系統の組織は二枚看板を掲げることが多く、国家機構の内部にも党組織が張り巡らされているため、双方は協力の機会が多い。しかし軍系統と国系統は、党中央まで遡《さかのぼ》らないと制度的に交わらない。しかも、近年軍人は党中央政治局常務委員会のメンバーではない。これらは軍系統と国系統の間でなんらかの矛盾が生じた際には、総書記が自分で介入しない限り、制度的に調整ができないシステムである。

2008年5月には悲劇的な四川大地震が発生した。このとき軍を指揮し、現地で救援活動にあたった陳炳徳《ちんへいとく》総参謀長の回顧録は示唆的だ。陳は軍が胡錦濤総書記の指示で精力的に活動を展開したと強調する。だが、地震発生後すぐ現地入りしたはずの温家宝《おんかほう》総理や国務院の関連部門に、まったくというほど言及していない。彼の回顧録は、国家の危機に際して、一致団結して国民の救済にあたるべき軍と国務院が、実際にはほぼ協力していなかったことを暗示する（『強軍之路――親歴中国軍隊重大改革与発展　第一巻』）。

党中央が息子たちに与えた任務は多様である。だが、父に目をかけてもらえるように、しかし同時に次の時代に備えて自分に有利なように動こうという息子たちのゲームのルールは、中国全土で共通だ。父もそれを理解し、息子たちの心理を巧みに利用しながら、全体を統制しようとする。その掛け合いが、指導者のバイオリズムや考え方の変化と絡み合いながら、中国の対外行動に独特の波動をもたらすのだ。

第3章

対外関係の波動――建国から毛沢東の死まで

中国外交の波動の復活

「現代中国外交に関し最も特徴的な事柄の一つは、その内政と同じく、変化の幅がきわめて大きいことであろう」。中国外交の変化のルールの解明に取り組んでいた宇野重昭は、1981年に出版した『中国と国際関係』をこのような書き出しで始めている。

衛藤瀋吉や岡部達味といった中国外交の研究者がすでに指摘していたとおり、毛沢東時代の中国の政治・外交には、「穏歩と急進」と呼ばれる振り子現象が観察されていた。穏やかで堅実な「穏歩」的内外政策が採用される時期と、現実離れした極端な「急進」策が採られる時期とが交互に現れていたのである（『世界の中の中国』）。

1949年から70年代後半まで、すなわち毛沢東時代の中国は、かなり鎖国に近い状態をとっていた。政策決定過程はいま以上に謎に包まれており、その中身は探りようのないブラックボックスとされた。そのため研究者たちは、中国の行動パターンからその外交メカニズムを系統的に分析しようとした。

ただし、中国が経済建設に乗り出してから、こうした振り子現象は長く忘れ去られてきた。中国は1978年に対外開放を打ち出し、翌年からは国内改革にも着手して、のちに経済的繁栄をもたらす「改革開放」をここに開始した。さらに1982年には「独立自主の対外政策」を公表し、すべての国と友好的な関係の構築をめざすことを明らかにした。中国が「世界革命」を放棄し、国際社会との関係を安定的に発展させていく姿勢を示したことで、その国際的な信用は向上する。中国の対外政策決定過程についても少しずつ聞き取り調査が可能になり、中国外交を包んでいた厚いベールはかなり薄くなった。それと同時に、中国外交は長い安定期に入った。

しかし、2000年代以降、中国の対外政策は再び振り子の軌道に乗ってきたように見える。中国は2001年にロシアなどと上海協力機構を設立し、02年にASEANと南シナ海行動宣言を発表、03年には北朝鮮の核問題をめぐる六者協議を立ち上げて、自らの国際「協調」姿勢を熱心に全世界にアピールした。

2000年代後半になると、中国は係争海域で一方的な海上法執行を開始し、世界金融危機の後には欧米諸国に対する異議申し立てを強め、13年末以降は南シナ海の7島礁の大規模埋め立てに着手する。2009年頃には多くの中国研究者が、中国は鄧小平の遺訓とされる「韜光養晦」(目立たず力を隠し蓄える)をやめ、「強硬」策に転じたという見方を提起した。

ところが2010年代半ば頃から、中国は再び熱心に国際協調を打ち出そうとしている。

習近平は2013年春頃から「人類運命共同体」の構築に言及するようになり、秋には中国と世界各国をより緊密な経済関係で結んでいこうと呼びかけ、壮大な「一帯一路」構想を発表した。それらの概念は、「習近平による新時代の中国の特色ある社会主義思想」の構成要素として、2017年秋の中国共産党第19回大会で党規約にも書き込まれた。

毛沢東時代から一定の時間を経て、中国の経済力も国内社会も大きく変化した後に、中国外交がかつてと似た動きを見せるようになったのはなぜだろうか。この現象はどのように理解すべきなのか。

冷戦史研究から見えてくるもの

対外行動をめぐる中国のリズムを検討していくために、中国で発展してきた冷戦史研究の成果は有用である。歴代の王朝の例に漏れず、中国共産党は公史編纂に強い意欲を見せている。ところが、党が育成してきた党史研究者の一部は、冷戦崩壊後、世界的な冷戦史研究の流れに合流し、ソ連・東欧などの史料を駆使しながら、毛沢東時代の中国の政治外交についての批判的研究を大胆に進めた。

中国で史料公開が進展した2000年代は、中国的冷戦史研究の黄金時代であった。毛沢東時代のブラックボックスを解読する過程で、彼らは中国外交にとってのイデオロギーの重要性を再発見し、それがどのように指導部内の対立や党内組織と絡み合い、中国の対外関係をめぐる混乱を増幅させていたかを解きほぐしていった。

この作業はまさに、「穏歩と急進」の波を作り出していたメカニズムの解明にほかならない。胡錦濤政権の後期、つまり2000年代末頃から彼らの研究には制約がかけられるようになるが、いまこそその成果を見直すべき時期と言えよう。

本章では、中国の冷戦史研究の成果を踏まえ、毛沢東時代の中国外交を振り返りたい。まず、中国の対外関係がどのような考え方によって構築されていたかを明らかにし、観念的なイデオロギーが、中国の対外関係にいかに具体的な問題をもたらしていたかを検討する。次に、中国共産党の組織体制を検討し、国家の指導権をめぐる党内争いが、党組織の中でどのように増幅していったかを明らかにする。

中国の対外政策をめぐる毛沢東時代の混乱は、改革開放初期に最高指導者となった鄧小平によって是正された。中国の対外政策は、最高指導者および指導者層の、そのときどきの国内政治への考え方や、その人物自身の国内統制力に強く影響される。

本章の最後では、近年の社会的変化によって、対外政策をめぐる選択の幅が広がり、再び「穏歩と急進」の波が顕著化する条件が整っていることを指摘する。

1　朝鮮戦争への義勇軍派遣——国益を超えて

拘束し続けるイデオロギー

毛沢東時代、日本の中国研究者の間では、中国外交はイデオロギーによって動いているのか、あるいは国際関係論が一般に指摘するように国益ベースで動いているのかという議論が続いた。岡部達味などの研究者が国益ベースを主張したことで、全体的にはその説が有力となる。しかしのちの中国の冷戦史研究者たちは、イデオロギーは中国の対外行動や政策を実際に強く拘束していたという結論を導き出している。

牛軍（北京大学）は中国共産党の初期に、その対外関係がどのように発展したかを検討している。

牛軍によれば、党の最初の対外接触は創立当初に、共産主義政党の国際組織であるコミンテルンの支部として、ソ連共産党との関係を適切に構築していくために始まった。その後、中国共産党は国民党と敵対し「長征」の旅に出る。その間、党の戦術をめぐってソ連人顧問との関係は緊張し、毛沢東が中国共産党の指導者の一人として台頭したことで、その独自路線が強まっていく。日中戦争勃発後の１９３７年には第２次国共合作が成立し、中国共産党は存続のために米国との関係構築を推進した。日本の敗戦後、中国共産党と中国国民党は内戦に突入するが、中国共産党は少しでも戦いを有利に進めるため、米国やソ連の勢力を懸命に利用した。

牛軍の分析に貫かれるのは、設立当初の中国共産党は、自己の生存のために国内問題を考えるので精一杯だったという見方である。国内に地盤のない中国共産党は、圧倒的な勢力を持つ中国国民党に対してどうすれば勝ち残れるのかという考えに支配され、それに応じてソ連や米国との関係も決めていた。つまり中国共産党は、建国以前にすでに一定の対外経験を蓄積していたが、それは決して系統だった国際秩序観に基づくものではなく、弱小政党の国内サバイバルのためだった。

たしかに、中国共産党の指導者はマルクス主義的な世界認識の影響を強く受けてはいた。党員たちを動かしていくために、指導者たちは常に「現代の主要矛盾は何か」を党員に説明して彼らの任務の意義を強調し、そこにマルクス＝レーニン主義の説明枠組みを動員した。しかし、国内で革命運動を実施していくにあたって、イデオロギーが直接、武装闘争に有効なマニュアルを提示してくれたわけではない。

牛軍は、中国共産党は中国国民党による壊滅の恐怖から自由になった後、すなわち1949年10月の建国後にようやく、国家の運営に責任を持つ社会主義国の執政党として、対外関係をどう構築すべきかという課題を認識したとする（『従延安走向世界』）。中国共産党は、建国によって国家としての立場を優先して物事を考えるようになったというより、むしろこれまでないがしろにしてきたイデオロギーを、国家という新たな枠組みのなかでやっと具現化できると考えた、というのである。

朝鮮戦争〝参戦〟の選択

建国当初、中国国民党の恐怖から解き放たれた中国共産党は、アジアの社会主義大国を建国し、より良い世界を作っていこうという高揚感で満ちあふれていた。こうした指摘は、中国の多くの冷戦史研究者の見解に通底している。この時点で中国の指導者は、イデオロギーか国益のどちらかを選ぼうとしたのではなく、その双方をしっかりと充実させていくつもりであり、それが十分可能と考えていた。

建国に先立つ１９４９年６月30日、『人民民主専制を論ず』と題した論文で、党中央委員会主席の毛沢東は、帝国主義と社会主義の間の「第三の道はない」と主張し、ソ連への「一辺倒」政策を打ち出して、社会主義陣営の一員として国づくりを進めると明らかにした。

このとき、中国の指導者の一人、劉少奇《りゅうしょうき》（のち国家主席）は、中国共産党中央代表団の団長として秘密裏にソ連を訪問し、ソ連のスターリン書記長と会見する直前だった。「一辺倒」政策は、明らかにそれに備えて発表されたものである。

双方の会談では、その後の国際共産主義運動の展開方針が話し合われた。スターリンは劉少奇に、ソ連はアジアの革命運動の状況に疎《うと》いため、中国共産党にこれをしっかり指導してほしいと要請した。ソ連が東欧、そして全世界の革命運動の面倒を見る一方、アジアの兄弟党の支援は主に中国が担当するという分業が成立する。

10月に建国が実現すると、人民政府主席に就任した毛沢東は早速、12月から２ヵ月あまり

毛沢東（1893〜1976）　卓越した軍事戦略で中国革命を中国共産党の勝利に導いた．イデオロギー的にはロマンチスト，権力闘争では冷酷な側面を見せた．死後に党が下した評価は「功績７分，過ち３分」

ソ連を訪問し、政務院総理の周恩来と中ソ友好同盟相互援助条約の締結を実現した。「万国の労働者よ、団結せよ！」のプロレタリア国際主義を信奉する彼らは、建国直後に高位指導者２名の長期不在を厭《いと》わないほど、社会主義の盟主・ソ連からの中国への支援に期待していた。

ただし、イデオロギーと国益の両立問題は、朝鮮戦争で最初の試練を迎える。ソ連の外交史料に基づき、中国の朝鮮戦争への関与に関する最も系統的な研究を行った沈志華（華東師範大学）は、次のように指摘する。

北朝鮮の南進に先立ち、毛沢東は金日成から武力行使の事前相談を受けた。しかしその時点で金日成はすでにスターリンの許可をとっていた。スターリンは社会主義陣営の指導者、社会主義大家庭の父として崇拝されていたため、毛沢東はその決定が自分たちの対外環境に重大な影響を与えると理解しつつも、スターリンに反対できなかった。

１９５０年６月、38度線を越えて南進を開始した北朝鮮軍は、一時的に朝鮮半島の大半を制圧したが、９月に米軍を主力とする国連軍が仁川《インチョン》に上陸し、38度線を北上し始めると、瞬く間に壊滅直前まで追い詰められた。このとき、北朝鮮の援軍要請に応じるかどうかで、中国の指導部は割れた。ほとんどの指導者は、いまは自国の国家建設を優先すべきで、北朝鮮を支援して米国との全面的対立に陥ることは避けるべきという意見であった。通常の国益概念に基づけば、それが最も妥当な選択肢だったであろう。

しかし、最高指導者・毛沢東の判断はそれを最終的に覆す。彼は、北朝鮮への支援は国際共産主義運動における中国の地位を高め、また米国の勢力が中国の国境に迫るような事態は安全保障上も許容できないと主張して、朝鮮戦争に中国人民義勇軍を送る決定を下す。中国は初の重大な対外政策決定にあたり、イデオロギーと安全保障をともに重視し、米国との交戦を選択したのである（『毛沢東、斯大林与朝鮮戦争』）。

通常の国益計算に基づけば、中国は参戦するはずがなかった。参戦したがゆえに、中国は米国と完全に対立し、国連からも長い間締め出され、台湾を統一できなくなった。ただし、国益上のこうした代償を払っても、中国にとってイデオロギーの優先順位は高かったのだ。

2　党と国家の二重外交——中連部と外交部

一貫性に欠ける対外行動

では、イデオロギーと国益の両立を図る中国外交は、いかに展開していったのであろうか。

共産主義イデオロギーを掲げる中国共産党が、主権国家である中国を建国したことで、その対外政策は相対立する二つの原則を抱え込んだ。中国は、主権国家間の友好や平和共存を重視するといいながら、世界革命の実現を掲げて世界各国の反体制派に積極的な支援を行ったからだ。

二つの原則のどちらを優先すべきかという問題に、指導部は長く結論を出さず、双方重視という立場をとり続けた。1961年、大使としてビルマ（現ミャンマー）に派遣されることになった耿飈《こうひょう》将軍に対し、毛沢東は次のように述べている。

「われわれは社会主義国家で、中国共産党はわが国の執政党だ。だから対外関係については、われわれはこの二つの側面から見ていかねばならない。国家の関係から見れば、われわれは社会制度の異なる国家、特に隣国とは平和的に共存せねばならず、これらの国の政府とは友好協力関係を打ち立てていかねばならない。〔中略〕もう一つの面では、党の角度から見て、われわれ中国共産党は別の国の共産党に同情し、これを支持していかねばならない。でなければわれわれは共産党ではない」（『耿飈回憶録』）。

具体的にはどういうことか。中国はビルマ政府との平和共存を謳いながら、ビルマ国内で反政府の武装闘争を展開するビルマ共産党を支援していた。筆者がかつて中国外交部の関係者に聞いたところでは、中国は当時の首都ヤンゴンの大使館に送る荷物のなかに、外交特権を活用してビルマ共産党に提供する武器を潜ませていたという。ビルマを含め、自国領内の共産主義運動の激化に悩む東南アジア諸国の政府は、中国共産党とその兄弟党との関係に疑いの目を向ける。一貫性に欠けた中国の対外行動は、近隣諸国の対中警戒心を高めた。

さらに重要なのは、中国共産党の統治体制のなかで、この二つの対外原則がそれぞれ執行組織を得て実体化されていたことだ。そのため、中国共産党のなかで闘争や対立が生じると、それは各執行組織の働きを通して増幅し、中国の対外行動に大きな混乱をもたらした。

党内の混乱

冷戦史研究の成果は、中国共産党の組織の動き方に大きなヒントを与えている。毛沢東時代の対外関係史を概観すると、党内の混乱はしばしば二つのレベルで起きていたといえる。

一つは、いわゆる「党中央」のなかで、「父」の地位にあった毛沢東と、政権の各重要領域を分担して司る「息子たち」の間で起きる。「息子たち」には劉少奇、周恩来、林彪《りんぴょう》、鄧小平などが該当する。毛沢東は、自分の妻の江青《こうせい》を含む「四人組」や、江青と親しい康生《こうせい》などの人々を利用し、有力な「息子たち」を牽制した。また、闘争はいつも国内政策より対外政策で先に顕在化した。

毛沢東時代の中国の政治史は、中国の最高指導者となった毛沢東が、エマニュエル・トッドの言う「神殺し」「父殺し」を避けようとして政治闘争を発動する繰り返しだった。毛沢東は個人崇拝の強化と権力の集中化に励む一方、自分に挑戦しうる指導者を「修正主義」の名目で次々と排除していく。

もう一つは、「党中央」との関係で「子」にあたる、党や政府の執行組織の「息子たち」の間で起きる。第2章で述べたように、党・国・軍の3系統の各組織は、それぞれの指揮命令系統を持ち、それぞれの指導者から指令を受けながら与えられた任務をこなす。上部の指示がない限り、彼らは相互に連絡を取り合わない。むしろ近接分野・他系統の組織は潜在的な競争関係にある。それぞれの組織は、上層部から与えられた曖昧な「方向性」や「精神」を政策化して実行し、任務の貫徹をアピールして、高位指導者の歓心を買おうとする。

「党中央」の指導者の間で意見が分かれると、その相違は下位レベルに伝達されるまでに大きく増幅し、対外関係をめぐる「穏歩と急進」のリズムを作り出した。毛沢東時代に対外政策の振れ幅が拡大したのは、指導部が相反する対外政策を奉じていたためだけではない。指導部内の足並みが乱れると、多くの政策執行者はそれぞれ指導者たちの意向を読み取ろうとした。そして自らの身を守るため、または政治闘争を有利に進めるために、極端なまでに自分の任務に励み、潮流に乗って混乱を拡大させた。

先述したように、中国では組織間に自主的な調整機能が存在しない。そのため、指導部が対立を明確に解消して混乱をしっかりと収拾させるまで、執行組織は全体として相矛盾する対外行動を継続してしまうのだ。

対外関係に当たる二つのチャネル

毛沢東時代の中国では、対外関係に主に二つのチャネルが存在した。

まず、中国は近代主権国家体制下の主権国家として、他の主権国家と対等な外交関係を樹立し維持するチャネルを持っていた。実務機構のなかで直接の担当者となったのは、国務院の下に置かれた外交部で、これは日本など諸外国の外務省とほぼ同じである。国務院には対外援助を担当する対外経済合作部なども置かれ、外交部と協力して、中国の国家としての対外関係の構築と運営にあたった。

他方、プロレタリア国際主義に基づき、中国共産党と他国の共産主義政党（兄弟党）との間にも、イデオロギーに基づく特別なチャネルが設けられた。国際主義の「同志」たちには、世界革命の実現に向け、国境を越えて互いに助け合う義務があると考えられていた。その目的のために、世界中の共産党や労働党は緊密に連絡を取り合い、協力し合った。

そのため社会主義国間には、党と国家の二重の対外チャネルがあるのが当たり前で、党のチャネルは国家のチャネルよりも少し格上と思われていた。筆者は党のチャネルの対外関係を「党際関係」と呼んでいる。

中国共産党内でその執行部門となったのは、1971年まで存在を秘匿されていた中共中央対外連絡部（中連部）である。今日も中朝間の重要な協議は、中連部と朝鮮労働党国際部との間で行われている。中国との間で南シナ海問題を抱えるベトナムも、党際関係を強化して中国の高位指導者に直接働きかけるチャネルの維持に努めている。

毛沢東時代には、共産党として万国の労働者や人民と交流するという考えから、中連部は民間レベルの対外関係にも責任を負った。この対外関係は、時期や具体的な方針の内容によって「人民外交」または「民間外交」と呼ばれた。

こうした国内配置を前提に、中国の対外関係についての理解は重層的である。「外交」は通常、国家間関係を指すが、これとは別に「外事」という言葉も使われる。これは党際関係や他国の革命支援、加えて「人民外交」などを総称する呼び方だった。ただし改革開放後に中国の対外関係がより複雑化し、各省庁や地方政府の対外経済関係、また「信頼醸成」を目的とする軍の対外交流などが急拡大したため、現在ではさらに広い意味で使われている。

では次に、この二つのチャネルが、最高指導部のなかの緊張と絡まって中国の対外関係にどのような混乱をもたらしたか、中国の国内政治状況を踏まえながら概観していこう。

3 「極左外交」の展開——中ソ論争から文化大革命へ

中連部の創建

革命の情熱冷めやらぬ中国共産党は、帝国主義諸国との関係樹立を急がず、むしろ当初は世界の「人民」との団結強化に意を用いた。建国翌月の1949年11月、アジア・オセアニア労働者大会の開幕式で演説した劉少奇は、農村を根拠地とする毛沢東の革命モデルに基づき、植民地・半植民地の人民に帝国主義者への武装闘争を展開するよう呼びかけた。

翌年の中国義勇軍の朝鮮戦争参戦で、米中両国の対立は決定的となった。同じ頃、ベトナムでは共産主義勢力がフランスからの独立をめざして戦っていた。国際主義に基づき、中国共産党はベトナムにも物資を支援し、軍事顧問団を派遣して、抗仏戦争に貢献した。米国がフランスを支援したため、中国はここでも米国と鋭く対立した。

こうしたなか、1951年1月には中連部が急ぎ創建された。初代部長には初代駐ソ大使を務めた王稼祥《おうかしょう》が任命された。王はソ連に長く留学した知識人で、「毛沢東思想」の最初の提唱者でもあり、毛沢東の党内指導権の確立に大きな貢献があった。

中連部の設立には日本が深く関わっている。この頃日本共産党では、中ソ両共産党が推す武装闘争路線の採用の是非をめぐって内部闘争が起き、書記長の徳田球一を含む親中派幹部が中国共産党に介入を要請し、極秘訪中を決めた。中連部は彼らの受け入れにあたる組織としてまず設立され、その敷地内に日本共産党幹部の宿舎も建設される。ほどなく、日本共産党は武装闘争を唱える「51年綱領」を採択し、農村部を中心に火炎瓶闘争を始め、日本の国会で議席の多くを失った。

中連部は引き続き、毛沢東の革命モデルを学びに来訪した、アジアの兄弟党員の受け入れ支援を始めた。中国国内には、主に東南アジアの共産主義者のために学校や軍事訓練センターが作られた。クアラルンプールの警察博物館には、当時マレーシアで武装闘争を展開していたマラヤ共産党からの押収品が展示されているが、その多くが中国との関係の深さを示唆する。このように、建国直後の中国は、中連部を主な執行組織として、自国の革命モデルの他国への普及に情熱を注いだ。ソ連との約束どおり、アジアの革命運動を支援し、毛沢東型の武装闘争の推進に向けて各国の兄弟党を鼓舞したのである。

「第三世界」という可能性

ただし、こうした動きと相反するように、建国から数年経つと、中国の国家としての外交関係にも大きな進展が見られた。1954年にはジュネーブで、朝鮮戦争の終結とインドシナの休戦が話し合われている。中国は総理兼外相の周恩来を団長に代表団を派遣した。国連参加がかなわない当時の中国にとって、この会議は国際社会への実質的なデビュー戦だった。

中国にはそれまで、アジア各国の新興独立諸国の政府を、欧米資本主義国の「走狗」と見下していたふしがある。だが、各国と膝を交えて議論すると、意見の隔たりは意外に小さかった。むしろ新興独立諸国はしばしば欧米に対抗して中国の肩を持ち、援護射撃を繰り出してくれた。中国外交部はこれらの国々に急接近していく。

4月末、周恩来はジュネーブ会議で、「異なる社会制度の下にある世界各国は、平和共存できるとわれわれは考えています」と訴え、中国は他国の政権転覆を狙っていないとアピールした。周はさらに、会議の合間を縫ってインドとビルマをそれぞれ訪問し、両国と共同声明を発表して、内政不干渉や相互不可侵を含む平和共存五原則を提示する。

この原則は、主権国家からなる国際関係のなかでごく当たり前のことを述べたに過ぎない。だが、世界革命を唱えていた中国が、他国との平和共存が可能と主張した意義は大きかった。もっともこの原則は、当時は中国と新興独立諸国との関係のみに適用された。帝国主義を続ける西側先進国は、革命によっていずれ滅ぶ存在とみなされていた。

東西冷戦の狭間で、新興独立諸国はこの頃、東でも西でもない「第三世界」と呼ばれ、国際政治での存在感を拡大していた。翌1955年にはインドネシアのバンドンで、これらの国々を集めた初のアジア・アフリカ会議が開かれた。周はインドネシアのスカルノ大統領やインドのネルー首相と全体討論に大きく貢献し、中国の国際的名声を一気に高める。会議は共同声明で、平和共存五原則をベースとする平和十原則を提唱した。中国を外交承認する国も拡大し、中国の公的な外交史はこの時期を最初の黄金期と位置付ける。中国は1953年から第1次五ヵ年計画を推進し、平和な外部環境を必要としていた。建国間もない中国は、外交関係でも党際関係でも一定の成果を収めていた。

スターリン批判とソ連からの離反

ところが、この安定は長く続かなかった。転機は1956年である。ソ連ではスターリンが1953年に死去し、フルシチョフを頂点とする集団指導体制が始動していた。このフルシチョフが2月のソ連共産党第20回大会で、個人崇拝と大粛清を進めたスターリンを批判する。当時ソ連には、スターリンの独裁政治で分断された国民を再び団結させ、新たな国造りを進める必要があった。

しかし、スターリン批判は全世界の共産主義運動を大きく動揺させる。スターリンが「社会主義大家庭」の父と位置付けられていたため、彼への批判は体制そのものの正統性を揺るがすからだ。第20回党大会には全世界から共産党の代表が集まり、別室で議事進行を見守っていたが、彼らの間に困惑が広がった。事実、ポーランドでは六月、ハンガリーでは同年秋に政治動乱が起こり、社会主義政権が存亡の危機に立たされる。ハンガリーで政権転覆の可能性が高まると、毛沢東は自分より年少で革命経験の少ないフルシチョフに協力し、ソ連軍の派遣を提案してハンガリーの市民運動を武力鎮圧させた（『十年論戦』）。

しかし、その頃から中ソ両共産党間の関係は急激に悪化していく。フルシチョフは国内の安定のために米国との平和共存路線を進めたが、毛沢東は帝国主義との対抗を主張してソ連に反発した。１９５８年5月の中国共産党第８期全国大会第２回会議以降、毛はソ連の穏健路線に逆行するように、国内で大躍進政策を発動して急進的な社会主義化・集団化を進める。同年夏の第２次台湾海峡危機、ダライ・ラマの亡命をめぐる１９５９年以降の中印関係の緊張などを通して、中国とソ連は内外政策の方向性と社会主義陣営内の指導権をめぐり亀裂を深めた。

中ソの離反については、スターリンという「父」亡き後、毛沢東はソ連という長兄から距離を置き、中国という独自の家を築いていこうとした、という解釈も可能だ。以後、中国では毛沢東が理想的な社会主義国家の建設に向けて個人独裁への道を歩み、長期的な「急進」の過程に入っていく。その他の指導者が異議を唱え、短期的に「穏歩」の状態が生じることもあったが、全体として政治動乱が繰り返される緊張の時代に突入する。

毛沢東の外交掌握

中ソ関係が緊張すると、毛沢東はほぼ同時に、他国との平和共存を進めていた周恩来らの穏健姿勢を牽制し始めた。毛沢東の独裁体制は、内政よりも外交面で一足先に固まっていく。

1958年6月、毛沢東は総理兼外相の周恩来から実権を削ぐため、周が取り仕切る国務院のうえ、つまり党中央のなかに外事小組・財経小組・科学小組などを新設し、中央政治局と書記処の下に置いた。そしてこの小組を、党国軍にまたがる3系統の調整役と位置付け、すべての問題の最終決定権を自分が握った（2012年以降、習近平はこの手法をまね、李克強総理から国務院の実権を取り上げ始めた）。

毛沢東は人事面では、1958年2月に周恩来の外相職を解き、陳毅《ちんき》将軍に代えていた。中ソ関係の悪化に伴い、毛は当時ソ連の肩を持ったユーゴスラビアへの批判を強めていた。同国との友好関係を推進した伍修権《ごしゅうけん》大使（兼・外交部副部長）は、5月に国内に召還され、外交部や中国共産党第8回全国大会第2回会議で批判された。毛は外交部の平和共存路線に冷水を浴びせたのだ。伍は彼に同情した王稼祥・中連部部長の庇護を受け、やむなく中連部に異動した。

同じ5月には、長崎で右翼団体のメンバーによって中国の国旗が引きずり下ろされる事件が起きた。当時日本政府は中国を外交承認しておらず、犯人に外国国章損壊罪が適用されないことがわかると、陳毅外相は日本との貿易中止を表明した。中国が姿勢を過度に硬化させ、対日制裁的な行動を打ち出したことに日本側は戸惑った。

ただしこの段階では、他の指導者たちが毛沢東の強硬路線を黙認したわけではない。1959年夏に開かれた中国共産党8期8中全会（いわゆる廬山《ろざん》会議）では、朝鮮戦争で中国義勇軍を指揮した彭徳懐《ほうとくかい》将軍が、毛沢東が急進的な大躍進政策で中国の経済バランスを失調させたことを批判した。周恩来と平和共存外交を推進していた張聞天《ちょうぶんてん》外交部副部長もこれに同調し、大躍進および党内の個人崇拝の高まりを批判した。張聞天はかつて党の総書記だったこともあり、彭徳懐と同じく党員の尊敬を集めていた。しかし、両者は逆に毛沢東の大反撃を受け、反党集団として批判される。こうした見せしめで、外交部はますます活力を失った。

中ソ対立は深まるばかりだった。1960年4月のレーニン生誕90周年に寄せて、中国は米帝国主義者との平和共存に反対を唱え、「現代の修正主義者」を批判する論文を発表した。ここで中国は、ソ連がマルクス–レーニン主義から逸脱しつつあるという見方をとった。中国の姿勢に懸念を強めたソ連共産党は、中国共産党および他国の共産党・労働党を集めて6月にブカレスト会議を開き、兄弟党の前で中国および中国を支持するアルバニアを批判した。ソ連は中国の国家建設支援のために多くの技術者を派遣していたが、その夏、技術者たちは国内に呼び戻された。

9月には中ソ両共産党会談がモスクワで開かれた。このとき中国側の団長は、中央書記処総書記として党務の事務方トップを務める鄧小平だった。鄧は毛沢東の意向を受け、ソ連の指導を「親父党」と激しく批判し、10月の26ヵ国兄弟党代表大会（中国側団長：鄧小平）でもソ連と相互に非難し合った。１９６１年10月のソ連共産党第22回大会には、ソ連はアルバニア労働党を招待せず、中国を直接攻撃する代わりにアルバニアを激しく非難した。中国は逆にソ連の肩を持ったユーゴスラビアを批判し、代理論争を展開した。

個人崇拝と対外政策の極左化

多くの先行研究は、中ソ論争激化の要因として、あくまでソ連の穏健姿勢を糾弾し続け、二つの党の関係を断絶に導いた毛沢東の個人的判断の大きさを指摘している。

毛沢東にとって、中ソ論争は社会主義陣営内の指導権をかけた論戦になっていた。毛沢東は対外的に「世界革命」の実現を高らかに呼びかけ、中国をその中心に位置付けようとした。また国内では個人崇拝を煽《あお》り、自分に挑戦しうる有力な高位指導者を次々と攻撃した。中国共産党は封建主義を批判したが、国内で権力を固めようとする最高指導者が自分を世界の頂点に位置付けようとする姿は、中国の歴代王朝の皇帝と似通っている。

党際関係を管轄していた中連部の王稼祥部長は、その悪化に懸念を強め、党中央に意見書を提出する。１９５７年にソ連からの自立をめざし、工業・農業など各方面の経済成長をめざして始められた大躍進政策は、国内で数千万人の餓死者を出す結果となった。１９６２年1月には路線修正を目的とした七千人大会（中央拡大工作会議）が開かれ、毛沢東が大躍進の失敗を認め、党幹部に対し謙虚にも自らへの批判を歓迎する姿勢を見せた。

党内情勢の転換に期待した王稼祥は、劉少奇国家主席と相談のうえ、中連部内で討論を開催する。そして周恩来・鄧小平・陳毅に対し、対外政策の全般的な穏健化や中国の実力に沿った対外援助の実施を求める意見書を提出した。これは党内ルールに沿った行動だった。

しかし、毛沢東は意見書に反感を持つ。その機に乗じたのが、王稼祥と同じくソ連への留学経験を持ちながら、ポストのうえで常に王の後塵を拝してきた康生（中央書記処書記）である。康生は王稼祥の意見書を、「三和一少（社会主義への平和移行、資本主義との平和競争・平和共存、民族解放闘争への支援減少を提唱するもの）」と呼んで攻撃した。8月に中央指導者を集め北戴河で開かれた中央工作会議で、毛沢東は「三和一少」を厳しく批判し、かつて自分の指導部入りを支持した恩人の王稼祥を、事実上の失脚に追い込んだ。

ソ連の第20回党大会に参加してから、中連部は全世界の共産党・労働党と連絡関係を持つようになっていた。トップを失った中連部の幹部たちは、最高指導者の毛沢東がより急進的な政策を望んでいることを察知し、日本を含む世界各国の兄弟党に働きかけてその分裂を試み、各地で中国シンパを増やす任務に精を出した。王稼祥批判以降、「党中央」の指導者は対外政策の面で誰も毛沢東に意見できなくなり、対外政策の極左化が進行する。

中ソ論争から文革派の台頭

国内で外事を完全に掌握した毛沢東は、ソ連との本格的なイデオロギー論戦に乗り出した。国家迎賓館である釣魚台《ちょうぎょだい》に、ソ連を批判する論文の執筆のため専門の作文グループ（釣魚台写作小組）が設立され、康生がそのリーダーに就任した。この組織は常駐機構化し、中国が極左外交を展開するための司令塔の役割を担っていく。また文化大革命（文革）後には釣魚台そのものも、文革派の本拠地と化していく。

1963年には中央書記処総書記の鄧小平が再び訪ソし、両共産党会談でソ連側と激烈な舌戦を繰り広げた。これは喧嘩別れに終わったが、毛沢東は北京空港まで一行を出迎え、熱烈に帰国を祝った。

9月から翌年7月にかけて、毛沢東の意向の下、鄧小平が指揮をとり、康生が責任者となって執筆した9本の公開書簡（九評）が発表された。中国はソ連共産党を名指しで批判し、それまで秘密にしていた中ソ両党間の論争を世界に公開。社会主義陣営の団結は急速に溶解し始める。

この中ソ論争は、1966年から始まる文革への導火線となり、中国全土を10年間の政治闘争の渦に巻き込んでいく。論争で左傾化した毛沢東は、国内でも「修正主義」反対の姿勢を強め、文革を発動して、自分に挑戦しうる国内勢力の排除を図った。「三和一少」は修正主義の代名詞となり、文革開始後は「三降一滅」(帝国主義、修正主義、各国反動派への投降、および民族解放闘争の消滅)に格上げ批判される。

国内で経済調整を進めていた劉少奇や鄧小平ら、いわゆる「実権派」も、文革でこれらの罪名を着せられ、主だった幹部とともに失脚した。鄧小平は国内政策では毛沢東のやり方を完全には支持していなかった。劉少奇は開封の牢獄で孤独死する。

毛沢東の4番目の妻の江青は、上海で造反活動を拡大した王洪文《おうこうぶん》、張春橋《ちょうしゅんきょう》、姚文元《ようぶんげん》を夫の力で中央文革小組に取り立てて自らの仲間とし、文革を推進する「四人組」を形成した。四人組、康生、毛沢東の元秘書の陳伯達《ちんはくたつ》らは「文革派」と呼ばれ、文革を口実に他人を打倒しながら勢力を拡大していく。康生と四人組は、中国を世界革命の中心、世界革命の根拠地と位置付け、内外の人民に各国の政府や実権派に対する造反を呼びかけた。

康生はそのなかで、作文グループのメンバーで中連部副部長を務めていた王力に目をつける。そして王を自分が顧問をしていた中央文革小組に迎え入れ、中連部に介入した。中連部の働きかけにより、中国シンパの多かった国々を中心に、共産党系の反政府闘争が世界中で過激化した。中国による、いわゆる「革命輸出」が起きた。

康生や四人組は次に外交部に攻撃の狙いを定めた。１９６７年２月には陳毅外相が、他の高位指導者とともに中央文革小組を批判していた。8月、王力は周恩来総理と陳毅からの外交大権の奪取を掲げて外交部で造反活動を煽動《せんどう》し、過激化した武装闘争グループはついにイギリス公使館に焼き討ちを仕掛けた。これは外国使節の保護を定めた国際法に反する行為だ。事の重大さに気づいた毛沢東は、ようやく王力の逮捕を命じたが、康生や四人組は王力に責任をなすりつけ、その後も執拗に周恩来の取り仕切る国務院への干渉を続けた。

実権派が打倒され、康生や四人組が権勢を振るうなか、国内の治安維持にあたったのは軍だった。国防部長の林彪の勢いが拡大し、彼は毛沢東の後継者とみなされるようになる。

「極左外交」からの転換

以上のような混乱は、建国を果たした毛沢東が、社会主義建設を推し進め、中国の内外で世界革命の指導者としての地位を確立しようとするなかで起きた。毛沢東への権力集中の過程で、「党中央」の指導者の間に政治闘争が起きたが、結局は党の家父長である毛がすべての戦いに勝利し、毛の批判者はことごとく叩き潰された。

また、「党中央」の闘争は各指導者を通して下部の執行組織に波及した。そのメンバーたちは最高指導者の意向を探り社会の潮流を見ながら、いまこそチャンス到来と認識すれば、上司や友人を吊るし上げるなどの極端な行動を取ってチャンスを摑《つか》もうとした。混乱を受け、中国の対外関係は麻痺状態となる。文革が始まると、駐エジプト大使の黄華を唯一の例外に、他のすべての在外大使が中国に召喚させられた。

世界革命の実現をめざすという大義の下で推進された極端な対外政策は、のちに「極左外交」と呼ばれる。「極左外交」は中国の国際的孤立を招き、1969年3月、中国が領土の帰属を争っていたウスリー川の小島でソ連軍に武力攻撃を仕掛けたとき、中国には各国の弱小極左組織にしか友人がいなかった。国境の向こうに100万人規模のソ連軍が構えていることを認識した毛沢東は、ようやく状況打開の必要性を認識する。

同年4月、毛は第9回党大会を開いて国内の混乱収拾を図り、1971年7月以降は「帝国主義」の米国と手を結び、米ソ二正面対立を回避して中国の安全保障環境の改善を図った。対米接近により、国連では台湾の中華民国に代わって中華人民共和国に中国代表権が認められ、中国はようやく国際社会に参画できるようになる。

しかしその間には、第9回党大会で毛沢東から後継者指名を受けた林彪が、「クーデター」未遂事件を起こし、ソ連に亡命する途中でモンゴルで墜落死する奇妙な事件が起きた。将来的な最高指導者の地位が約束されていた林には、客観的に見て「クーデター」を起こす理由がない。現在はこの事件も、林の勢力拡大を恐れた毛沢東が、林を潰そうとして起こしたのではと考えられている。

国内の政治闘争をこれほどまでに拡大しながら、毛沢東はなお世界革命を放棄しようとはしなかった。彼は１９７０年代になるとソ連批判のトーンを上げ、ソ連を「覇権主義」と大々的に罵《ののし》り続けた。また自ら米中和解を決断しながら、周恩来総理の外交手腕が西側で高く評価されると、米国の「帝国主義」に対して生ぬるいと周を陰に陽に攻撃し始めた（『周恩来秘録』）。その後、毛沢東が周恩来の代わりに対外関係を担わせたのが、自身が失脚に追いやっていた鄧小平だった。

毛沢東のソ連批判は、アジアの兄弟党を苦しめた。ベトナム戦争の初期、中国は毛沢東の農村中心の革命路線を実践し、米国帝国主義と勇敢に戦っていたベトナム労働党を熱心に支援した。

しかし１９６０年代後半には、中国の同意を得ずに南ベトナムへの都市攻撃を展開し、装備面でソ連寄りの姿勢を見せたベトナム労働党に反感を募らせる。中国はベトナム労働党と対立関係にあったカンボジアのポル・ポト派にテコ入れを始めた。中国に迎合したポル・ポト派は、国内で中国の文革をアップグレードさせたような極端な革命運動を展開し、国民のおよそ4分の1を虐殺と飢餓で殺害したとされる。

こうして、中国国内の政治闘争はインドシナ半島を舞台とする「同志」間の関係にも波及した。インドシナ情勢は、１９７８年からのカンボジア紛争と翌年の中越戦争に向けて泥沼化していく。

東西冷戦下、毛沢東は同じ共産主義イデオロギーを奉じており最も団結すべきソ連と、社会主義の指導権をめぐって闘争を展開し、関係を極度に悪化させた。それは毛沢東が国内で、自分への批判を封じ、自分の権力を守ろうとする過程で起き、国境地帯での武力衝突にまで拡大した。一国の対外政策としては、まさに支離滅裂だった。

4 国内政治が生んだ混乱

中国の冷戦史研究者——牛軍、沈志華、楊奎松、李丹慧など——が描く中国外交史は、国際的なやりとりに比べ、国内事情の記述がきわめて詳細である。世界銀行の推計によれば、中国の1956年のGDPは767億ドルで、世界のわずか3.6%を占めるのみ、中国は経済的には明らかに小国だった。人口では世界第1位で21・6%を占めたにもかかわらずである。そうした状況のなか、東西冷戦下、中国は米国だけでなくソ連とも対立し、あろうことか二つの超大国を敵に回していく。それほどまでに負担の重い国際環境のなかで、毛沢東は党内から自分の潜在的な敵を抹消することに心血を注いでいた。

中国の対外行動を検討するうえで、最高指導者の役割は決定的である。毛沢東は国際環境を意識していなかったのではない。むしろ彼は、国際情勢に強い関心を持ち、その動向に常に関心を払った。しかし同時に中国全体の家父長として、自分が国内政治の凝集力を握ることに固執し、自分の権力を脅かしうる存在に敏感に反応した。そのため毛沢東にとって、党中央の「息子たち」への対応は、実際は国際情勢より優先度の高い課題となる。だがそれゆえに、対外政策をめぐる綱引きは常に、国内政治をめぐる闘争の前哨戦として発生した。

さらに間の悪いことに、毛沢東時代の中国には、2種類の相反する対外原則があった。国際共産主義運動の推進と近代主権国家体制の擁護である。いずれも甲乙つけがたい重要な指針であり、それぞれに実務部隊が設けられていた。実務部隊の「息子たち」は、党中央のなかで毛沢東の権威強化が避けられない趨勢《すうせい》と見ると、自分がそれまで指示を仰いでいた上司の意向を無視し、毛が望んでいる（と思われる）政策を先取りする行動に出た。党内では毛沢東に迎合する勢力が台頭し、毛に完全には賛同できずにいた穏健な高位指導者たちをさらに追い込んだ。

こうして、毛沢東を頂点に発生した社会的潮流は、中国の政治構造のなかで拡大し、中国全体を呑み込んでいく。この国内的なうねりのなかで、中国の対外関係は、国際情勢とはほとんど無関係に、しかし不可逆的に混乱を深めた。特に中連部は、一部の指導者の政治的野心と組織全体の保身のために、近代主権国家体制に反する一連の対外行動を展開し、中国の国際的な信用を傷つける。

筆者の聞き取りによれば、中国の対外行動に問題があることを、現場の実務者はよく理解していた。しかし、彼らは党中央に意見できず、国内政治の波に流されてしまった。先述したように、中国の組織のなかでは、ボトムアップの問題解決はきわめて難しいのである。イギリス公使館が焼き討ちされ、それを知った毛沢東が介入するまで、中国は自ら築き上げてきた対外関係を自分で傷つけ続けた。中国が対外関係を安定化させ、国際的な信用を取り戻していくのには、毛沢東の死後、何年もかかった。

混乱の修復——鄧小平の復活

では、中国はどのように対外的混乱を修復していったのか。

毛沢東に代わって全中国の責任者となった鄧小平は、当初は国際共産主義運動を継続するつもりでいた。しかし1979年春の中越戦争以降、ベトナムに攻め込まれ、壊滅の危機にあったポル・ポト派の国際的な延命策を探すなかで、中国が国際共産主義運動への取り組みを改めなければ、東南アジア諸国の協力がとうてい得られないと理解した。

すでに前年の11月のシンガポール訪問時に、鄧はリー・クワンユー首相から、中国の兄弟党支援がいかに東南アジアに惨禍をもたらしているか告げられ、すぐにでもやめるべきと強い忠告を受けていた（*From Third World to First*）。

おそらく鄧小平の考えの変化を見てのことであろう。1979年初夏の第5回駐外使節会議では、鄧の右腕として知られた胡耀邦《こようほう》が、ソ連を「世界戦争の重要な策源地」とみなす毛沢東流の対外認識について問題提起し、元外交官の宦郷（当時社会科学院副院長）や中連部常務副部長の李一氓らが呼応して意見を述べている（『戦略対話——戴秉国回憶録』）。

鄧小平の意向を踏まえ、李一氓が中国共産党の過去の対外経験を取りまとめ、対外政策を見直す作業を率いることとなった。これにより中国は、国際関係における主権国家間の原則の優先、党際関係にイデオロギーの同一性を求めないこと、主要敵を設定すべきでないことなどを、数年かけて順に決断していく（『中国政治外交の転換点』）。最高指導者となった鄧小平が問題を認識し、積極的な解決に乗り出して初めて、中国の対外政策はようやく一元化の方向に乗り出すことができた。

中国共産党は1982年の第12回党大会で、平和共存五原則に基づきすべての国との友好関係構築をめざす「独立自主の対外政策」を発表し、経済発展のために良好な対外環境を拡大する方針を明示した。これにより、中国の対外関係は長期的な「穏歩」の軌道に乗った。

中連部は、近代主権国家体制に沿って国家の対外政策を側面支援するよう方針転換され、イデオロギーを問わず世界のすべての政党との交流を進める組織に脱皮させられた。

1989年の天安門事件後、中国が西側諸国から制裁を受け、それらの国々との高位指導者の往来が停止された際には、党の交流チャネルは中国が各国の大物政治家との接触を図る基盤となった。このとき中連部は、国家間関係の不足を補う活躍ぶりを見せた。

さらに鄧小平は、対外政策に限らず、毛沢東時代の混乱の根本的な原因が毛沢東への個人崇拝の強化にあったことを熟知していた。彼は集団指導体制を堅持すべきと強調し、さまざまな不満はあっても、経済に詳しく党内の尊敬を受けていた陳雲《ちんうん》と、党の指導権を分け合った。鄧小平は党内に自らを賞賛する言動を禁じ、個人崇拝が起きないよう、死後、自分の遺灰は空から撒《ま》く徹底ぶりだった。

ただし、毛沢東時代に対外関係と内政の混乱を増幅させた根本的な組織構造については、しっかりとした見直しを行わなかった。

中国共産党の組織は党・国・軍にまたがり、機能の重複が多い。並列関係にある組織同士の連携は少なく、組織間のライバル関係を招きやすい。しかもそれぞれの組織の具体的な仕事の方法は、党中央が指し示すそのときどきの政治的な潮流のなかで決まる部分が大きく、内政に影響されやすい。国内の政治闘争でライバルを出し抜くには、最高指導者の歓心を買うのが最も近道だからである。

改革開放の進展とともに、中国共産党は努力した者が社会のなかでメリットを受けられるように国内制度を変更し、党内の利益配分体制を整備していった。これにより国内は活性化し、飛躍的な経済発展が可能になる。しかし同時に、国内組織の任務は極度に専門性を増し、利益をめぐる国内競争が激化し、「親」が「子」の動きを統率しにくくなった。

「子」の間のライバル関係の深まりは、世界に対する彼らの働きかけを積極化させる。「親」にとっては、それらをどうとりまとめ、いかに全体協調を図っていくかが新たな課題になっていく。

第4章　政経分離というキメラ——鄧小平から習近平へ

国際秩序の擁護者なのか

グローバル化疲れか、先進国では2016年に保守化傾向が顕著になった。6月にイギリスで国民投票によってEU離脱方針が決まり、11月には「米国第一」を掲げるドナルド・トランプが同国の大統領選挙に勝利した。

その直後の2017年1月17日、習近平はダボス会議で基調講演を行う。「われわれは断固としてグローバルで自由な貿易と投資を発展させ、開放性のなかで貿易と投資の自由化と簡便化を進め、保護主義反対の旗を鮮明に掲げていく」。習はここで中国を自由貿易秩序の担い手と位置付けた。トランプ政権誕生のわずか3日前のことだった。

世界的に名高い権威主義国の指導者が、自国を自由主義経済の救世主として位置付けたことは、矛盾だらけのように見える。『ニューズウィーク』誌はこれを「不条理」と論じ、他の多くのメディアも、中国は米国の保守化の機に乗じて自国の世界的影響力を拡大しようとしていると皮肉まじりに報じた。

しかし、習近平は大まじめだった。この演説のなかで、習近平は次のように語っている。

改革開放が始まってから、中国は累計1.7兆米ドルを超える外資と、累計1.2兆米ドルを超える対外直接投資を受け入れ、世界経済の発展に巨大な貢献を行った。〔2008年の〕国際金融危機が勃発して以降、世界の経済成長に対する中国経済の貢献率は年平均で30％以上になる。〔中略〕こうした数字から言えるのは、中国の発展は世界のチャンスだということ、そして中国は経済グローバル化の受益者であり、さらにそれに貢献する存在だということだ。

中国は国際秩序の擁護者ではなく改革者、さらには転覆者ではないかという議論がある。しかしここでは習近平が、中国を「経済グローバル化の受益者」と認め、そこに貢献していくと約束したことに注目したい。中国共産党の最高指導者である彼が、世界の大きな舞台でわざわざ表明するほど、中国にとって既存の経済政策の継続は重要な意味を持っている。

なぜなら中国共産党は、「経済グローバル化」に対応する形で国内の「市場経済」化を進めてきた。また、それによる経済発展の実績で執政党としての地位を維持してきた。序章で述べたように、中国共産党は政治的な一党独裁体制を維持しながら、経済的には市場経済を進めるというキメラ状態を実現している。欧米でグローバル化への逆流が起きれば、中国共産党がグローバル化を守ろうとするのは、当然なのだ。
では、キメラ化によって、中国共産党が統治する中国ではどのようなダイナミズムが生まれ、中国の対外行動はどの程度、どのように変化したのか。この章ではこうした問題を考えていく。

1 統治の鄧小平方式——党の危機と市場経済導入

フランスでの入党

まず、市場経済化を進めた改革開放初期の中国の最高指導者、鄧小平に着目する。彼がなぜ、どのような目的で、市場経済を始めたのかを振り返り、鄧が導入した新たな統治方式の特色を明らかにする。

今日、中国は世界第2位の経済大国となったが、中国に高度経済成長をもたらしたのが鄧小平の始めた改革開放である。冷戦中で東西対立がまだ続いていた1970年代後半、社会主義国に市場経済を導入するというのはあまりに奇抜なアイディアであり、日本では鄧は改革派という印象が強い。「白猫でも黒猫でも、ネズミを取るのが良い猫だ」という白猫黒猫論は、鄧の言葉として有名である。実際には、鄧の出身の四川省に類似のことわざがあるが。

ただし鄧小平は、本来はかなり強硬な共産主義者だった。その生涯を少し振り返ってみよう。

1904年に四川省の比較的豊かな家に生まれた鄧は、幼少期を清朝政府の瓦解、中華民国の成立といった変化の時代に過ごし、16歳で西洋式の高等教育を求めて他の中国人学生とフランスに渡った。「勤工倹学」と呼ばれるこの動きは、第1次世界大戦中で労働力不足に悩むフランスが設けたもので、昼間は働き、夜間に高等教育を受けられる約束だった。

しかし、彼らが到着する頃には第1次世界大戦が終結し、フランスの国内労働力は回復。多くの中国人留学生は、低賃金の単純肉体労働でやっと生活を維持する状態に陥り、就学の機会は得られなかった。鄧もその一人で、工場で厳しい肉体労働に従事するなか、共産主義に目覚めていく。彼は1923年、周恩来が指導する在欧中国社会主義青年団に入り、翌年には他のメンバーと一斉に中国共産党に入党、党歴はきわめて長い。鄧の身長は150センチメートル余りだったが、彼はのちに、育ち盛りのときに十分な栄養を取れず、重労働ばかりしていたからだ、と述べている。鄧にとって共産主義は、打ち砕かれた希望と酷使された肉体を代償にして得た信念だった。

弱冠20歳で共産党の地下活動に身を投じた鄧は、徐々に警察から追跡されるようになり、1926年にパリから逃亡してモスクワに向かう。鄧はソ連が中国国民党との連携強化のために開校したモスクワ中山大学に短期間留学し、翌年中国に帰国、中国革命に身を投じた。

鄧は地下活動、武装蜂起、長征、抗日ゲリラなど、さまざまな活動を展開しながら中国共産党の勢力拡大に貢献し、共産主義者としてのトレーニングを積んだ。1933年に江西の革命根拠地で中国共産党の路線闘争が発生したとき、鄧は農村での根拠地拡大を重視する毛沢東を支持して批判され、彼に連座して最初の失脚を経験している。

文化大革命での失脚

1949年10月1日の中華人民共和国の建国後、鄧はまず西南局の第一書記を務め、四川省や雲南省で国民党勢力を駆逐し土地改革を推進した。1952年には中央政府に抜擢《ばってき》されて政務院（のち国務院）副総理となり、56年からは中央書記処総書記と中央政治局常務委員を歴任し、同年から本格化した社会主義建設を指揮した。

鄧小平（1904～97）「改革開放」で中国を経済的繁栄に導いた実利主義者．中国共産党の統治体制の継続には強いこだわりを見せ，第2次天安門事件では学生と市民の民主化運動を武力弾圧

鄧小平の共産党員としての経歴は華々しい。彼は1957年の反右派闘争や、60年代に露見した中ソ論争では、周恩来などの穏健路線に沿うのではなく、むしろ毛沢東の指示を受けながら党内の活動を展開していた。毛沢東に連座して最初の失脚を遂げてから、鄧は党内で毛派の人間とみなされ、毛からも厚い信頼を得ていた。彼は改革派どころではなく、筋金入りの共産主義者であった。

両者の関係が微妙になるのは、鄧小平が劉少奇国家主席とともに国内の経済回復を進めた1960年頃とされる。毛沢東が社会主義国家建設と称して1958年から始めた「大躍進」では、「土法高炉」を急造して鉄鋼生産の倍増をめざす運動や、農作物を食い荒らすスズメを駆除する運動などに全国の人民が駆り出され、農村の人民公社化も進められた。経済は大混乱に陥り、中国全土で数年のうちに数千万人の餓死者が出る大惨事となった。その反省に基づき、劉少奇と鄧小平は協力して経済調整を進めたのだ。しかし、毛沢東はこれを苦々しく思っていた。

先述のとおり、1966年に毛沢東は文化大革命（文革）を発動した。妻の江青を含む四人組に、「紅衛兵」と称された中学生や高校生などを動員させ、政府機関や学校といった既存組織を牛耳る「実権派」への「造反」、彼らからの「奪権」を呼び掛けた。

中国全土を巻き込んだ政治闘争のなかで、劉少奇と鄧小平を筆頭に多くの幹部が失脚に追い込まれた。ただ、毛沢東の鄧小平に対する扱いは、獄死した劉少奇ほどではなく、鄧は江西省で軽い工場労働に従事させられただけで党籍も維持された。かつて自分に連座して失脚した鄧小平に、毛沢東は少しは目をかけていたようだ。しかし、北京大学の学生だった鄧小平の長男、鄧樸方《とうぼくほう》は連日引き回され批判され、自殺を図って半身不随の身になった。文革は鄧小平個人にも大きな痛みを残した。

文革では、多くの学校が何年も閉鎖され、古くからの文化遺産が徹底的に破壊され、のちには紅衛兵たちも労働と思想改造のため辺鄙《へんぴ》な農村に送られた。大勢の運命を翻弄し続ける中国共産党とそのイデオロギーに対し、人々の疑念と不満は必然的に高まった。ハーバード大学名誉教授のエズラ・F・ヴォーゲルは、江西省の4年近くの日々が、鄧小平に庶民の現状を踏まえて毛沢東の政治を見直す機会を与えたと指摘する（『現代中国の父　鄧小平』）。

復活から国内改革での評価

鄧小平の復活劇は、まさに中国の激動を象徴する。中国ナンバーツーだった劉少奇国家主席が文革で迫害死し、新たに毛沢東の後継者となった林彪国防部長も「クーデター」で怪死した。そのうえで、穏健派の周恩来総理にも不満を募らせた毛沢東は、自分の理想を実現する実務部隊の長として鄧小平に白羽の矢を立てた。鄧小平は毛沢東の指名により、1974年に中国の指導者として国連で初めてスピーチを行い、毛が新しく提起した「三つの世界論」を世界に紹介した。鄧が中ソ論争で見せた強硬姿勢を、毛は高く評価していた。

鄧小平は直後から対外関係の責任者となり、それをきっかけに1975年初めには総参謀長兼第一副総理に抜擢された。こうして彼は病床の周恩来に代わり、政府全体の取りまとめ役となり、軍にも影響力を拡大していく。

鄧小平はこの頃までに、中国政治の立て直しには経済改革が不可欠とすでに認識していたようである。鄧小平は周恩来とも相談しながら、すぐに「整頓」と呼ばれる国内改革を指揮していく。そのなかには、輸送網や国内基幹産業の回復、そして西側諸国との経済協力など、のちの改革開放につながる内容が多く含まれていた。

「整頓」が人民の生活向上と党への支持回復につながったこともあり、毛沢東は当初、鄧小平の働きを高く評価した。しかし、両者は同年夏には文革の評価をめぐって再び対立する。1976年1月に周恩来が死去し、4月に死者を悼む清明節がやってくると、人々は彼らに同情的だった周恩来の死を嘆き、同時に毛沢東への不満を匂わせながら続々と天安門広場に集結し、周を追悼した（第1次天安門事件）。中国の人民が建国後初めて、自主的な行動で自分たちの感情を表現したのだ。

東欧では、1956年のハンガリー動乱や68年のプラハの春などの市民運動が、政権を存亡の危機に追い詰めた。中国の市民の行動に危機感を募らせた毛沢東と四人組は、追悼活動を反革命運動と断じ、鄧小平をその黒幕と断罪して政権から正式に追放。総理代行を務めていた華国鋒《かこくほう》がほどなく総理に任ぜられた。9月に毛沢東が死去すると、翌月、華国鋒は老幹部たちと協力して四人組の逮捕に踏み切り、文革はようやくここに終結する。

10年間におよぶ長期間、大規模な政治動乱により、このとき中国共産党の統治は危機にあった。人民の間では、親しい家族や友人による裏切り行為が横行し、造反と暴力が道徳心を蝕《むしば》み、個人のささやかな幸せは奪われたままだった。大規模な飢餓こそ発生しなかったものの、経済活動は長期停滞し、衣食住はどれもまったく不足していた。端的に言えば、中国共産党はすでに人民の信頼を失っていたのである。

こうした危機的状況を打開するため、まずは経済建設を進めて人民生活の改善を図ろうとする点は、華国鋒をはじめ、多くの幹部たちのコンセンサスだったようだ。ただし、毛沢東の遺訓だった政治闘争を継続するかどうか、どの程度の規模で、どういった手法で経済建設を進めるのかという具体論では意見が割れた。そのなかで、国際環境を活用し、対外開放を行って大胆な経済建設を進めるべきと、最も力強く主張したのが鄧小平だった。

なぜ市場経済を導入したか

鄧小平は１９７７年夏に３度目の復活を遂げると、政治的素質ではなく試験の点数で合格者を判断する大学入試をすぐに復活させた。これにより、農村に下放《かほう》され出口のない生活をしていた知識青年たちの支持を得る。

翌１９７８年からは日米欧の資本主義先進国と積極的に関係改善をはかり、大規模な技術導入を進めて、中国の経済的な体力の底上げを図った。さらに、この年から経済視察団を各国に派遣し、自らも８月の日中平和友好条約調印、10月の訪日、11月の東南アジア３ヵ国訪問、12月の米中国交正常化交渉、翌１９７９年１月末からの訪米を成功させ、中国の人々を希望に導く新たな「潮流」の創出に成功した。

そして彼自身も、この流れに乗って中国の最高指導者となった。１９７８年12月に開かれた中国共産党中央第11期3中全会で鄧は華国鋒から禅譲を受け、改革開放への邁進を始める。
以上の経緯からわかるのは、筋金入りの共産主義者だった鄧小平の市場経済導入は、あくまで党を守るため、具体的には壊滅的な状態にあった人民の党への支持を回復するためだった。鄧小平にとって経済は政治に隷属するものであり、党の統治継続のツールが市場経済だった。計画経済がうまくいかず、人々が中国共産党に希望を抱けないのであれば、政治体制は変えずに経済体制だけ入れ替えればよい、と考えたのである。これはいわば、人々に中国共産党への「父殺し」を発動させないための究極の策だった。

鄧小平が単純な改革派ではなく、党の統治の継続を何より重視していたことは、いくつかの行動から明らかである。1978年秋には北京の市民が西単の街角に壁新聞を貼り、改革への期待を表明した（「民主の壁」）。「北京の春」と呼ばれるこの運動は当初、市民が鄧小平への期待を表明する場であり、鄧は華国鋒からの政権奪回のためこれを放置し、活用した。

1979年2月に中国が中越戦争を発動した直後、魏京生《ぎきょうせい》という青年が「民主の壁」に中国共産党を「独裁者」と呼ぶ壁新聞を貼り出し、人々に民主化への闘争を呼びかけた。すると鄧小平はあっさり壁を撤去させ、魏を逮捕した。そして「社会主義の道」「プロレタリア独裁」「共産党による指導」「マルクス・レーニン主義と毛沢東思想」という四つの基本原則を提示し、中国共産党への批判は許さない姿勢を国内に誇示した。

10年後の1989年6月の第2次天安門事件でも、鄧小平は民主化を求める学生や市民を軍隊を用いて排除し、数百人の死者を出させた。また鄧はその過程で、自分が選び出した胡耀邦と趙紫陽《ちょうしよう》という2人の総書記を、党内の路線対立を収束させるために相次いで切り捨て、失脚させた。党の統治を維持するための鄧の行動は、一貫してきわめて冷徹だった。

南巡講話——市場経済への一貫した支持

ただし鄧小平は、経済建設を軽視してはならないという信念を持ち続けていた。それが最もよく表れたのは、1992年の南巡講話である。

当時、第2次天安門事件、ソ連・東欧の社会主義政権の崩壊で、中国共産党内のムードは一気に保守化していた。陳雲ら保守派は社会主義体制への危機感を強めて経済引き締め策をとり、GDP成長率は1988年の11・2%から、89年には4.2%、90年には3.9%へと低下し、国内経済は冷え込んだ。

経済建設の頓挫を懸念した鄧小平は、1992年1月の旧正月、休暇の名目で深圳《しんせん》や珠海《じゅかい》など広東省の経済特区に赴き、視察して回る。このとき彼はすでに87歳だった。そして、香港のテレビに映るようにわざと、カメラの前で「発展こそが正しい道だ」と地方幹部に檄《げき》を飛ばして回った。保守派の裏をかくこの行動で、鄧小平は中国南部で人々の経済発展への期待に再度火をつけることに成功し、その勢いで北京の雰囲気を巻き返して、中国を再び「市場経済」の軌道に引き戻した。

こうして、中国共産党の統治を継続するため、党が市場経済を奨励して経済発展を実現する「統治の鄧小平方式」が確立した。世界の他の国から見れば、これは奇妙なキメラ体制である。しかし中国国内では、そう不自然と思われていない。

第一に、計画経済で人々の生活が向上しないことは、誰の目から見ても明らかだった。これはソ連と東欧で相次いで社会主義政権が崩壊したことからもわかる。しかしそれでも、父なる中国共産党を権力の座から引きずり下ろすことには、大半の人々が躊躇を覚えた。現実的な折衷案が、中国共産党の統治と市場経済を組み合わせるキメラ体制であった。

第二に、中国には皇帝の強い政治的権威の下、比較的自由に商工業が発達した長い歴史があった。これは中国全土でそうだったが、特に南部では、1950年代まで海外との自由な貿易活動に従事していた人々が多く、国際経済のダイナミズムを理解する経験者が生き残っていた。鄧小平は華僑を多数輩出した南部の広東省と福建省に、最初の経済特区を設立している。キメラ体制には、歴史的な継続性もあったのだ。

このように中国は、社会主義の経験を踏まえた現実と、国内社会の一定の伝統に基づいて、中国共産党の権威を保ちながら人々に自由な経済活動を奨励する道をめざし始めた。鄧小平後の指導者たちは、この「統治の鄧小平方式」を基本的に継続していく。

2　改革開放以降の国内競争

モデルとされた日本

では、この新たな統治方式によって、党と社会との関係がどのように再結合され、中国はどのようなダイナミズムで運営されていくことになったのか。

改革開放初期、鎖国政策からの脱却を決め、対外開放で経済建設をめざす中国が、最も頼りにした国家は日本である。先述したように、1978年中に中国は多くの国に視察団を派遣した。西欧、米国、日本などの資本主義モデルを比較するなかで、中国は日本が最も重要なモデルになると考える。中国側の当時の資料からは、次のような理由がうかがえる。

①戦前からの歴史的理由により、中国に同情的な国民が多い。②地理的に近く、官民への支援要請が現実的に容易である。③資源のない国を高度経済成長させた実績を持ち、周辺アジア諸国との経済協力の経験も豊富で、中国が必要とするノウハウを持つ。④国民の所得格差が小さく、犯罪率も少なく、社会の道徳性が高く、社会主義国の理想により近い。

中国の指導者たちのブレーンストーミングの過程で、最も影響力の大きかった日本人は、民間エコノミストの大来佐武郎《おおきたさぶろう》であろう。

大来は経済企画庁時代に日本の「国民所得倍増計画」を策定しており、1979年初めに谷牧《こくぼく》副総理に頼まれ、中国国務院の外国人顧問の一人となった。ただし、大来が同年11月に大平正芳内閣の外相に起用され、外国政府の職を継続できなくなったため、彼は日中経済知識交流会を立ち上げ、顧問の職務をグループの規模に拡大した。

これにより、日本で高度経済成長を率いた元官僚と、中国でこれから経済建設を担う有望な幹部たち（のちの朱鎔基総理など）の経験交流の場が生まれる。国家が主導して国民の経済成長を主導する日本モデルは、中国側の幹部に直接伝えられ、彼らの創意工夫を得て、新たなモデルとして成長していくことになる。

さて、大来たちとの初期の接触のなかで、中国側が特に強く反応したのは、「市場調整」という概念であった。1979年10月の訪中で大来は、日本は資本主義経済だが、政府は経済計画を策定しており、市場の調整機能を利用して国民経済を統括し、戦後復興を実現したと紹介した。そのうえで彼は中国側に、経済統制を緩め、計画経済の基礎の上に市場経済の長所を発揮してはどうかとアドバイスしている。大来によれば、中国の中央政府は運輸、通信、そしてまた一部の基礎産業を集中管理して全体を統括しつつ、地方分権を実施して国民経済の積極性を喚起すべきであった（「日本経済専家大来等第二次来華座談状況簡介」）。

中国の幹部たちは、社会主義国を信奉しつつも、計画経済が国民の経済意欲を削いできたことを認識していた。そのためこうした考え方は、中国の幹部、さらにはその上に立つ指導者を強く刺激し、彼らは市場原理の導入こそが、中国経済の新たな方向性だと考えるようになる。しかも、個人にインセンティブを与えたうえで競わせる方法は、国内改革のなかで次第に党の運営にも広く応用されていく。

ただし、新たな時代の大局的変化のなかでも、中国社会の組織構造そのものは大きく変わらなかった。それぞれのアクターに求められる任務は変わったが、アクター相互間の関係性は基本的に維持されたからだ。むしろ新たなゲームのルールは、そうした関係性を活かした形で設定され、全体としてのダイナミズムを生み出していく。

ここでは再び、第2章で説明した、エマニュエル・トッドが中国社会の特徴としてあげた外婚制共同体家族を想い起こしてほしい。そのうえで、各アクターの新たな任務と他者との関係性を、組織構造から順に論じていきたい。

政治闘争から経済建設へ

鄧小平が中国共産党の新たな最高指導者としての権威を確立した1978年12月、中国共産党第11期3中全会は、中国共産党の以後の任務の重点を、政治闘争ではなく経済建設に置くと定めた。中国では、家父長となる組織のトップ一世代ごとに、組織の目標や運営手法、さらにはスローガンまでが変わる。まさにそれを体現した幕開けとなった。

この2ヵ月後に中越戦争を発動する鄧小平は、あくまで力を信奉するマルクス主義者だった。ただし、経済問題を克服しなければ富強の大国などめざすことができないと考えた彼は、当面、経済建設を最優先課題に設定したのである。

最高指導者の鄧小平が、プライオリティを経済建設に置くと決めたことで、一見関係のないすべての面で、それを中心とした政策がとられていく。

まず党内の政治闘争が急減した。毛沢東時代は政治闘争の繰り返しだったが、それでは経済建設に向けた力が削がれる。改革開放以降、大衆動員型の大規模な政治運動は基本的になくなり、華国鋒から鄧小平への権力移行も穏やかに行われ、鄧自身も集団指導のルールを守ろうとした。対外政策の目的は経済発展への奉仕と明確化され、膨大な人件費を要していた解放軍は100万人規模で削減される。指導部はそれぞれの分野を担当する各部門にも、経済建設優先という目的に即した新たな政策を命じていった。

なお、第11期3中全会以降、鄧小平が最高指導者になったことを、人々は既成事実と見た。しかし、鄧はそれにふさわしい職位を求めず、中国はあくまで集団指導体制だと言い続けた。この時代には、党や国家の総書記や総理を務めた指導者より、肩書きのない、あるいはあっても高くない党の長老の方が、党内で大きな発言力を持っていた。

こうした非正規の状況は、革命第一世代の幹部たちの引退によって徐々に是正されていく。本書は党内政治そのものを取り上げるわけではないので、ここでは大まかに、鄧小平を含めた党指導部が中国全体の家父長の役割を果たしたとみなして差し支えない。

国内外の動向の活用、意図的な競争

さて、新たな目標を定めた家父長は、中国全体をその目標に向けて動員しようとする。そのためには、社会の「潮流」づくりが党指導部の重要な任務となる。いまも昔も、宣伝工作は共産党の運動の基本だ。1978年以降、鄧小平は自ら宣伝塔となり、積極的に外遊して他国に中国への協力を要請し、またその様子を国内のニュースに流させて、人民に新たな時代の到来を確信させた。典型的な例が鄧小平訪日である。中国の人民は、日本は戦争で荒廃し米国からの圧迫に苦しんでいると当時まだ信じていた。鄧小平は自分の訪日を通して、高層ビルが建ち並び新幹線が高速で走る日本の発展ぶりをメディアに流させ、「鎖国体制」にあった人々にショックを与えて、国内の潮流づくりの起爆剤とした。

国際情勢や中国と外国との関係は、中国ではしばしば国内の潮流づくりに活用される。多くの外国指導者が訪中し、中国の指導者が外国を訪問して歓待を受けている様子を見て、人々は中国が世界の多くの国に受け入れられている実感を抱く。中国の指導者を大々的に歓迎する外国人の様子や、中国を称賛する海外の専門家のコメントは、中国では巧みに切り張りされながら、党指導部の方向性を権威付けする材料として使われる。

権威付けという点では、国内のニュースも同様である。中国の新聞やテレビでは、ニュースのトップは今日も基本的に自国指導者の動向である。1979年以降、鄧小平はメディア露出を減らし、潮流づくりの任務をより若い指導者たちに引き継がせた。彼らは経済特区や合弁企業、生産請負制を始めた農村など、新たな措置が導入された現場を積極的に視察し、各地の変化を身を挺して全国に伝える。国内外の動向を活用しながら、人々に党の方針とその成果を示し、変化を実感させ、その行動を党と同じ方向に動員していくことが、共同体全体に対する指導者の任務である。

ただし、北京にいる中国の指導部にとって、中国全体をがっちりとコントロールすることは現実的ではない。そのため指導部は、自分の息子たちをそれぞれの持ち場につかせ、手足として使う。それは基本的に毛沢東時代と同様である。改革開放後の違いは、そこに政治や経済面のインセンティブが大々的に導入され、ルールが比較的公平でわかりやすいものとなり、指導部が息子たちを意図的に競争させたことである。

毛沢東時代の計画経済は、人民を過度に統制し、その経済的インセンティブを低めた。そのため指導部は改革開放以降むしろ、人民への統制を緩め、「頑張った人」「工夫した人」が報われるように市場経済を導入した。これを許したのが、「一部の人が先に豊かになるのは構わない、あとで遅れた地域を助けてくれればよい」という鄧小平の先富論である。

指導部は、市場経済型の競争制度を政治の場にも適用し、さまざまな問題の決定権を息子たちに移譲し、持ち場での活躍を競わせて、全体を活性化させつつ統制していこうとした。息子たちは、果たして生き残れるのかという恐怖にさらされながら、激烈な競争に参入していく。

地方政府間の競争

改革開放のメインテーマが経済建設であったため、こうしたダイナミズムが最も顕著に出たのは、各地の経済建設に責任を負う地方政府との関係である。中国では各省の地方政府がひとつの大きな利益共同体を形成する。省のなかに県や市が置かれるが、公務員の採用や異動は上級幹部を除いて基本的に省単位であり、全国人民代表大会などの代表も省ごとの派遣で、各省は独自のアイデンティティを育んでいる。

改革開放以降の長い間、党指導部が中国政治のゲームの基準としたのが、省のGDP成長率だった。指導部は、経済や民生に関する決定権を各省に委ね、成功した省の幹部を高く評価し、中央政府に取り立てた。しかも、息子たちのインセンティブを削がないよう、当初は省の指導者や担当係員が利潤の一部をポケットに入れるのすら黙認していた。

党指導部が経済発展を評価する姿勢をとり、各省のGDP成長率がリスト化されて内部の会議で配られるようになると、各地方政府は互いに近隣の省をライバルとみなした。中国の経済発展は外資導入によって牽引され、沿海地域の省の方が発展の条件に恵まれていることは明らかだったが、条件のほぼ同じ隣の省の方が成績がよければ言い訳ができない。

各省級政府は自分たちの経済発展に火をつけようと、港や道路を作り、電気や水のインフラを整備した。また経済特区や開発区を設立して外資優遇策を練り、姉妹都市関係を結んで海外とのコネを開拓し、傘下の下級地方政府を叱咤《しった》激励して合弁企業を設立させた。

各省級政府には外交権は与えられていないが、それぞれの地域の経済発展を牽引するため、経済面で対外活動を行う権限は認められていた。各省の外事弁公室が渉外業務を担った。

中国企業の実力が向上すると、今度は各省級政府には、地元の企業を取りまとめて海外を視察し、新たなビジネスモデルや投資先を探し、必要に応じて地方級の国有企業を新たに設立することが求められた。各省トップの省委員会書記は、グループ企業のCEOのように振る舞った。

こうして進められた経済発展は、関係者のすべてに利益があった。各省が新たなプロジェクトを立ち上げ、その省の経済が好循環に乗り、他を上回る経済成長率が達成されれば、省の党委員会書記は党指導部に評価され、党中央や中央政府に取り立てられた。自分たちの指導者を北京に送れれば、さらに省の他の誰かを中央に取り立ててもらえる可能性が増える。そこまでいかずとも、省として北京の動向が把握しやすくなるため、中国全体の潮流を把握し、先手を打って次の作戦を考えることができる。経済がまわり、省が豊かになれば、幹部のボーナスも増え、一般企業で働く人の給料も上がり、人々の政府に対する満足度も上がる。つまり、競争に勝てばすべての面で利益を獲得し、負ければ相対的にすべてで損をする、というゲームであった。

他方で、地方が勝手な行動を取り始めて自分の統制力が緩まると、党中央は１９９４年には分税制を導入し、それまでおよそ3対7だった中央と地方の税収配分を7対3に逆転させる。中央政府はより多くの資金を握り必要に応じて、それを分配することで息子たちを統制しようとした。各省の行動については後述するが、どの省でも経済発展は多くの人にメリットがあり、この施策は効果が高かった。

専門性の重視へ

党指導部は地方政府以外の息子たちもしっかりと統制した。中央政府であれ、地方政府であれ、軍隊であれ、中国の組織のなかでは、分野ごとの専門的な能力と、党の指示をしっかり守ろうという政治意識の両方が求められる。中国人はこれをそれぞれ「専」と「紅」と呼ぶ。文革中、幹部の任用にあたっては「紅」が基準になっていたが、改革開放はあらゆる分野で改革を必要としたため、指導部は「専」を重視する方向に切り替えた。各部門は、それぞれの持ち場をしっかりと守るため、質の高い専門家を育成し、それぞれの専門性の分野からどのように党の方向性に貢献できるかを考えるよう求められた。

5年ごとに策定する5ヵ年計画は、各専門分野を守る息子たちに、不断の努力を求める制度である。党指導部は、文革期よりも飛躍的に正確さを増した統計に基づき、息子たちに実現可能だがかなりの努力を要する目標を課し、5年間で必ず達成するよう求めた。

たとえば宇宙衛星を開発している息子には、この5年の間に帰還式衛星を開発し打ち上げる、次の5年間には帰還式の測量衛星および国土探査衛星の開発と打ち上げまでを達成するといった具合に、次々と新しい目標を設定し、実現に向けて強い圧力をかけた。

ただし、党指導部は息子たちの専門能力に完全に頼ったわけではない。党指導部は中国社会科学院などのシンクタンクを整備し、マスメディアのなかにも海外の報道をチェックする部門を設け、内部報告を書かせた。中国の各分野の発展がうまくいっているか、海外の評判はどうか、問題があるとすればどのように是正すべきか、体制内の第三者に指摘させたのである。この体制は全体のバランスを自分がしっかりとコントロールするためであった。

改革開放が始まると中国の指導部は、文革期の遅れを取り戻すため、各方面で積極的な現代化を推奨する。党・軍・国の実務部隊、特にそれぞれのトップに立つ息子たちは、これによって激烈な競争関係のなかに放り込まれた。これは各実務部隊にとって大きなチャンスだが、責任も大きかった。

改革開放期には、文化大革命の頃に存在した文革小組のような、政治運動を主たる任務とする組織は解消され、息子たちはみななんらかの実務、つまり「専」を担った。組織はそれぞれ専門化し、非党員のスタッフを多く抱え込んだが、その上層部は必ず党員で、上に行けば行くほど党のカラーが強くなる。

こうした組織の上層部には、通常、「専」の業務を管轄する者（たとえば国家組織の外交部部長）と、「紅」の業務統括、つまりその組織内の政治意識の統制を担う者（たとえば外交部党委員会書記）が置かれ、双頭体制をとることが多い（ひとりが兼ねることもある）。組織のなかで二人のうちどちらが力を持つのかは、実際にはかなり微妙な問題になることもあるが、党中央という親の下で、双方は協力して良好な成果を出すことが求められる。「党」系統はもはや、軍隊や政府の「専」組織のなかにしっかりと浸透している。

計画経済下では、彼らの仕事は計画の策定と下部組織への伝達だったが、いまや自らの体制を変革しながら現代化の成果を出していくことが求められた。各実務部隊を率いる息子たちには、それぞれの持ち場をうまく切り回し、他の息子より優れた成果を出すよう発破がかけられた。創意工夫と絶え間ない努力が求められ、重圧がのしかかったが、同時に多くのインセンティブも与えられ、やりがいはあった。

国内競争の激しさは、中央政府、つまり国務院の各省庁（中国語では部委）のトップにとっても同様であった。改革開放期後、革命第一世代は徐々に引退し、建国後に教育を受けたテクノクラートの活躍が目立つようになる。

計画経済を市場経済に体制転換するには、企業の生産に関わる部分だけでなく、食糧、物価、雇用、医療、年金、企業形態など、国民の生活全体に関わるさまざまな改革を、適切なスピードで実現する必要があった。これは人々に将来への不安、政府への不満を抱かせることの多い作業で、国家的な痛みを伴った。テクノクラートはその専門性を生かし、外国の政府や企業との交流や折衝から学びながら、中国の国内制度を国際的な水準に高める努力を続けた。

中国全体の体制転換には指導部も強い関心を寄せており、その成否は政権運営に関わる重大な問題だった。中国が世界に追いつこうとする過程で、指導部は世界的な動向を踏まえながら政策決定を行う必要があり、専門家の提案は非常に重要である。北京にいる各省庁の幹部は、党指導部の指導者と国内会議や外遊の場で直接接する機会が多い。中国共産党の指導部に特に強いコネを持たない人間にとって、これは自分の専門的な能力を示し、指導者から高い評価を獲得するチャンスでもあった。

また、地方政府の場合と同じく、それぞれの省庁の活動の重要性が党指導部に認められ、予算が増えれば、そこで働く人々にも経済的メリットが大きい。しかも、中国では多くの省庁が関連分野の国有企業を抱え、政府が当たり前に経済活動を行っていた。1990年代の国有企業の改革は難題だったが、それに勝ち残った企業は当該分野をほぼ独占することになり、資源関連を筆頭に、幹部は多くの利権を得られた。

さらに、それぞれの省庁に国内関連プロジェクトの認可権限が与えられたが、最終判断が常に公平に下されたわけではない。中国ではトップに権限が集中するため、人々の上昇志向は一般にとても強い。しかし、これ以上党内で昇進の見込みがないほとんどの幹部にとっては、自らの権力を使って経済的な利益を得ることの方が重要であった。

国内〝ゲーム〟と軍の関与

他方で、こうした国内ゲームに軍がどのように関与したのかは、実ははっきりしない。軍のなかでも昇進をめぐって激しい闘争が繰り広げられていたことは間違いない。だが、それが各国との関係性をめぐって展開されたという話はあまり聞かれない。むしろ軍についてよく指摘されるのは、軍と他の系統との間の競争関係である。これは、指導部の国際情勢への判断が軍全体の利益と深く関わっており、この点では軍が一丸になりやすいためだろう。

人民解放軍は改革開放当初、実入りが少なく、損な役回りとみなされていた。中国の指導部は1970年代まで、いつか世界大戦が起き革命が実現すると言い続けてきたが、80年代半ばにはこの判断を改め、当面、世界戦争は起きないと明確に述べるようになる。これは、軍隊にとっては予算削減を意味した。同時に軍隊の精鋭化、装備の現代化をめざせという命令も下り、軍は100万人の規模縮小を行いながら、自助努力で古い装備をアップグレードしていかねばならなくなった。そのため軍は、1980年代後半には中東やアフリカ諸国への武器売却に精を出し、傘下に企業を設立して経済活動を展開するようになる。

しかし、1989年に第2次天安門事件が起き、冷戦が終結する。社会主義国として残った中国が、西側諸国を自分の体制への脅威とみなし始めると、状況は大きく変化した。すでに1988年のスプラトリー諸島海戦で、中国人民解放軍はやむをえない決断をしていた。

スプラトリー諸島海戦とは、中国が領有権を主張していた南シナ海の南端、スプラトリー諸島を占拠しようとして起こした戦闘である。1980年代後半にはソ連が弱体化したため、ベトナムは国際的な後ろ盾を失っていた。そうした絶好のチャンスにもかかわらず、中国は自国海軍の実力不足からベトナムが占拠していた全島礁の奪取をあきらめ、攻撃目標を6島礁に絞らざるをえなかった。

1991年の湾岸戦争で米軍の優位性を見せつけられたことも加わって、軍は以後、党中央に対して世界情勢の不安定性を強調し、予算拡大を要求していく。1990年代半ばからは国防費の増加率がGDPの成長率を上回るようになった。また、中国は1996年のCTBT（包括的核実験禁止条約）採択前に核実験を繰り返し、同年の台湾初の総統自由選挙を軍事演習で脅すなど、軍の動きの目立つ対外行動をとるようになった。

いままで党・軍・国系統の主要組織のトップと、党指導部との関係について記したが、実際には類似の関係性が中国当局の各系統のなかで普遍的に存在している。どの組織のトップも内部では強い権力を行使できるが、自分の上位の存在からの圧力には概して弱く、むしろそうした存在にはできるだけおもねようとする。

3　中国社会の暗黙の理解

不公平な市場競争

では、こうした中国政治と距離を置く一般の人々はどうなのか。

まずは経済分野を考えてみよう。改革開放の時代が長くなると、中国でも民営企業が少しずつ成長し、社会的な存在感を増していく。初めは農民、あるいは国有企業のなかの大胆な人々だけが商売を始めたが、成功を収める者が出ると、この波は徐々に拡大していった。国有企業の多くが民営企業に転換させられたこともあり、現在では8割以上の都市就業人口は民営企業に勤めている。しかし、時間の経過とともに、結局は権《チュエン》（権力）を持つものが銭《チエン》（経済力）を持ち、市場競争は決して公平に行われないという認識が、人々の間で定着していった。

改革開放の当初は、自助の努力と工夫で一攫千金《いっかくせんきん》を得た商人が多く、人々に希望を与えた。ところが、多くの人が商売を始め、国内競争が激化すると、家族に政治家がいて土地や資金の提供を受けられたり、いち早く政府の新しい経済計画の情報を入手できたりする起業家が圧倒的に有利になった。コネのない起業家は政治家に接近しようとし、賄賂などの習慣も横行した。特に建築業界などは、政府の仕事が取れるかどうかが運命の分かれ目で、みな必死だった。

実は中国では、政府から直接入札を受けられるような分野の企業でなくても、人々は当局の動向を細かくチェックしている。中国ではすべての土地は最終的に国有で、中国共産党は全国の税収の使い道を握り資金力もあり、自分の決定を下部組織に貫徹させる権力を持つ。

党の決定が中国全体の経済活動の潮流を大きく左右するのだ。

そのため、党が新たな決定を下せば、多くの企業がその潮流に乗ろうと一斉に走り始め、そこに経済の成長点が生まれる。もちろん、西部大開発のように必ずしもうまくいかなかった政策もあるが、ある程度、共産党の意向に乗って走らなければ、激烈な国内競争のなかで商機を逃し、生き残れない。

中国では経済発展とともに国内の競争が激化し、「淘汰」される企業が相次いだ。そのため2000年代以降は、こうした状況を回避するため、政府の「走出去(打って出ろ)」や「一帯一路」などの掛け声に応じる民営企業が多い。中国政府が対外進出策を打ち出す際には、相手国ではしばしば、中国の国有企業が大規模プロジェクトを請け負い、インフラ整備が進み、中国人に対するビザの緩和措置が取られる。民営企業主のなかには、現地の投資環境の改善に魅力を感じて短期間のつもりで対外進出した後、中国の過酷な市場で生き残るより、生活環境が多少違っても現地でビジネスを発展させていく方が楽と感じ、帰国をやめてしまう人が少なくないそうである。

第2次天安門事件以後

中国共産党に統制されているのは、経済以外の分野も同じである。中国では、世論は人民が自発的に持つものではなく、共産党が動かすものだ。世論の源泉となるメディア報道を、中国共産党が厳しくコントロールしていることはすでに何度か述べた。自由な報道に慣れた人間にとっては、中国国内の報道の大半は大衆洗脳の意図が強すぎると映る。外国の報道の「転載」ですら、党の立場を正当化するために捻じ曲げられていることが多い。

そうしたなかでも、1976年の第1次天安門事件以降、中国では何度か人々が自発的に集まって政治的な意思を表明する動きがあった。その最大のものが1989年6月の第2次天安門事件であり、全国の都市部でも同調の動きがあった。しかし、これは人民解放軍が人民に発砲するという最悪の形で封じ込められた。一般の人々はこの事件で、党が中国の全武装力を握っている限り、党への抵抗は不可能と解釈する。

この第2次天安門事件以降、政治的な大衆運動は基本的に対外問題でのみ起こるようになる。人々は、中国共産党は党に反対する運動は認めないが、党に味方して外国に反対する運動であれば認めることがある、と暗黙のうちに理解している。

ただし、中国共産党がその運動を認めるかどうかは、時々の情勢に応じた党の判断によって決まる。たとえば、1999年のNATO軍による駐ユーゴスラビア中国大使館爆撃の際は反米デモを許し、2001年に海南島沖で起きた米EP-3偵察機と中国の軍用機の衝突事件では許さないといったように、スイッチのオンオフは党指導部次第である（*Powerful Patriots*）。

党指導部が珍しくゴーサインを出すと、人々はその機に乗じて日頃の締め付けの憂さ晴らしをしようとする。反日デモを何度か目撃した日本人は、中国の政治的潮流の非合理性を身をもって体感している。

恐怖統治の時代へ

中国共産党に対して反対意見を表明する空間は、多少の波はあるが、全体としては時代の経過とともに小さくなっている。1998年に発売されたパソコンOS、ウィンドウズ98は漢字変換の処理能力が高く、中国でインターネットの爆発的な普及に火をつけた。そのため2000年代初めには、ネット空間が世論表出を可能にするという期待があった。

しかし、2003年にSARS《サーズ》(重症急性呼吸器症候群)が流行して社会的危機が起きてから、中国共産党はネット空間の統制に乗り出し、現在までに世界でおそらく最も高度な統制技術を、携帯端末などに対するものも含めて開発している。ブログへの書き込みが原因で警察の訪問を受けるケースは以前からあったが、最近ではVPN(Virtual Private Network/仮想専用線)を使って外国のウェブサイトを閲覧し、中国に批判的な記事に「いいね!」を押しただけで、地元の安全部から警告を受けたという人もいる。

さらに、国内で民族問題が噴出し、テロ事件が相次いだことから、中国共産党はAI技術を駆使して高度な社会監視システムを発展させている。ある大学院生が失踪したのでその動向をトレースしたところ、大学の宿舎を出て郊外のダムに行き身を投げるまでの軌跡が5分程度で弾き出せた、という笑えないエピソードも伝わる。中国では、個人は静かに死ぬ自由もない。

加えて、中国では教育制度や企業活動にまで党の活動が浸透している。街角に並ぶ標語や、歴史の授業、博物館の展示は典型例だ。しかも習近平の治世になってからは、学校や公務員、国有企業などの組織で政治学習が強化され、週に半日程度、習近平思想を学ぶ時間を党員に強制する組織が増えている。民営企業などでも、回数は少ないが同様の活動があり、非党員も動員される。そこでは真剣に学んでいるかの巡視や、機械を使った監視が行われている。恐怖統治である。

たしかに改革開放以降、中国の生活水準は急激に向上し、一般の人も経済成長の恩恵を受けている。それは中国共産党にとっても、執政党としての誇るべき成果である。しかし他方で、党から距離を置こうとする一般の人々にとってすら、中国の国内政治は決して軽い存在ではない。中国では、国内政治の潮流に逆らったり、疑問を持ったりすると自らが苦しくなる。思考を止めて長いものに巻かれ、カネを稼ぎ生活を楽しみ、党の潮流に流されておくのが最も精神的なコストパフォーマンスがよい。中国で楽に生きるコツは、政治に従順に、愚《ぐ》昧《まい》な民になることである。

重たくリアルな中国国内政治の舞台劇のパワーは圧倒的である。これを毎日見せられると、個人はどうすればそこでうまく生き残れるかを常に考えるようになり、国際関係は国内政治を彩る遠景としか思えなくなる。

さて、2節、3節では改革開放以降に、中国という大家庭のなかの力関係がどうなっているかを示した。統治に市場経済が導入されたものの、中国では政治が経済を統制しており、党指導部はいまもなお中国全体の家父長として、構図の頂点に君臨している。そのため、中国国内の各アクターの対外行動は、それぞれのアクターの利益拡大をめざしながらも、同時に家父長が示す潮流と同じ方向を向く。

ただし、全体をまとめる家父長の凝集力は、時期によって大きく変化する。その大きさが、中国国内の各アクターの対外行動の選択の幅を決める。次の節では、家父長の凝集力の経年的な変化について述べていこう。

4　江沢民・胡錦濤・習近平——変わる凝集力

江沢民への郷愁、評価

1992年の南巡講話で鄧小平の凝集力は持ち直した。重要政策の決定権はその約2年後、1989年の第2次天安門事件から総書記を務めていた江沢民《こうたくみん》に完全に引き継がれた。江沢民はその前は上海市の書記で、事件で総書記の趙紫陽が失脚したために急に中央に取り立てられた。

２００２年までの総書記在任中、江沢民はあまり人気がなかった。人々は、江沢民をその見た目から「蛤蟆《ハーマー》」（ガマガエル）と呼び揶揄《やゆ》する。ところがその後の二人の総書記の治世を経て、人々は「あの頃が一番よかった」と江沢民の時代を懐かしみ、携帯電話にガマガエルのストラップをつけたりするようになった。

相対的な比較となるが、江沢民が総書記だった頃は、中国の進むべき道に迷いが少なく、指導部は国家全体に対して高い凝集力を持っていた。それは鄧小平の遺産でもあった。鄧小平は、第２次天安門事件で党の領導は放棄しないという断固たる姿勢を示したが、３年後に南巡講話を行い、中国の市場経済化は継続する、経済のグローバル化にも対応していく、という国策を固めてから引退していた。中央に政治的基盤をまったく持たなかった江沢民は、鄧小平が定めた潮流に乗り、総書記としての威厳と権力を身につけていく。鄧小平は１９９７年に死去したが、そのときも国内ではまったく混乱が生じなかった。

江沢民（1926〜）　日本では歴史問題で強硬姿勢をとった印象が強いが，1988年の上海の学生デモに際して英語でリンカーンの演説を暗唱し，学生たちの説得に成功したリベラルな側面もあった

計画経済から市場経済への体制移行が本格的に進んだのは、江沢民の時代である。中国は１９８６年にＧＡＴＴ（関税及び貿易に関する一般協定）への加盟申請をしていたが、社会主義国で経済規模の大きい中国の参加に

世界は慎重になった。そのため、中国にはその後身のＷＴＯ（世界貿易機関）への加盟もなかなか認められず、前例のない15年の長期交渉が行われた。その間に中国は、迫り来る国際化時代の優等生になろうと各種方面で準備を進めた。

経済面では、中国は東アジアの近隣諸国だけでなく、欧米などからも積極的な外資導入を図り、生産性の低い国有企業を整理した。中国企業の国際競争力の向上をめざし、産業構造の改善を進めた。

外交面では、１９９７年の江沢民の訪米で、西側諸国との第2次天安門事件以後の緊張した関係が清算された。さらに、中国は自国主権至上主義を改め、東アジア地域協力（ＡＳＥＡＮ＋３〈日本・中国・韓国〉）への参加を皮切りに地域級の多国間協力に参入し、自らも新たな協力枠組みを立ち上げ、「責任ある大国」への脱皮を図った。人民解放軍が自国の安全保障環境に大きな懸念を抱いていることは、１９９６年の台湾の総統自由選挙の際の軍事演習などから伝わっていたが、その軍でさえも冷戦後の世界的な流行に乗り、「軍事外交」で各国との信頼醸成を推し進めた。

庶民のレベルでも変化は大きかったが、当時の中国社会には、努力すれば報われるという希望があった。国家が大学などの卒業生に就職先を割り当てる時代は終わり、人々は自分で勤務先を探し始めた。大学も徐々に実費制となったが、同時に高等教育が普及した。

江沢民の治世の後期、全国では急速に都市化が進み、人々は自転車やバスから地下鉄やマイカーに乗り換えた。愛想も品揃えもない国営商店は淘汰され、新興中間層は中国に進出したフランスのカルフールやスウェーデンのイケアで好奇心と購買意欲を満たした。のどかな農村部では固定電話導入の段階を飛び越えて携帯電話が普及し、テレビ衛星が辺境の地にハリウッド映画や日本アニメを届けた。

世界と中国との距離は急速に縮まり、誰もがそれをよいことだと考えていた。中国経済の初期レベルが低かったため、党指導部が指し示したグローバル化への反対は少なく、国家は一丸となって同じ方向にダッシュできた。２００１年７月には北京市が08年オリンピックの招致に成功し、年末には中国がＷＴＯへの加盟を実現した。

胡錦濤政権の憂鬱――失われた鄧小平の「遺産」後

ところが、こうした良好な条件は、２００２年11月に胡錦濤が江沢民から総書記の地位を引き継ぐ頃には徐々に失われていた。

ＷＴＯ加盟後、中国には世界中から製造業の工場移転が相次ぎ、中国は「世界の工場」と呼ばれて急速に富を蓄積していく。そのＧＤＰ規模は２０１０年には日本を抜き、世界第２位に躍り出た。しかし同時に、中国国内の所得格差は拡大し、ジニ係数は社会騒乱が多発するとされる0.4を超え、２００５年頃には推計０・48程度と危険水域に達する。大衆騒乱が多発し、北京オリンピックの前後にはチベットや新疆ウイグル自治区でも大規模な民族運動が

胡錦濤（1942～）　共産主義青年団出身で，集団の和を尊んだ．改革開放後の幹部若返りの方針に沿い昇進を重ねたが，甘粛省，貴州省，チベットなど貧困地帯での勤務が長く，カラーは地味だった

起きた。胡錦濤政権は発足当初からＳＡＲＳ騒動に見舞われたが、経済発展とともに国内の環境が悪化し、ＰＭ2.5問題では既得権益層からも政権への反感が高まった。

胡錦濤も江沢民と同じく、鄧小平が指名した次世代の後継者で、１９９２年の第14回党大会で党中央政治局常務委員に抜擢された。胡錦濤は開明的な優等生で、総書記就任直後には「平和的台頭」論（のちに「平和的発展」と改名）などを出し、日本とも関係改善を望んでいたとされる。

しかし、穏健でまじめな印象の胡錦濤には、就任前から「弱腰」との批判があった。特に軍が彼の指揮下に入るのを嫌がったとされ、胡錦濤は総書記になってからも2年間、中央軍事委員会の主席に就任できなかった。胡錦濤政権は、いわば鄧小平時代の最後の政権だった。生命力を失った〝皇帝〟は、中国政治に求められる凝集力を持ちえなかった。

新たな家父長の様子を見て、息子たちは党指導部の政策に表面的には従いながら、裏では自分たちの狭い問題意識のみを考慮し、自分の組織の利益を追求して、それぞれバラバラな行動を取り始めた。ヤーコブソンとノックスは２０１０年のレポートで、中国の対外政策の決定主体が、伝統的な党指導部から、商務部などの各省庁や大規模な国有企業などに下部拡散していると指摘している（『中国の新しい対外政策』）。

実際この時期に、中国の世界的な影響力はすべての分野で急拡大した。政府の業務はどの分野もきわめて専門的になり、グローバル化のなかでそれまで中国の国内問題として処理されてきた問題が急速に国際性を持った。指導部としても各分野の担当者に口を出しにくくなり、あたかも多くの対外方針が存在するような状態が生まれた。本書の第6章で論じるが、たとえば、外交部が冷戦後の世界的流行に基づき南シナ海問題を対話と協力で安定化させようとしているときに、国家海洋局と軍が彼らの専門性に基づいて同じ海域の実効支配化を進める、ということが平然と行われたのである。

もちろん、党指導部の政策が完全に無視されていたわけではない。しかし、党指導部に全体統制力と調整力が欠けていたため、その下の組織はいまこそ自らの利益になる行動が取れると判断し、任務を拡大解釈し、自由活動に走った。

つまりこの頃には、中国の国際的なプレゼンスが急速に向上したため、国際的な視野に欠けた組織が国際的な影響力を持った。ただし家父長の凝集力が弱かったことで、息子たちは父に与えられた任務を錦の御旗として掲げ、実際には国内でも対外的にもかなり好き勝手な行動をとった。結果的に、息子たちという実務部隊を介して、相矛盾する対外政策が党指導部の名の下で同時に実施された。

伝統に根付く指導者、習近平

胡錦濤時代をこのように見ると、習近平の問題意識はクリアーになる。

習近平は、反腐敗の名目で政敵を完全に抹殺し、総書記の任期制も廃止し、毛沢東時代のような永世党主席制の復活をめざしていると言われる。習近平は、胡錦濤政権の国内凝集力の乏しさを危機と捉え、本人としてはおそらく党、そして中国を救うつもりで、自分の下に強権的に権力を集中しているのだろう。人々に畏怖されることで国内凝集力を高め、国家を統治していこうとするその方法は、完全に中国の伝統に則している。

対外関係の活用の仕方も同様である。習近平は就任1年以内に「一帯一路」を唱え、中国の経済力を対外関係のために活用していく姿勢を示した。習近平政権は、領土問題できわめて厳しい国際環境のなかでスタートしている。中国の経済力の向上を踏まえ、彼は国内のみで行っていた統治の鄧小平方式、つまり経済的な利益の共有によって中国共産党の存続を民に認めさせるやり方を、国際社会に向けても行うという発想をとった。

「一帯一路」は、国内政治に第一のプライオリティを置く指導者が、自らの国内的権威付けのために立ち上げたという側面も持つ。「わが中国の指導者は世界をも幸せにしている」と自分の人民に信じさせることができれば、家父長の所期の目的は満たせるのだ。

これに加えて、習近平は「人類運命共同体」を実現していくという主張も唱え始めている。このスローガンは、まさに中国社会の伝統を想起させる。

繰り返しになるが、中国の伝統的な家族制度は「共同体」であった。「人類運命共同体」は、「世界革命」を世界の理想として描けなくなった中国共産党の最高指導者が、それに代わる世界の理想として提起したものである。ただしこれは、国際問題を話し合いで解決するなど当たり前のことを主張し、実質的な中身に乏しい。

習近平は国際会議を次々とホストすることで、あたかも自分が「人類運命共同体」の頂点のように振る舞い始めている。ただし、中国の家父長に統治されるあやふやな「人類運命共同体」が、その他大勢の国々にも理想として共有されることは、実際には相当難しい。

各アクターの対外行動──党指導部の満足を得るために

では、そのような指導者の下では、中国の対外行動はどうなるのだろうか。

一般的に言えば、中国の各アクターの対外行動の幅は狭まる。党指導部の指示から外れたと判断されれば、叱責《しっせき》を受けたり、懲罰《ちょうばつ》を下される可能性があるからである。そのため胡錦濤政権期のような「バラバラ行動」は、最近ではあまり観察されない。

しかし他方で、党中央が日常的な分野で、

習近平（1953〜）　中国共産党の元老，習仲勲の子で，「太子党」の一人．父と関係が良好ではなかった鄧小平の治世の問題点克服をめざし，自身への権力集中と国内体制の改革を進めている

外交部、商務部などの実務部隊に、細やかな指示を出すのもほぼ無理である。家父長は大きな構想を家族に提示するだけで、それに具体的な肉付けをしていくのはそれぞれの分野の実務部隊なのだ。党指導部が社会的に大きな潮流を創り出した後、関係各アクターが、党指導部を満足させようと競争してプロジェクトの実現に走りやすい。

たとえば「一帯一路」の事業融資では、当初最も期待されていたのはAIIB（アジアインフラ投資銀行）であった。しかし、中国政府が諸外国の目を気にしながら慎重に設立準備を進めたため、AIIBは国際金融機関化し、逆に中国にとって使い勝手の悪い組織になってしまったと言われている。これによってむしろ、中国独自の中国開発銀行、中国輸出入銀行、シルクロード基金、さらに国内の国営商業銀行が勢いづき、競って「一帯一路」融資に乗り出し、融資バブルの状態が生まれた。中国の各民営企業は、こうした状態を一種の商機とみなし、現地に赴いて新たなビジネスチャンスを探している。

しかし、そのように融資して進めたプロジェクトに債務の焦げ付きが起きたり、あるいはそれによって国際問題が生じたりして、いずれかの息子が家父長から叱責を受ければどうなるか。息子たちは震え上がり、次の融資条件には慎重になり、全体の行動は家父長の想定以上に萎縮してしまう。家父長がいかに熱心に世界における「中国の夢」の実現に励んでも、国内の適切なバランスを維持していくのは、きわめて難しい。

党指導部の意向、そして党指導部の凝集力によって作り出される国内的潮流は、中国社会全体の動向を決める。こうした国内的潮流を観察しながら、それに乗って動こうとする中国人の傾向性は、彼らの伝統社会に根付いており、一朝一夕で変わらない。中国国内の各アクターの対外行動は、国際的な要因というより、国内的潮流で決まる部分の方がずっと大きい。だがそれゆえに、それと無関係な国際社会とは摩擦を生じやすい。

次の第5章、第6章では、広西チワン族自治区の対外経済活動、国家海洋局の海洋統治についての二つのケーススタディである。家父長と息子たちの関係を基軸とする中国の国内政治により、中国の対外行動がどう変わったかを具体的に見ていこう。

第5章　先走る地方政府――広西チワン族自治区の21世紀

隆盛の広西チワン族自治区

広西チワン族自治区と聞いて、具体的なイメージが浮かぶ日本人は少ないかもしれない。ここはかつて、隣の広東省と並んで広西省と呼ばれ、北は湖南省と貴州省、西は雲南省そしてベトナムに接する中国大陸の東南端の地である。カルスト地形の景勝地、桂林が世界的に有名で、その特色ある景色は古くから水墨画の題材となってきた。

チワン族（壮族）は中国東南部やベトナムなどの山間部に居住してきた農耕民族で、2010年時点で中国国内に約1700万人の人口を擁する最大の少数民族である。1958年、中国政府が少数民族の優遇政策を打ち出すなか、広西省は広西チワン族自治区に改編され、自治区主席は必ずチワン族から選出するなどのルールが設けられた。

21世紀に入り、広西チワン族自治区の首府南寧は急成長し、商業エリアに高層ビルが乱立する大都市になった。2018年の人口は750万人を超える。北回帰線より南に位置し、別名は「緑城」。木陰を吹き抜ける爽やかな風は、中国という国の広さを感じさせる。ここから東南アジアは目と鼻の先で、隣接する中国のどの省都より、ベトナムのハノイの方が近い。

21世紀初頭、南寧は目立たない地方都市にすぎなかった。ところが2003年に中国‐ASEAN博覧会（China-ASEAN Expo＝CAEXPO、以下「博覧会」とする）の永久開催地に指名されてから国内外の投資が集まり、急速に発展する。永久開催地とは文字どおり、同博覧会がこの地で継続的に開催されることを意味する。

しかし、その機会は偶然にもたらされたものではない。むしろ国内の厳しい政治競争のなかで、広西チワン族自治区政府（以下、広西政府）がチャンスを必死につかみ取り、主体的にASEAN‐中国自由貿易圏（ASEAN-China Free Trade Area＝ACFTA）の「旗振り役」（領頭羊）となって奮闘した結果である。2002年に設立合意が結ばれたこのACFTAは、中国にとって最初の、ASEANにとっても域外国と初めてのFTAで、東アジアに自由貿易協定締結ラッシュをもたらす嚆矢《こうし》となった。

自治区の大活躍により、中国とASEAN10ヵ国の専門家やビジネスマンは定期的に対話を深めるようになり、双方を結ぶ交通インフラ構想が具体化され、中国南部と東南アジアが緊密な生産ネットワークで結ばれた。そこで蓄積された中国とASEANの経済協力の経験は、ひいては習近平政権の「一帯一路」構想の呼び水にもなっていく。

なぜ地方政府を見るのか

中国では広西政府は省と同レベルの地方政府であり、党中央と国務院の管理下に置かれ、外交権を持たない。では、そのような地方政府が、なぜ対外的な分野で活躍できたのだろうか。いやむしろ、なぜ彼らは、自ら大きなコストを払ってまで対外的に活躍しようとしたのか。

南寧での永久開催となった中国-ASEAN博覧会　参加各国の国旗で彩られた会場。写真は2010年（著者撮影）

本章では、こうした疑問にスポットライトを当て、中国の国内政治ゲームで対外関係がどのような意味を持つのか、なぜ中国国内の多くのアクターが海外進出をめざすのか、実証的に描いていく。

以下ではまず、南寧が「博覧会」の永久開催地となり、広西チワン族自治区が中国国内で対ASEAN協力の「窓口」に位置付けられた過程を振り返る。次に、胡錦濤政権の下で広西政府が、どのようにASEANとの経済協力のムードを盛り立て、新たな潮流を作り出していったかを考察し、それによっていかなるメリットを得たか分析していく。

ここでの分析の前提は、親にあたる党中央や高位指導者から、子に当たる地方政府は、その地の経済社会の発展の責任を任されていることにある。第4章で述べたように地方政府は、自分の任務をしっかり貫徹して親から高く評価されたいと考え、相互に競争している。

ただし、この熾烈《しれつ》な競争の舞台は、地方の経済社会の狭い領域にとどまらない。重要なのは、地方政府が親の関心や意向を「忖度《そんたく》」し、親の好みを探りながら自分の行動を決めることだ。しかも、経済活動はそもそも、国境を越えた取引を前提とする。そのため地方政府は、自分が高く評価されるために他国の人々を積極的に巻き込み、自分たちの行動が世界的潮流にかなうことを親にアピールして、中国国内の政治ゲームを有利に戦おうとする。

その顕著な例が、党指導部が下したACFTA実施の決定を踏まえ、これを自治区の発展に最大限に活用した広西政府である。広西政府の動きは、中国の国内政治がその対外行動にもたらすインパクトの大きさを如実に示すのである。

以下では、まずACFTA以前の時期に、広西チワン族自治区がどのような状況に置かれていたのか、そこから筆を起こしていこう。

1 低迷自治区の活路――ASEANとのFTA

対外関係に左右される経済

中国の経済史は、経済政策と対外関係の密接なリンクを物語る。経済発展には多くの投資が必要だ。長期安定が見込めないとき、そのようなコストは投じられない。経済発展の潜在性が高い場所でも、それが敵の脅威下にあれば、国家は限られたリソースをより安全な地域に振り向ける。

近代産業の多くは物資の大量移送を必要とする。多くの国では、沿海部、もしくは河川による水運が利用可能な場所に産業拠点が設けられてきた。ところが中華人民共和国では、建国最初の30年間、それがほとんど実現できなかった。

1949年の中華人民共和国建国時、最も有望な産業拠点は東北地域だった。「満州国」を恒久的な属国にするため、日本が戦前、東北に多くの人材と国費を投じて重工業を発展させたからだ。しかし、中国建国の翌年に朝鮮戦争が勃発する。義勇軍を送って北朝鮮を支えた中国は、国連軍を掌握する米国と長期にわたり敵対した。朝鮮半島に近い東北地域は、安全保障上、きわめて脆弱となった。

米国は、1950年代前半にフィリピン、日本、韓国、台湾と次々に同盟関係を結び、南ベトナムに傀儡《かいらい》政権を打ち立て、東の海上から中国を監視した。60年代後半には、ベトナム戦争が米国の介入で大規模化した。これにより、中国の沿海地域全体が米国の脅威下に入り、中国はより安全な内陸の平野部に、新たな産業拠点を育てなければならなかった。戦前に「東洋のパリ」と称えられた上海の繁栄も、建国後長い間、翳《かげ》りをみせた。

事態をさらに悪化させたのは、中ソ関係の緊張である。1953年以降、社会主義大国のソ連は中国の経済発展を全面的に支援し、社会主義計画経済の基礎を築いた。しかし両国関係はイデオロギー論争で徐々に悪化し、1960年代後半には一触即発の状態にまでなった。ソ連はモンゴルを属国化していたため、中国の北方国境約1万キロがソ連の脅威にさらされる。新たな対外環境を踏まえ、中国の指導者は米ソの勢力圏から遠い四川省や雲南省の山奥に、国防産業をはじめ重工業の拠点を移設した。

こう見れば、1971年以降の米中和解が中国に、政治だけでなく経済も含めた複合的なメリットをもたらしたことがわかる。米国との緊張が解け、中国は経済的な合理性に即して産業立地を決められるようになった。1970年代半ば以降、中国は港湾インフラ整備に着手し、主に日本やヨーロッパの協力の下で、沿海地域に大規模プラントの導入を始めた。

中越戦争による打撃

この流れは1978年以降の「改革開放」でさらに本格化する。1980年には中央から遠い南部沿海地域、すなわち広東省、福建省の4都市が経済特区に指定され、在外華人の投資を受け入れて急成長した。1984年には、大連、天津、寧波、広州など沿海14都市が対外開放された。1992年の春節に鄧小平が「南巡講話」を行ってからは、上海の大規模開発が急ピッチで進み、北部沿海地域も次々と外資導入に成功する。すでに1989年には中ソ関係が正常化し、北方の脅威も消滅していた。1990年代後半には中国全土で、発展の進んだ沿海地域を勝ち組、遅れた内陸部を負け組とする認識ができあがっていく。

こうしたなかで、沿海地域にありながら、唯一発展の手がかりをつかめなかったのが広西チワン族自治区だった。最大の理由は、外来の脅威の解消が遅れたためである。

ベトナム戦争中、この地は中国のベトナム支援の重要拠点で、戦略的後背地だった。中越国境にまたがる北部湾（日本ではトンキン湾として知られる）が米国の封鎖を受けたため、中国やソ連からの支援物資は、主に広西チワン族自治区を通って陸路でベトナムに届けられた。広西でベトコンの負傷兵は手当を受け、ベトナム労働党の幹部の子弟は教育を受けた。国際共産主義の重要ミッション遂行のため、広西チワン族自治区はベトナムと運命をともにし、広西政府は金銭的にも労力的にも多大な負担を背負った。

加えて、ベトナム戦争後は中越関係が悪化し、双方は敵国となる。1979年2月の中越戦争では、中国人民解放軍が広西チワン族自治区と雲南省からベトナムに攻め入った。1980年代を通して、両国の軍隊は国境線を挟んで対峙し、小規模な武力衝突を続けた。石井明はこれを、「中越十年戦争」と呼んでいる（『中国国境——熱戦の跡を歩く』）。その間ずっと、広西チワン族自治区の国境地帯は戦場だった。1991年11月に中越関係が正常化してやっと、広西チワン族自治区は発展に向けた最低限の条件をクリアーできた。

ところが、広西チワン族自治区のテイクオフは簡単ではなかった。先述した1984年には、大連、天津、寧波、広州などと並んで広西チワン族自治区の北海市（北部湾沿岸の小都市）も対外開放されたが、これは貧しい同自治区のなかでも特に遅れた南部沿海地域にあった。南巡講話で経済建設ムードが高まると、北海市では産業不在のまま不動産投資だけが活発化した。投機的なビル建設が行われ、その後不良債権処理に何年も費やすことになる。

こうした状況のなか広西政府は、今度は人口の多い自治区北部に目を向け、少数民族地域という特性を国内にアピールして経済発展の端緒をつかもうとする。

国内では1980年代に国境貿易を意識した「沿辺開発」（国境地域開発）が謳われ、90年代末期には内陸部の経済発展へのテコ入れをめざす「西部大開発」が提唱された。広西政府はこれらに絡め、国境地域で少数民族教育や貧困救済プログラムを実施し、「南疆発展」（南部国境発展）などのスローガンを打ち出した。だが経済的な起爆剤にはならなかった。

ACFTAが調印された2002年の時点で、中国の1人当たりGDPは全国平均で8184元だったが、広西チワン族自治区では5099元にとどまった。これは沿海の省級行政区の最下位で、全国でも貴州省、甘粛省に次ぐワースト3位だった。当時の中国人が広西チワン族自治区に抱くイメージは、豊かさで知られた隣の広東省とは対照的で、山がちで少数民族が多く貧しく、中国一の貧困省として知られた隣の貴州省と似たり寄ったり、というものだった。

ASEANとのゼロ関税へ

中国のACFTA締結に向けた第一歩は、2000年11月にシンガポールで開かれたASEAN‐中国首脳会議だった。ここで朱鎔基総理が双方間の自由貿易圏構築を提案し、作業部会が設立される。

先述したように、ACFTAは中国が構築した初めての自由貿易圏である。中国がASEANを最初の交渉相手にした理由は、1997年以降の東アジア地域協力（ASEAN＋日中韓）の進展に加え、南シナ海問題を契機に東南アジアで拡大した中国脅威論への対処、将来的なASEANとの経済構造の相互補完性などだったと思われる。当時、中国は自国産業の高度化をめざしており、それが実現できればASEANと自国の経済は相互補完性が高まると認識していた。

2001年11月、ブルネイで再び会談した双方の首脳は、10年以内のACFTA実現で基本的に合意した。さらに1年を経た2002年11月、プノンペンで開かれたASEAN‐中国首脳会議は、「南シナ海行動宣言」の採択と並行して、「包括的経済協力の枠組み協定」を調印し、FTAの実施を基本的に決定した。

この枠組み協定が約束したのは、農産品8分野の自由化を2006年にまず完成させること（アーリー・ハーベスト）、それ以外の分野については05年から徐々に関税切り下げを進めること、10年までにASEANの原加盟6ヵ国と、さらに15年までに新規加盟4ヵ国（カンボジア、ラオス、ミャンマー、ベトナム：CLMV）との間で、事実上、関税を撤廃することだった。2003年10月1日には中国とタイの間でフルーツと野菜のゼロ関税が実施され、ACFTAの枠組みが動き出す。

中国とASEANの間では、さらに2004年に「物品貿易協定」と「紛争解決メカニズム協定」、07年に「サービス貿易協定」、09年に「投資協定」が結ばれた。2010年1月1日には当初の工程表どおり、中国とASEAN原加盟6ヵ国との間で90％の商品（ノーマル・トラック）についてゼロ関税が実施された。2015年には中国と新規加盟4ヵ国の間でも、同様にゼロ関税が実現した。

国務院主導のASEAN接近

では、中国国内では誰がACFTAを推し進めたのか。

不明な点は多いが、国務院の、それも特に朱鎔基総理の強いイニシアティブで推進されたことは、状況的に明らかである。

中国の学術論文データベースであるCNKI（China National Knowledge Infrastructure）でFTAの中国語「自由貿易区」を検索すると、2000年末以前にこれに言及した論文は、地球上の別の地域のFTAに触れたものばかりで、中国を含む枠組みを議論したものはほとんどない。その前年頃から、西部大開発の一手段として国境地域における限定的な「自由貿易区」の設置を提案した論文がわずかにあるが、のちのACFTAの規模に該当しない。逆に朱鎔基によるACFTA提唱以降、中国の学界ではこれを正当化するような学術論文が大量に生産され、政府の意向が学界の研究動向を変化させたことが読み取れる。

党中央と国務院の間の政策立案の過程は明らかではないが、中国がASEANに対してその締結を持ちかける前に、国務院のなかで、ASEAN＋3の枠組みを押す外交部とASEANのみとの枠組みを押す対外経済貿易合作部の案が競い、最終的に後者の案が採用されたという情報もある。また、2000年11月のASEAN-中国首脳会議では、ASEAN＋3のFTA枠組みの構築を望んだASEAN諸国の首脳に、朱鎔基が「日本や韓国を待っていたらいつまでたってもFTAなどできない」と説得して回ったという。

いずれにせよ当時、中国国内で国務院以外からACFTA案が挙がっていたことを示す証拠がない。そのため、これは朱鎔基をはじめとする国務院の、WTO加盟後を見据えたイニシアティブで推進され、党中央もそれを承認したと考えられる。つまり、ACFTAの影響を受ける地方政府に、事前の打診はなかった。

この頃、中国は国際社会のなかで「責任ある大国」になることをめざし、2001年6月にロシアや中央アジア諸国と上海協力機構を設立するなど、国際協調姿勢を強く打ち出していた。朱鎔基の強い意向で始まったACFTAも、経済を通した中国の国際協調例として、政治的にプレイアップされていく。

ただし、ACFTAの提案当初、広西チワン族自治区は党中央の眼中にすらなかった。2000年11月、朱鎔基がASEANの首脳に中国の経済協力の具体例として挙げたのは、アジア開発銀行が進め、雲南省が中心的に参加していた大メコン圏（Greater Mekong Subregion：GMS）の開発だった。朱鎔基は雲南省の省都の昆明からバンコクに至る高速道路、および昆明からシンガポールに延びる汎アジア鉄道の建設の可能性にも触れたが、広西チワン族自治区や南寧にはまったく言及していない。

ところが2003年10月8日、バリ島で開かれたASEAN-中国首脳会議では、朱鎔基の後任に当たる温家宝総理が突然に、中国とASEAN諸国の商務部などが主催し（中国では同年3月、対外経済貿易合作部が改組し商務部が誕生）、広西政府が実施する形で、翌2004年から年に一回、南寧で博覧会を開催しようとASEAN側に提案したのである。これが参加者の賛同を得て、南寧は双方からの企業が集う博覧会の永久開催地となった。のちの状況が明らかにするように、これは党中央が広西政府に、対ASEAN交流拠点として特殊な地位を与えたことを意味する。

では、なぜACFTAの推進の拠点として、中国の指導者たちは中国の東南アジアへの窓口としてすでに知られていた雲南省の省都昆明ではなく、広西チワン族自治区の南寧に白羽の矢を立てたのだろうか。そして広西政府は、それをどのように活用していったのだろうか。

2　独自の対外経済活動――博覧会誘致から「汎北部湾協力」へ

昆明を差し置いてなぜ南寧か

１９９０年代、南寧は国際的にほとんど無名であった。たとえば１９９８年３月の時点で、香港にはほぼすべての主要国が、広東省の広州には15ヵ国が、雲南省の昆明には３ヵ国が、総領事館を置いていたか置く予定だったが、南寧にはゼロだった。対して昆明は、中国の東南アジアへの窓口として昔から有名で、先述したとおり大メコン圏の国内拠点であったし、１９９３年から毎年、昆明輸出入商品交易会（昆交会）を開催していた。

ではなぜ、博覧会は南寧だったのか。

中国国内では次のような笑い話が語られている。ＡＣＦＴＡ推進のため、ＡＳＥＡＮとの経済協力をテーマに博覧会を開催するという話が持ちあがったとき、雲南省も広西チワン族自治区も、自分の首府を開催地にノミネートした。多くの関係者は東南アジアとの伝統的な関係の深さから昆明が選ばれると予想し、雲南省側もそう考えていた。

だが、どうしてもこれを勝ち取りたい広西政府は、中央の批准を待たず、自治区の政府予算を投じて、博覧会の会場として大型の国際会議場――のちに南寧国際会議展覧センター（南寧国際会展中心）と命名――を南寧市内に先に建ててしまう。国務院は決定に際し、もう会場ができあがっていた南寧を国内の候補地として選定した。中央から資金が降りてくるのを待って会場を建てるつもりだった雲南省の担当者は、おおいに悔しがったという。

このエピソードは基本的には事実に即している。だが、筆者の聞き取り調査によれば、国際会議展覧センターの建設は広西政府が経済活性化策としてあらかじめ進めていたもので、途中で博覧会の話が持ち上がって工期を早めたとのことである。センターに置かれた記念碑によれば、メインビルの1期工事は2000年9月に始まり、03年12月末に終わっている。2003年10月に中国とASEANの首脳が博覧会開催で合意した時点では、建物はほぼ完成していただろう。

ただし、博覧会の永久開催地の幸運は、会議場だけで勝ち取れたわけではない。国内では北京の認可をめぐって熾烈な競争が起きた。雲南省側によれば広西政府は、「ありとあらゆる手段を使って」昆明からその地位を奪い取った。最終的には広西政府が、北京の指導者との個人的なコネを活用したともいわれる。

この頃、広西チワン族自治区の党委員会副書記に劉奇葆がいた。彼は中国共産主義青年団のなかで早くから頭角を現し、40歳だった1993年から『人民日報』紙の副総編集長、国務院の副秘書長などを歴任し、2000年から広西チワン族自治区に転出して地方経験を積んでいた。党中央とのコネが最も豊富だったのは、おそらく彼であろう。

国務院による二つの決定理由

しかし、中国の競争は裏口だけでは闘えない。表面の理論武装がしっかりしていなければ、説得力に欠けるとみなされ、最終的な成果は得られない。

中国社会科学院で長年、東南アジア研究に従事してきた谷源洋によれば、広西チワン族自治区では2002年初め、広西政府の計画委員会と広西社会科学院の指示により、広西社会科学院の東南アジア研究所がACFTAに関連する研究課題を実施した。その報告書は、「中国と東南アジアの経済・文化交流のプラットフォームとして」、交易会または博覧会のような活動を広西チワン族自治区で開催し、双方の経済界の交流の場を設けることを提案していた。広西政府は、各方面の意見をさらにヒアリングしたうえで、商務部に正式に中国-ASEAN博覧会の開催を申請した（「中国-東盟博覧会」『亜非縦横』2004年第4期）。

広西政府のこの動きは、2001年のASEAN-中国首脳会議でACFTA実施が原則的に合意された直後に始まっている。その開催はそもそも、ACFTAを自らの発展のチャンスにしたい広西チワン族自治区発のアイディアだったのかもしれない。

その後、2003年8月には商務部が広西政府に正式な返答を行い、広西政府が博覧会の開催に責任を負うことが内定した。

谷源洋によれば、このとき党中央と国務院が南寧を開催地に決めた理由は次の二点である。

第一に、広西チワン族自治区には沿海省区、民族自治区、西部大開発省区という、国内で優遇政策が設けられている三つの要素があり、改革開放政策を推進するうえで資源を集中すべき条件が整っている。

第二に、広西チワン族自治区は中国で唯一、ASEAN諸国と海路・陸路の両面で接する省区である（同前）。雲南省も広西チワン族自治区もともに東南アジアに隣接するが、海への出口を抱える広西チワン族自治区は経済発展の潜在力がより高く、しかもそれが十分発揮されていなかったことが、中央指導者の決断を促した。

広西政府は国務院の決定に熱心に応じた。9月には東南アジア研究所の古小松所長と劉建文副所長が、広西社会科学院を代表して広西政府に「中国-ASEAN博覧会計画（草案）」を提出している。博覧会はのち、中国-ASEANビジネス投資サミット（商務与投資峰会）、および南寧国際フォークソングフェスティバル（南寧国際民歌芸術節）と同時並行で開催され、地元では「両会一節」と総称されるが、この草案にはその骨格がすでに現れていた。

草案の予算案によれば、広西政府は最初から、国務院各部門の博覧会への経済的支援を期待していない。しかしそれでもなお、同時並行で多くのイベントを企画し、一連の動きを自腹を切って盛り上げていくつもりだった。

広西政府の本当の目的とは

その後約1年をかけ、広西チワン族自治区を挙げて博覧会の準備が進められた。まず南寧博覧会請負指導グループ（承弁領導小組）が組織され、広西政府主席の陸兵が組長に就いた。その下には実際の機動部隊となる国際博覧会事務局が設立され、広西政府のスタッフが出向した。自治区や南寧市の指導者は積極的に対外視察を実施し、新たな対外任務に備えた。広西政府はさらに、世論工作で民意を盛り上げて「おもてなし」ムードを醸成し、関連インフラ建設を進め、海外の政府組織や企業を広西チワン族自治区への視察に招聘《しょうへい》した。

こうして2004年11月3日から6日に、中国の商務部、ASEAN各国の経済担当省庁、ASEAN事務局の後援により、「10＋1＞11」を合言葉とする第1回中国-ASEAN博覧会が開催された。開幕式には呉儀副首相やカンボジアのフン・セン首相、各国の経済担当大臣が参加した。

ただし、広西政府の目的は最初から、単なる商品見本市の開催ではなかった。広西政府はこの開催をステップに、母国の対ASEAN協力の威を借りて、南寧の世界的なプレゼンスを上げていこうとしていた。その意気込みを示すのが、茘園山荘（Liyuan Resort）と呼ばれるリゾート型宿泊施設の建設である。

茘園山荘は南寧市郊外、都市高速沿いに作られた総面積80ヘクタール余り（東京ドーム約17個分）の広大な迎賓館である。2003年11月に着工し、第1回目の博覧会の直前、2004年10月に完成した。低山のゆるやかな傾斜を利用した敷地には、APECの参加国数と同じ21の宿泊棟が林の合間に立ち並ぶ。美しい人工池のほとりに白亜の国際会議センターが置かれ、ゴルフ場も完備されている。

博覧会と同じく、実はこの茘園山荘も、完全に広西政府の〝自腹〟である。筆者がフロントで確認したところでは、茘園山荘の所有者は広西政府で、広西政府の招待所を運営する南寧西園飯店が管理にあたっており、党中央や国務院との関係はない。

しかし、広西政府が茘園山荘の整備と運営に投じた巨大コストは無駄にならなかった。この施設によって、南寧は中国と世界から最高級の指導者を迎えられるようになった。2006年10月には中国とASEANの対話関係の構築15周年を記念する特別サミットが開かれ、茘園山荘はその会場に選ばれたのである。

南寧でASEAN諸国の首脳たちと肩を並べた温家宝首相は、中国とASEANの関係安定化を世界に印象付けた。南寧もまた、11ヵ国の首脳を第3回博覧会の開幕式に迎えたことで、ACFTAの推進拠点として中国と世界に名を売ったのである。

実際のところ、ACFTAの立ち上げにあたり、中国国内では農業部門への影響を懸念する声が強かった。広西チワン族自治区の農業は、龍眼やライチなど熱帯系作物の生産に国内的優位性を持っていたため、東南アジアとの貿易自由化によって大きな打撃を被るのは避けられなかった。

しかし、中央指導者がACFTAの推進を決定すると、広西政府は自治区経済への影響の大きさを見越しつつも、その枠組みを満面の笑顔で歓迎した。そしてむしろ党中央の先手を

上／茘園山荘の宿泊棟　招待客を国ごとに別々の建物に振り分けることができ、セキュリティも万全。**下／茘園山荘の国際会議センター**　入口正面の階段は記念スポット。内装は全体的に白を基調にし、階段上に向けて赤絨毯が敷かれている。テレビ映り、写真うつりを意識している（ともに2010年7月、筆者撮影）

打つ形で、博覧会の開催提案や首脳会談に適した迎賓館の建設を進め、北京にACFTAに対する自らの積極姿勢をアピールしたのである。

ベトナムと「両廊一圏」

次に、広西チワン族自治区がさらにコストを積み上げながら、いかに対ASEAN協力の波を拡大していったか、その様子を見ていこう。

博覧会の立ち上げ段階で、広西政府は具体的な経済発展構想を持たなかった。むしろ広西政府は外部提案に刺激を受けて、見取り図の作成を急いだように映る。その刺激は、国境の南側からやってきた。

広西政府が博覧会の準備を急ピッチで進めていた2004年5月、ベトナムのファン・ヴァン・カイ首相が中国を公式訪問し、温家宝首相との会談で「両廊一圏」（2経済回廊と1経済圏の意、英語では"two corridors, one belt"）と呼ばれる構想を提起した。両者は10月にハノイで再会して共同コミュニケを発表し、昆明-ラオカイ-ハノイ-ハイフォン-クアンニン、および南寧-ランソン-ハノイ-ハイフォン-クアンニンの2本の経済回廊と、環北部湾経済圏の実現可能性を積極的に探っていくと述べる。中越間では1999年12月と2000年12月に陸上と海上の国境が画定され（海上は北部湾領海部分）、関係改善ムードが高まっていた。

両国間で専門家グループが設置され、翌2005年9月に報告書を提出した。ベトナム側が熱心に秋波を送ったこともあり、中国側もその実施に合意する。2006年11月、胡錦濤国家主席のベトナム公式訪問にあたり、ハノイで「『両廊一圏』協力の推進に関する備忘録」が調印された。

「両廊一圏」は、雲南省と広西チワン族自治区、およびベトナムとの陸上交通網を整備し、両者の物流の拠点としてベトナム側のハイフォンやクアンニンの港湾を活用する構想である。中越両政府が結んだこの合意につき、広西政府の立場は相当に微妙だった。北部湾に接する広西チワン族自治区にとって、自治区の貨物をいったん陸路でハノイに回してから北部湾に送るのは無駄だった。

それでも、広西政府はまず積極的な受け入れの姿勢を見せる。この頃、中国からASEAN諸国に乗り入れる初の高速道路として、南寧から友誼関に至る南友公路（G7211号、全長179キロメートル）が建設中であった。広西政府は4年予定の工期を17ヵ月前倒し、これを2005年末までに開通させたのだ。

ただし、中越両国がすでに合意した「両廊一圏」をどう取り扱っていくかは、広西政府にとって頭の痛い問題だった。広西政府の指導者たちはすでに、北部湾の未開発が自分たちの足を引っ張っていることを認識していたからだ。

広西政府独自の「北部湾経済圏」開発

中国には、知識人や専門家から構成される政治協商会議（政協）がある。全国人民代表大会ほどの政治力は持たないが、専門的見地から多くの国策提言を行い、日本の参議院的な役割を担う。

2004年にある政協指導者が広西チワン族自治区を訪れ、ここに欠けているのは交通とアイディアだ、と地元の指導者たちに発破をかけた。彼はさらに、広西チワン族自治区の発展の可能性は北部湾にあり、北部湾沿岸にあって発展の遅れている3都市（北海、欽州、防城港）を、比較的経済力が充実している内陸の南寧と連携させ、その間で機能の協調を図りながら発展をめざすべきだ、と広西政府に提案した。

こうして広西政府は、中央指導部が合意した「両廊一圏」を出し抜くために動き始める。以下、5-1と5-2を見てほしい。

中越両国の指導者が「両廊一圏」の可能性を探り始めた2004年後半、広西政府は沿海のインフラ建設大会キャンペーンを2期にわたって実施し、港湾開発への注力を始めた。並行して、2006年3月から始まる次期5ヵ年計画の策定を念頭に、北部湾経済の発展戦略を練り始めた。

そのなかで具体化していったのが、南寧と北部湾3都市の港湾地域を「北部湾経済圏」に指定し、広西チワン族自治区の発展の柱にする新たな案である。2006年1月、自治区は

5-1　広西チワン族自治区と「両廊一圏」

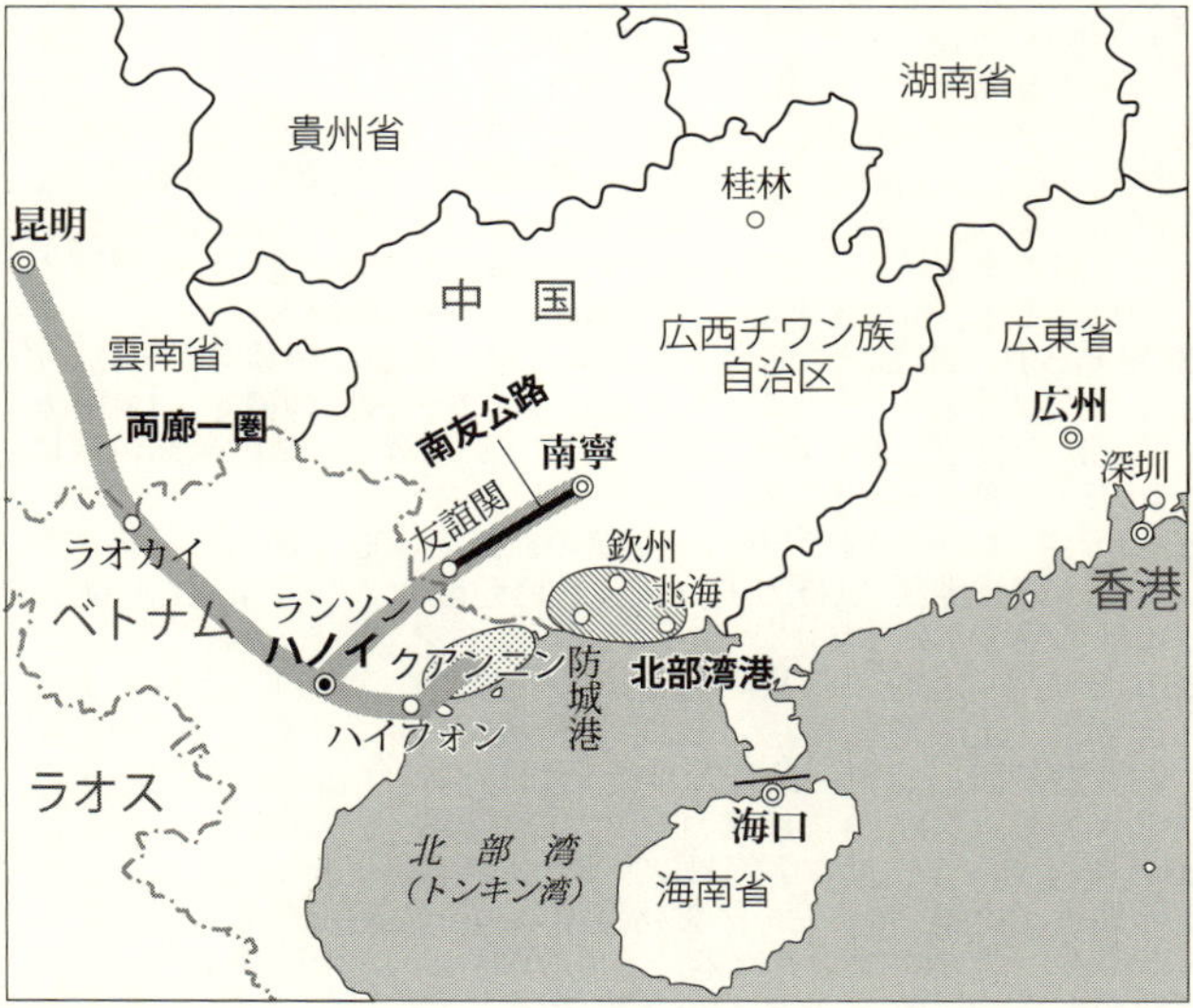

筆者作成

5ヵ年計画の要綱を採択し、「北部湾（広西）経済圏」（括弧内は原文通り）の建設をその重点に盛り込む。3月には、2006年度から20年度を対象期間とした「広西北部湾経済圏発展長期計画」が国務院に承認された。これにより、広西政府は正式に「北部湾経済圏」の開発を進めることになった。同月には早速、自治区党委員会副書記の郭声琨が北部湾3港の視察に赴いている。

新たな発展戦略の司令塔となったのが、広西政府が同月設立した「北部湾（広西）経済圏長期計画建設管理委員会」である。自治区党委員会書記の曹伯純は発足式で、

対外経済活動 関連年表（2004〜12年）

家主席が訪越。ハノイでベトナム側と「『両廊一圏』協力の推進に関する備忘録」を調印
2007年2月　港湾と鉄道関連の広西チワン族自治区の国有企業をベースに、広西政府が単独出資する広西北部湾国際港務集団（北部湾港集団）が設立。3月 第10期全国人民代表大会第5回会議で、胡錦濤国家主席が広西政府の対外経済協力を肯定する発言。5月 北部湾3市で深水バースを備えた港湾整備始まる
2008年5月　北部湾に面する欽州保税港区の設立が認可される。6月 北部湾港、フィリピンのスービック港と友好港協定。12月 友誼関に隣接する憑祥総合保税区の設立が認可される。欽州港区に10万トン級の航路開設
2009年中　防城港区で20万トン級の航路と400を超えるバースの建設、欽州港区で30万トン級の航路建設および埠頭用地の大規模埋め立てが始まる
2010年1月　南寧に保税物流センターできる。年初3市の港が統合され、北部湾港誕生。「広西北部湾経済圏　重点産業パーク配置長期計画」認可。以後5年間で北部湾地区に総面積690平方キロメートルの29の産業パークの建設が認められる
2011年4月　ASEAN-中国対話関係20周年記念サミットで北部湾の欽州に中国-マレーシア欽州産業パークの建設が決定。同じくマレーシアのクアンタン港にも、マレーシア-中国産業パークの建設が決定。年末 北部湾の年間最大貨物取扱能力が1.7億トンに到達
2012年4月　温家宝総理とナジーブ総理の出席を得て、欽州産業パークの定礎式開催

港湾建設を皮切りに、「この地域を中国の西南地区で最も影響力の大きな都市群に、そしてACFTAの地域的な加工・物流・ビジネス・金融・文化交流のセンターに育てていくのだ」と参加者を激励した。

さらにこの委員会には、実行部隊として弁公室が設置され、「湾弁」と呼ばれることになる。その主任となった陳武（広西政府副主席）は、全国から港湾開発の経験のある優秀な人材をかき集めた。

5-2　広西チワン族自治区政府の

2004年５月　ベトナムのファン・ヴァン・カイ首相が訪中、温家宝首相に「両廊一圏」構想を提起。10月 温家宝首相が訪越。共同コミュニケで「両廊一圏」の実現可能性を検討すると合意。年後半 広西チワン族自治区の沿海地域でのインフラ建設大会キャンペーン始まる。次期５ヵ年計画の策定に合わせ、北部湾経済の発展戦略の策定も開始
2005年９月　「両廊一圏」の実現可能性を探る中越専門家グループ、両国政府に報告書を提出。10月末 広西チワン族自治区人民代表大会の第８期第６回全体会議、地域の発展戦略と重点的突破戦略の実施を決定。南寧と北部湾３都市の港湾地域を「北部湾経済圏」に指定。年末 南寧から友誼関に至る南友公路が開通
2006年１月　「広西国民経済社会発展第11期５ヵ年計画要綱」採択。「北部湾（広西）経済圏」（括弧内は原文通り）の建設をその重点に盛り込む。3月 第11期５ヵ年計画発表。中央政府、「広西北部湾経済圏発展長期計画」を承認。自治区党委員会副書記の郭声琨、広西政府副主席の陳武とともに北部湾３港を視察。「北部湾（広西）経済圏長期計画建設管理委員会」設立。7月20-21日 茘園山荘で「環北部湾経済協力フォーラム」（環北部湾経済合作論壇）開催。「汎北部湾経済協力圏」（泛北部湾経済協力区）を主軸として、「南寧-シンガポール経済回廊」とGMS協力を交差させる「一軸両翼」の地域協力構造の構築を提唱。7月 沿海インフラ建設に係る33の工事プロジェクト着工。10月 ASEAN-中国特別サミット、南寧で開催。各国首脳が視察する中国-ASEAN博覧会の会場に、「汎北部湾協力」の一環として広西政府が「北部湾（広西）経済圏」構築に関する展示。温家宝首相、直後の中国-ASEANビジネス投資サミットで「汎北部湾協力」を肯定。11月 胡錦濤国

巨大な「一軸両翼」構想

党中央から北部湾開発のお墨付きを得た広西政府は、外部勢力を巻き込み、より大きな波を作り出していく。彼らが考えたのは、博覧会開催地のステータスを利用し、対ＡＳＥＡＮの経済関係のなかで北部湾開発をアピールしていくことだった。

広西政府は２００６年７月、ベトナムが提唱した「環北部湾経済圏」に沿う形で、茘園山荘で華々しい「環北部湾経済

協力フォーラム」（環北部湾経済合作論壇）を開催した。ここには全人代常務委員会副委員長をはじめ、国務院西部開発弁公室副主任、財政部副部長、アジア開発銀行副総裁など、地方政府主催の会議としては錚々たるメンバーが招かれ、他に国家や他地方の指導者および幹部、国内外の著名な専門家、各国の企業家らが参加した。フォーラムには国務院の西部地区開発領導小組弁公室、財政部、人民銀行、国務院発展研究中心、人民日報、アジア開発銀行が共催者として名を連ねた。開催費は広西政府持ちであった。

注目すべきなのは、会議後に発表された議長声明が、「環北部湾経済圏」をはるかに超える提案を行ったことである。

まず、中国と直接、国境を接しない東南アジア諸国とを海上協力でつないでいくため、中国からシンガポールまでを包摂する「汎北部湾経済協力圏」（泛北部湾経済協力区）を構築する。さらに陸上では、既存のバンコク－シンガポールルートを延長させて「南寧－シンガポール経済回廊」を開通させ、同時に大メコン圏の協力も拡大する。これによって、「汎北部湾経済協力圏」を主軸に二つの回廊が翼のように広がる、「一軸両翼」の地域協力構造を創出する。

つまり、広西政府は海と陸の両面から、中国とASEANの経済協力を包括的に進展させる野心的な構想を発表したのである。

広西政府の発表によれば、フォーラムの討論で外国人参加者から、大メコン圏や中国－ASEAN経済協力の規模に比べ、「環北部湾経済協力圏」の効果は小さいと指摘された。そのためこれを、広東省や海南省、および海域東南アジアとの連携を視野に入れた海上協力、「汎北部湾経済協力圏」に拡張することが決まった、という。またその際、陸上で大メコン圏と相互補完するような「南寧―シンガポール経済回廊」も提起された。

すなわち、中越協力を重視する中央指導部の動向を気にしていた広西政府は、この会議で海外の専門家の口を借りて「客観的」に、「両廊一圏」を大きく上回る「汎北部湾協力」（泛北合作）および南寧―シンガポール経済回廊を提唱した。しかも南寧を、その中心に位置づけ直したのだ。

この構想に「一軸両翼」と名付けたのは、宣伝部門出身で、広西チワン族自治区の党委員会主席に昇格したての劉奇葆だった。翌年以降、会議は「汎北部湾経済協力フォーラム」に名称変更された。そして、起業家や銀行員などにも門戸を広げながら、中国南部と東南アジアとの経済協力を具体的に議論するプラットフォームとして、広西政府の経費で毎年、継続されていく。

地方政府の独走、中央指導者の追認

第1回フォーラムから3ヵ月後の10月、南寧で開かれたASEAN―中国特別サミットは、広西政府の新構想を対外的にアピールする絶好のチャンスとなった。各国首脳の参加が予定されていた博覧会に、自治区は「汎北部湾協力」の推進のため、自分がその中核を担って

「北部湾（広西）経済圏」を構築するという展示を設置した。各国首脳とこれを参観した温家宝は、直後の中国‐ASEANビジネス投資サミットで、「汎北部湾協力」は「サブ・リージョナルな経済協力に光をあてるものだ」と述べ、広西政府の動きを肯定した。

さらに2007年3月には、全国人民代表大会の議論の中で胡錦濤が、「広西政府は得難いチャンスをつかみ、地理的な優位性を発揮して、対外開放と相互利益協力をさらに進めるべきだ」と言及した。中央指導者のこれらの言葉は、自治区の格好の宣伝材料になっていく。

北部湾経済圏の具現化のため、湾弁は長期計画に沿い、自己資金を工面しながら港湾建設を推進する（以下、再び5‐2参照）。北部湾3市では2007年5月から、深水バースを備えた港湾整備が急ピッチで進められた。2002年に2008万トンだった3市3港の最大貨物取扱能力は、2009年末には9700万トンへと急拡大した。広西政府はこれを「北部湾速度」と自画自賛する。2010年初めには3港が統合され、北部湾港を形成した。

湾弁の活躍は沿海インフラの整備だけでなく、企業の設立にも及んだ。2007年2月、広西政府は自治区内の港湾および鉄道関係の国有企業をベースに、自らの単独出資で広西北部湾国際港務集団（北部湾港集団）を設立した。北部湾港集団は、港湾の建設と運用、周辺の物流、産業、地域開発、さらには港湾どうしの投資（対象は主に東南アジア）など、港湾関係の業務を統合的に担う代表的な国有企業に成長していく。

「汎北部湾協力」への動きをとにかく拡大していこうという広西政府の姿勢は、相当、前のめりだった。ただしそれは、2010年元旦に基本的完成が予定されていたACFTAを補完しうるものであり、国務院が推進する西部大開発の方針にもかなっていた。北部湾の発展によって、中国と東南アジアを結ぶ海上協力の紐帯《ちゅうたい》が強化されれば、内陸の雲南省や貴州省の発展にもよい影響を及ぼし、インドシナ半島をめぐる陸上経済回廊の発展を利するとも考えられた。中国国内で各都市が類似産業の育成をめざし、過剰競争が問題視されていたところ、港湾3市と南寧などの機能分業を図り、協調的な発展をめざすという計画には、全国的な新鮮さもあった。

2008年1月16日、国務院は「広西北部湾経済圏発展計画」を、全国初の「国際地域経済協力圏（国際区域経済合作区）」として承認した。この事例に基づき、翌年以降、全国で類似の地域経済協力圏が多数、指定されていく。広西政府がベトナムの提案に危機感を覚えて独断で始めた北部湾建設が、国家の経済モデルとして肯定されたのである。広西政府は党中央の政策の半歩先を走り、他に先駆けて国際協力の先例を打ち立て、中央指導者から高い評価を獲得しつつあった。

管理はするが責任を負わない国務院

「北部湾」ブランドを立ち上げた広西政府は、その後も積極的に経済活動を推進し、広西チワン族自治区の経済発展を実現して、党中央から高い評価を勝ち取ろうとした。

ただし、広西政府の権限は国内制度によって限定され、資金も限定的である。そのため広西政府は、自分たちに許される手法を通し、企業の活力を広西チワン族自治区に引きつけることで経済発展を牽引しようとした。具体的な施策は、経済インフラと関連公的施設の建設、そして取引の利便性向上による投資環境の整備に集中した。加えて、国内外のメディアの視線を引き付け、広西チワン族自治区の急速発展を人々に印象付けるために、自治区と海外とのつながりをアピールする派手な国際活動にも資源が投下された。

まず、経済諸策の面から見ていこう。

中国では省をまたぐ大型の交通網建設は、基本的に各期5ヵ年計画のなかで定められる。計画策定の前段階では、国務院と地方政府の間でやり取りがある。また広西政府の場合は、西南地区経済協調会議などの場で近隣各省とも定期的な意思疎通の機会がある。ただし、各プロジェクトがいったん5ヵ年計画のなかに盛り込まれれば、それを期限内に実施することは各省級政府の義務となる。

5ヵ年計画で建設が承認された場合でも、国務院から地方政府への経済的支援は少ない。省級政府はもちろん、該当プロジェクトの意義と困難を強調して国務院から補助金を得るよう努める。しかし道路建設では道の等級ごとに一般的な補助金割合が定められ、基本的には地方政府が大半を負担するのが前提である。鉄道は国家の鉄道網の一部として整備されるため、補助金割合は若干高いが、それでも地方政府の持ち出し分が大きい。加えて、建設に伴う住民の移転費用と調整はすべて地方政府の責任である。もしも住民の不満が爆発して北京に伝われば、省級政府は激しく叱責される。

その他の経済インフラ、すなわち港湾や産業パークの建設などは、基本的に地方政府が独自判断で実施できる。だが中央からの資金面の補助は期待できない。また、通関や領事業務など、国務院の管理範囲におよぶ事項は、北京の各責任部委（省庁）と折衝を行って事前認可を受ける必要がある。

つまり全体として、各地域の経済発展プロジェクトについて、国務院は管理はするが責任は負わない。雲南省が関与してきた大メコン圏の構築は、アジア開発銀行のプロジェクトだったため国際的な資金調達が容易だが、「汎北部湾協力」にはそのような後ろ盾もない。そのため広西政府は、基本的に自分の予算収入と金融機関からの融資でこれを実施した。

広西政府によるインフラ整備

さて、広西チワン族自治区をめぐる産業立地を改善し、企業の関心を引きつけていくため、広西政府はまず陸上交通網の整備に注力した。２００６年度からの第11期５ヵ年計画には、国境および隣接する他省と広西チワン族自治区を結ぶ国家級高速道路の建設が盛り込まれていた。自治区はそれらを５年以内（２０１２年３月まで）に完成させればよかった。

しかし、広西政府は工期を前倒しし、山岳部の建設困難地域を含む全線を２０１０年中に開通させる。広西チワン族自治区内の高速道路の総延長は、2005年の1410キロから10年末には2300キロメートル以上に延びた。これにより南寧は、広東や香港、そして中国西南部の雲南や重慶と東南アジアを結ぶ道路網の要所となり、そこから北部湾への移動もスムーズになった。その後広西政府は、作業の重点を鉄道網の整備に移し、2012年以降はさらに高速鉄道網の建設を進める。

北部湾港の機能強化はさらに進んだ。2011年末には、北部湾港の年間最大貨物取扱能力は1.7億トンに達する。コンテナ船の航路は東南アジアの主要港を網羅し、さらにポートルイス（モーリシャス）、モンバサ（ケニア）などへも延びて、毎週30以上のルートを50便以上が行き来するようになった。また2008年6月にはフィリピンのスービック港との友好港協定が結ばれた。これを機に、北部湾港は東南アジアの主要港との関係を深め、物流サービスの相互協力を図り、さらには港湾運営企業どうしの相互投資も実施する。

交通インフラの充実と並行して、貿易取引の潤滑化も図られた。2008年には、北部湾に面する欽州保税港区、および友誼関に隣接する憑祥《ピンシャン》総合保税区の設立が認可された。通関手続きの簡便化が図られ、一定の条件を満たせば製品の輸出入が免税になる。2010年1月には南寧にも保税物流センターが建設され、同市は広東省の東莞や重慶、ベトナムへと延びる物流ネットワークの重要な拠点として機能し始めた。

こうした努力は、徐々に産業誘致そのものへと発展していく。2010年初めに批准された「広西北部湾経済圏重点産業パーク配置長期計画」は、以後5年間で北部湾地区に29の産業パークを建設すると謳った。うち南寧-ASEAN経済開発区などの9ヵ所が、重点産業パークに指定された。

ほとんど何もない状態から、域内の産業育成に短期間で成功した広西政府は、党中央への貢献を意識し、これを国際協力に広げていこうとする。広西政府の積極的な働きかけにより、2011年4月のASEAN-中国対話関係20周年記念サミットでは、北部湾沿岸に中国-マレーシア欽州産業パークの設立が決まった。これは北部湾港集団系企業が請け負い、中国と外国の政府が共同出資する3例目の産業パークで、シンガポールと蘇州・天津の協力事例に続くものだ。2012年4月には、温家宝総理とナジーブ総理が出席して定礎式が開かれた。

さらに欽州の姉妹パークとして、マレーシアのクアンタン港にもマレーシア-中国産業パークが設立される（中国側はやはり北部湾港集団系企業）。ここでは2018年に、建築資材として需要の高いH鋼の生産がASEAN域内で初めて始まり、地元に高く評価された。広西政府は、中国の他の地域に先駆け、港湾建設や産業パークの相互設置という形で海上経済協力を実質化させたのだ。

東南アジアでの知名度アップ

次に、国際活動を見てみよう。

広西政府にとっては、中国とASEANの指導者の参加を得て、その政治ムードのなかで中国と東南アジアの企業を集められる博覧会が最重要の場だった。ただし、博覧会が招聘できるASEANの指導者のランクは、基本的には中国側の参加指導者によって決まる。

そのため博覧会の事務局は、中国国内で、できるだけランクが高く政治力のある指導者から参加の同意を得るため尽力する。その結果、博覧会は特別サミット開催の2006年のみならず、11年と13年にも国務院総理（温家宝、李克強）の参加を得た（5-3）。また2010年には政治協商会議の主席であった賈慶林、そして12年には党の総書記就任直前の習近平国家副主席の招待に成功する。2014年以降、博覧会には「一帯一路」領導小組の組長を務める国務院副総理が出席するようになるため、その前年までが博覧会の政治的全盛期だったといえよう。

広西政府はまた、博覧会の盛り上げや外縁機能の拡大にも力を注いだ。中国の経済力の伸張に伴い、中国と一部のASEAN諸国との経済力格差は開く一方であった。博覧会は中国国内企業の参加が増えて盛況だったが、ASEAN企業の関心を引きつけることができなければ名前倒れになる。博覧会は2007年から毎年「テーマ国」を設定し、その国の文化や社会を紹介してASEANのビジネス活動を後押しするようになった。ASEAN諸国の企業には、博覧会ブースも格安で提供された。

また、広西政府は、東南アジアへの窓口の地位を守るため、博覧会の会場で1年を通して、

5-3　中国-ASEAN博覧会の中国側参加指導者とテーマ国一覧

回数	年	中国の参加指導者	テーマ国
第1回	2004	呉儀（国務院副総理）	–
第2回	2005	曽慶紅（国家副主席）	–
第3回	2006	温家宝（国務院総理）	–
第4回	2007	曽培炎（国務院副総理）	ブルネイ
第5回	2008	王岐山（国務院副総理）	カンボジア
第6回	2009	李克強（国務院副総理）	インドネシア
第7回	2010	賈慶林（政治協商会議主席）	ラオス
第8回	2011	温家宝（国務院総理）	マレーシア
第9回	2012	習近平（国家副主席）	ミャンマー
第10回	2013	李克強（国務院総理）	フィリピン
第11回	2014	張高麗（国務院副総理）	シンガポール
第12回	2015	張高麗（国務院副総理）	タイ
第13回	2016	張高麗（国務院副総理）	ベトナム
第14回	2017	張高麗（国務院副総理）	ブルネイ
第15回	2018	韓正（国務院副総理）	カンボジア

筆者作成

中国-東南アジア関係の交流会、商談会、国際会議などを多数開催した。茘園山荘を舞台としたより格上の「汎北部湾経済協力フォーラム」に加え、こうした地道な活動をまめに展開したことで、南寧は東南アジアで広く知られるようになる。

さらに、広西政府は総領事館の招致にも務めた。南寧には、2003年10月の博覧会開催決定直後にベトナムが、05年にカンボジアとタイが総領事館を設置していた。東南アジアの人々の南寧での活動を支援するため、広西政府は2009年10月、南寧のASEAN国際ビジネスエリアに「南寧領事館エリア」を開設する。そこにはカンボジア総領事館が入居したほか、新たにラオスとミャンマーが総領事館を設置した。

広西チワン族自治区の経済構想のなかで、自助努力しやすい北部湾開発はやりがいがあった。だが、相手方のイニシアティブを喚起しなければならない南寧-シンガポール経済回廊はより難しかった。しかし広西政府は南寧の国際的価値向上のため、外交交渉はできないながらも、他国の関係者との意見交換という形でこれを後押しする。

経済回廊の最大の課題は、既存の鉄道・高速道路網のない南寧とバンコクの間を、どのような経路で結ぶかというルート選定だった。2010年7月には広西政府の提唱で現地調査が行われ、沿線各国の専門家が候補ルートの長短を比較した。報告書は社会に向けて広く公開された。8ヵ月後には、沿線各国の青年起業家による同様の現地調査が実施された。こうした動きは、北京の承認を受けない自主的なものだったが、雲南省政府が後押ししてきた昆明-シンガポール経済回廊などとともに、党中央の関心を徐々に引きつけていく。

3 広西政府の経済発展と政治的飛躍

5-4　広西チワン族自治区、広東省、雲南省の１人当たり域内総生産成長率（2001～16年）

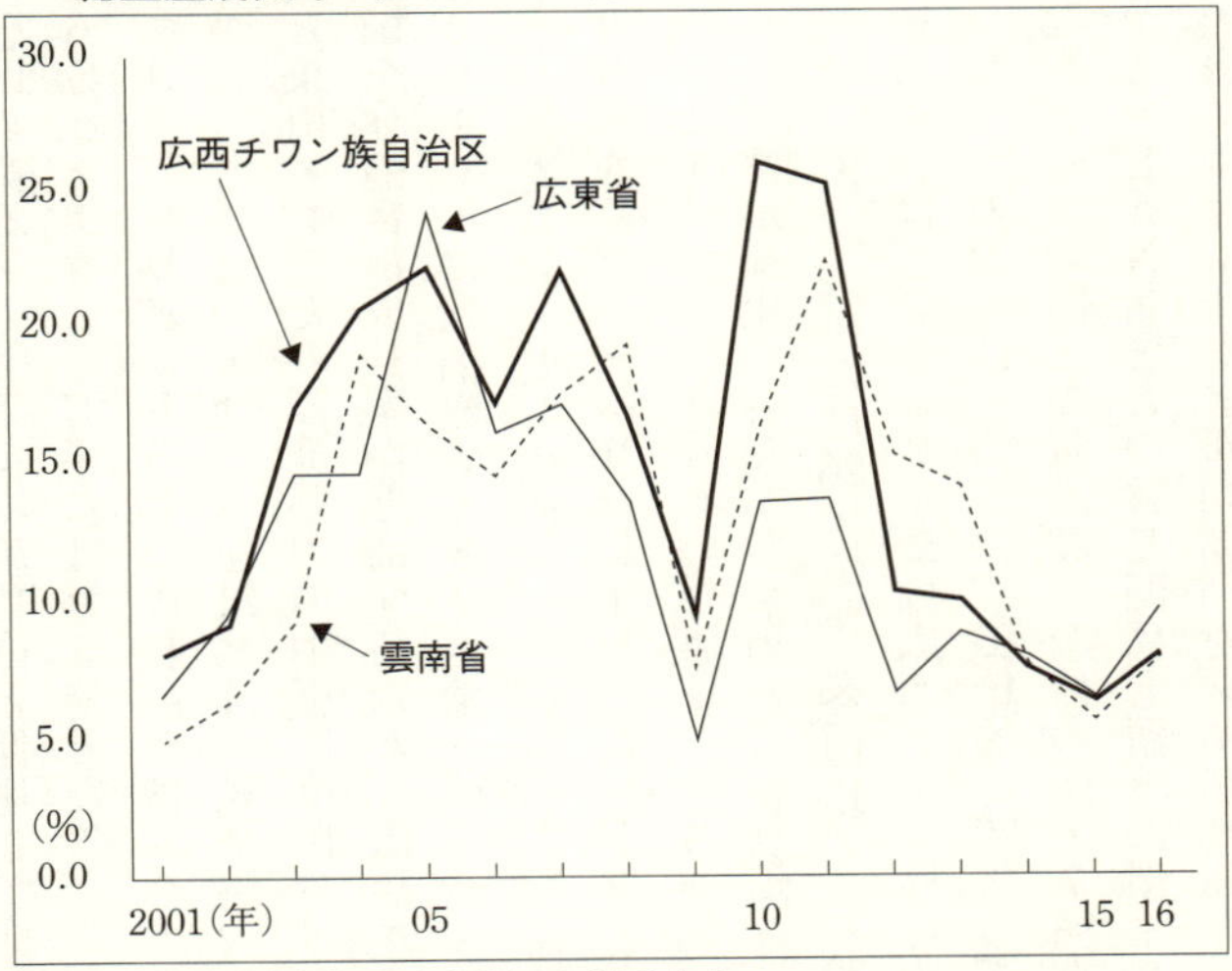

出典：『中国統計年鑑』各年版より筆者作成

飛躍的な経済発展

広西政府の経済諸策と国際活動の展開が広く報道されたことで、広西チワン族自治区の躍進は中国の人々に強い印象を刻んだ。広西チワン族自治区には中国各地からの投資が集まり、その経済は実際に急成長を遂げる。

５－４は、２００１年から16年までの広西チワン族自治区の１人当たり域内総生産成長率を、近接する広東省、雲南省と比べたものである。世界金融危機の打撃を受けた２００９年を境に、広西チワン族自治区の経済発展状況は、博覧会効果がみられた２００３～07年、および北部湾港効果の出てきた10～11年に分けられる。

その値は、２００１年には全国の省

級行政区の第21位、02年には第17位と低迷していた。それが２００３〜06年の間に第９位から第６位へと上昇し、07年には第５位となる。これは広西チワン族自治区にとっては歴史的飛躍であり、他地域からみれば国務院が博覧会のチャンスを与えた影響と映った。

しかし、博覧会のチャンスを汎北部湾経済協力に拡張し、北部湾港の建設によって自らを中国と東南アジアとの経済協力の中枢に位置付けたのは広西政府自身である。世界金融危機で中国全体の経済成長率が停滞するなか、広西チワン族自治区の１人当たり域内総生産成長率は２０１０年には福建省に次ぐ全国２位（26・０％）となり、翌11年にはついに全国１位（25・３％）を記録した。広西チワン族自治区の成長率は、世界金融危機で状況の悪かった２００９年を除き、一律16％以上だった（２００９年は10・５％）。

また、２０１１〜12年頃には広西チワン族自治区の対外貿易高の伸びも目立った。全国的に貿易の伸びが鈍化するなか、その対外貿易高は２０１１年に前年比31・５％（全国比プラス9.0ポイント）、12年には26・２％（全国比プラス20・０ポイント）をつける。

報道によれば、２０１２年には広西チワン族自治区の対ＡＳＥＡＮ貿易高の伸びは全国１位だった。この頃には自治区は、伝統的に関係の深いベトナムと生産チェーンを共有するようになり、同年同国との貿易高は全体の80・７％を占めた。また、かつてほとんど取引がなかったＡＳＥＡＮ諸国との貿易関係も顕著に深まり、自治区の貿易高のうち、対インドネシアが9.2％、対マレーシアが3.1％、対タイが2.5％を占めた。

広西チワン族自治区の対外貿易は、北部湾を通した海路も堅調に伸びたが、伝統的な陸路は強く、この時点で全体の7割を占めた。ACFTA内の取引の拡大に伴い、インドシナ半島でも徐々に道路網が整備され、バンコク‐南寧間はかつての17日から2日に短縮された。南寧には香港や広東省からだけでなく、雲南省や重慶市、四川省など中国中南部からの物流の流れができた。陸上と海上の「連結性」(connectivity)の向上により、広西チワン族自治区は実質的な意味で、中国とASEANを結ぶ経済的紐帯として機能するようになる。

もちろん、こうした経済発展によって、中国の他の地域に比べ、広西チワン族自治区に住む人々の暮らしが一足飛びに豊かになったわけではない。自治区の経済力は、初期値があまりに低かった。1人当たり域内総生産は、前述のとおり2002年には全国31省級行政区のうち下から3番目で、それから徐々に上がったが、16年の時点でもなおワースト6位である。

ただし、博覧会の開催が決まって以降、自治区の人々の生活は明らかに向上した。ある市民が、「博覧会ですべての運命が変わったの」と瞳に力を込めて語っていたのが筆者は忘れられない。北京から遠い「辺境」の民である彼らは、自らの自治区が開催する派手な国際イベントに胸を高鳴らせ、現代的な深水港に姿を変えた北部湾に明るい未来を確信した。世界と接続することで発展する広西政府のアピールは、誰よりもその地に住む住民を鼓舞し、彼らそれぞれをさらなる経済活動に向かわせている。

広西チワン族自治区の躍進が始まった頃、中国国内ですでに公害拡大への警戒が始まっていたことも、その長期的な建設には有利に働いただろう。経済発展に出遅れた広西政府は、早期から環境対策を重視しつつ都市建設を進められた。総じて広西チワン族自治区の発展は、その社会全体に活気をもたらし、広西政府に対する人々の満足度を顕著に高めた。

中央政府への躍進

広西チワン族自治区の経済発展は、中国の国内政治で高く評価された。これは、2012年秋から13年春の中国共産党の世代交代で明確になる。

胡錦濤時代、幹部の評価に占める経済成長率の配点は圧倒的で、広西政府は住民の評価も良好だった。中国政治の表舞台に立つ政治家がいなかった広西チワン族自治区は、このとき二人の高級幹部を輩出する。

一人は、2000年から広西チワン族自治区の党副書記、06年から07年まで党書記を務め、その後四川省の党書記に転任していた劉奇葆である。彼はこのときの第18回党大会で中央政治局委員に昇格し、さらに中央書記局書記と中央宣伝部部長の要職に任じられた。

もう一人は、劉奇葆の後を継いで自治区の党書記を務めた郭声琨である（2004年から07年までは副書記）。郭声琨は2012年から国務院の公安部長（兼公安部党委員会書記）となり、翌年以降はさらに国務委員を兼務する。そして2018年以降も、中央政治局委員、党中央政法委員会書記として躍進を続けている。

中国における中央-地方関係を政治経済的に分析したダーリー・ヤン（楊大利）は、中国では地方指導者が経済発展のために中央からの支持獲得に務め、中央指導者の側もまた、政権基盤維持のため豊かな省の指導者による政治的・経済的な支持を求めると指摘する。両者間に相互依存関係が存在するため、この関係性に関与できない貧しい省は余計に経済発展できない（*Beyond Beijing*）。

実際に、劉奇葆と郭声琨以前、広西チワン族自治区の党委員会トップ経験者のうち、その後に中央政治局入りした政治家は史上二人だけである。一人は文化大革命の渦に巻き込まれ、その後死去した。もう一人はチワン族出身の軍人であったが、評判は悪く、地元の利益に貢献した話はまったく聞かれない。

政治が経済の資源配分を左右する中国の政治制度では、自分たちの利益を考慮してくれる人物が中央指導部にいるかどうか、自分たちの声を北京に届けられるかどうかは、きわめて重要である。広西政府は博覧会以降の政治的チャンスを自らの経済発展につなげ、党内通信簿で高い評価を獲得して、ヤンが指摘する悪循環からようやく抜け出した。国内政治の末席から外れ、一人前の扱いを受けるようになったことは、広西チワン族自治区の今後の発展を大いに利するはずである。

4 「一帯一路」のモデルへ

対外関係をめぐる親子関係

本章は、中国の国内政治がその対外関係にどのような影響を与えるのか、中央‐地方関係の視座から検討してきた。党中央を親、広西政府を子とみたとき、そこから何が言えるのか。以下でまとめてみたい。

第一に、中国では対外政策を決定するのは党中央であり、それを補佐するのが国務院で、地方政府は関与できない。ACFTAや「両廊一圏」の例が示すように、中央指導者は自分の考慮に基づいて対外政策を決定し発表する。地方政府は、たとえ不満があってもその決定を呑み込み、歓迎の姿勢を示すしかない。親の機嫌を損ねれば、得することはないのだ。

第二に、地方政府は外交権を持たないが、その地方の社会経済の発展に責任を持つ立場から、実質的な対外関係、特に対外経済関係に携わることはできる。むしろ地方政府の間には、党中央の歓心を得るための激しい競争関係が存在しており、時にこの競争は対外経済関係をめぐるものとなる。広西政府の場合、最初は雲南政府と競争し、その後は実質的に隣国のベトナムともライバル関係にあった。

第三に、この競争は、基本的には国内政治のなかで、親の評価をめぐって闘われる。しかし、地方政府は党中央が国際問題に関心を持つことを知っているため、世界情勢を意識しながら、中央指導者の期待の半歩先を行くような措置やアイディアを繰り出し、高く評価してもらおうとする。その際、地方政府は、大規模な施設やインフラを建設し、派手な国際活動や大規模経済構想を打ち上げて、人目につきやすい活動に力を注ぐ。

第四に、こうした国内政治を通して地方政府は、党中央が提起した方向性を、社会的潮流として拡大する加速器として機能しうる。中央指導者が特定のテーマを重視していることが伝わると、地方政府をはじめ、その傘下にある諸部門や国有企業はそれを具体的に肉付けしようとし、民営企業の誘致を図り、人々を最大限に巻き込みながら社会的潮流を作り始める。

第五に、この社会的潮流は、それに乗ればメリットが大きいため、中国では政府機関も民営企業も一般人も、社会の風向きに敏感である。ゆえに、中国の国内アクターの行動は機会主義的となる。ひとつの方向に向けた大きな流れがいったん形成されれば、さらに多くのアクターを引きつけ、潮流はさらに拡大、加速する。

博覧会開催をきっかけとする広西政府の成功は、国内では玉突き作用をもたらし、対外関係をめぐる地方政府の活動をいっそう活発化させた。広西チワン族自治区に「東南アジア」ブランドを奪われた雲南省は、新たな「南アジア」ブランドの構築に希望を託し、国境を接するミャンマーからバングラデシュを経由してインドに抜ける経済回廊を熱心に推進した。2010年前後に中印関係が深まると、今度は四川省がインドとの関係緊密化に乗り出す。

こうした地方政府の対外活動は、近年、中国内外の研究者から「サブ・ナショナル外交」（次国家外交）と注目を集めている。

ただし、党中央が地方政府にどの程度、行動の自由を与えるかは、政治経済的な状況判断による。胡錦濤政権は地方政府にかなりの裁量権を与えて自由に競わせた。それがその頃、中国全体の発展にとって有利と判断されたからである。

しかし、胡錦濤政権末期には地方政府が積み上げた債務が問題化する。その一因は世界金融危機後に党中央が各地方政府に経済浮揚策を取らせたことにあるが、より根本的には長い間、経済成長率が幹部のほぼ唯一の昇進基準にされていたことが原因である。

地方政府の破綻を避けるため、2012年11月からの習近平政権は、むしろ地方政府を締め付けて国内の動きを統制し、党中央が全体の調和を決める姿勢を打ち出した。それは、2015年3月に発表された「一帯一路」建設に関する「ビジョンと行動」という政策文書にも見られる。そこでは国内の各省級政府のうち、「誰が何のプロジェクトを担当するか」があらかじめ決められている。習近平政権が地方政府の独自活動をほとんど評価しないため、「一帯一路」をめぐる地方政府の活動は控えめである。

世界構想に飛躍できるか

本章ではここまで、中国の国内政治が「親→子」関係を通じて対外関係に与える影響を概観してきた。しかし最後に、「子→親」への流れもあることを強調しておきたい。この章で広西チワン族自治区の発展措置を細かく記したのは、その過程を明らかにするためだけではなく、習近平政権の「一帯一路」構想の発想と手法が、いかに広西チワン族自治区の発展戦略と似通っているかを具体的に示したかったからである。

広西政府は、成長率を上げるためとはいえ、経済を通した国際貢献を国内外にさかんにアピールした。博覧会で手にした政治的チャンスを最大限強調し、派手な国際活動を展開する傍《かたわ》ら、投資環境を改善して企業の誘致に力を注いだ。そのなかで、雲南省やベトナムの存在を意識しながら、大メコン圏下の昆明‐バンコク経済回廊に似た南寧‐シンガポール経済回廊を提唱し、陸上の「連結性」向上に努める一方、港湾建設を通してＡＳＥＡＮ諸国との「海上協力」に着手し、パートナーとの相互投資や産業協力を実現した。

中国は大陸国家であり、辺境貿易からスタートした陸上の対外経済協力には、それまでも豊富な実績があった。しかし、これを意識的に海の領域へと押し広げたのは広西政府の功績である。つまり広西チワン族自治区の経験は、まさにミニ「一帯一路」であった。

中国の親は、子どもたちに一定の裁量権を与え、さまざまな実験をさせることがある。もしよいアイディアが見つかれば、自分がそれを取り入れるのだ。「一帯一路」は、地方政府などの国内主体が実施してきた対外経済協力の成功例を、新政権がとりまとめ、新たなラベルを貼って売り出したものである。実際に、中国が２０１５年と17年に提唱した６経済回廊と3海上シルクロードのうち、経済回廊の大半と南シナ海からヨーロッパに至る海上シルクロードは、広西チワン族自治区や雲南省などの地方政府がそれ以前から推進してきたものだ。特に広西モデルは、習近平との関連性が強い。

2012年は、中国が抱える海洋係争の大きさが特にクローズアップされた一年であった。南シナ海ではスカボロー礁をめぐり、4月以降、中国とフィリピンの公船が2ヵ月あまりにわたってにらみあった。東シナ海では9月11日、中国の動向を懸念する日本政府が尖閣諸島3島の「国有化」に踏み切り、中国で暴力的な反日デモが起きた。

直後に最高指導者となることが確実視されていた習近平は、この「国有化」の前後3週間、メディアから姿を消した。その理由は定かではないが、彼が再登場したのは、南寧の博覧会の開幕式である(9月21日)。南シナ海と東シナ海をまたぐ海洋係争で、中国の対外環境が1989年の天安門事件以来の状態へと悪化するなか、このとき習近平はASEAN10ヵ国の指導者とそれぞれ会見し、双方の親密な関係性を世界に訴えた。

中国の対外環境の立て直しを迫られていた習近平にとり、この訪問が残したものは小さくなかろう。習近平は就任後、ほどなくして「一帯一路」提唱の準備に取り掛かる。翌年5月、6月頃、王滬寧政治局委員の指示で、外交部が専門家を集めて二つのブレーンストーミング会議を開いたときには、陸と海の二つの領域で対外経済協力を進めるという指導部のアイディアはすでに明確だった。これはそれ以前には、広西政府のみが推進していたものだった。

ユーラシア司（日本の局相当）が開催した会議では、指導部の要請に応じ、司長の張漢暉が陸上構想に「シルクロード経済帯」と命名した。その後に会議を開催したアジア司もこれをまね、海上構想に「海上シルクロード」と命名した。「シルクロード」の美名は後からつけられ、政治的に一人歩きを始める。しかし、本来の構想の骨格はかなりシンプルで、中国の対外環境改善のため、陸と海の対外経済協力をより前面に押し出し、推進していこう、ということだった。

このような経緯から考えると、地方政府のものとして発展してきた対外政策・構想が、どの程度、国家のそれとして適切なのかはかなり疑問である。先述したとおり、地方政府の対外協力は国内的な政治アピールの側面が強い。その動力となるのは各省級政府と幹部の利益であり、国際関係そのものに対する関心や配慮、ましては深い洞察や思想ではない。いかに中国の宣伝工作が巧みであっても、中身の空虚な対外政策・構想が、国際社会のなかで長期にわたって魅力を発揮し続けるのは難しい。

また、地方政府の対外行動の前提が、中国国内における親─子間の非対称関係にあることも注意が必要だろう。党中央は国内では、地方政府に命令を下し、一方的に資源配分を決定できる。しかし、各国の主権平等が認められた国際社会では、こうしたやり方は通用しない。中国が経済力にものを言わせて他国に自分の意思を尊重させようとすれば、他国は中国への警戒を強め、団結するだろう。単純に経済発展のためであっても、中国国内でうまくいくやり方が、国際的に同じ結果をもたらすわけではない。

「一帯一路」が中国の国策として推進され、中国が各国との協調発展を図ろうとすればするほど、中国人は暗黙のうちに北京がその司令塔の役割を発揮すると期待する。だが、そうなれば中国と世界との確執は必然的に高まる。もともと国内政治のために展開されていた地方政府の対外活動を国策に昇華させたため、それによって発生する問題点は、まだ十分に整理されていない。国境を越える秩序の違いにどのように対処するかは、台頭する中国にとって重たい課題になってきている。

第6章　海洋問題はなぜ噴出したか——国家海洋局の盛衰

なぜ国家海洋局を見るのか

近年、中国の強硬な対外政策が語られるとき、南シナ海や東シナ海での中国の海上行動は代表例として扱われる。たしかに、国際社会からの批判に耳を貸さず、大量の土砂を埋め立てて南シナ海のサンゴ礁を島に変え、さらに軍事基地を建設する姿はきわめて強硬に見える。

ただし、実は中国の海上行動には一貫性がない。2000年代前半には、中国は南シナ海問題で近隣国との協力を進めていた。2002年11月にはASEANと、南シナ海における行動宣言を発表して実効支配拡張に向けた行動を慎もうと約束し、05年3月には資源共同開発の前提として、フィリピン、ベトナムと共同地震調査の実施で合意した。南シナ海の領有権紛争については、中国によるミスチーフ礁（スプラトリー諸島の一部）の奪取をきっかけに、1990年代にASEAN諸国で「中国脅威論」が広がっていた。だが、中国のこうした外交努力によって、緊張はかなり収束する。

ところが、2000年代後半になると中国は、中国海監総隊（現在は中国海警局）や中国漁政を動員し、係争海域で実効統治の拡大を推し進める。苦労して作った地域安定の枠組みを、自ら壊していったのである。さらに、自国がそれまでに占拠していたスプラトリー諸島の7島礁で2013年末には大規模な埋め立てを始め、世界秩序の破壊者としてのイメージを広めていく。

中国の行動は、なぜ、どうして豹変したのか。本章では、中国で海洋問題の主管部門となってきた国家海洋局の組織に着目する。中国国内政治における国家海洋局の位置付けの変化から、中国の海上行動の変容が理解できるからだ。

国家海洋局は、本来、国家組織のなかで日陰者だった。日本の「省」のレベルに相当するのは中国では「部」だが（たとえば「外務省」に相当する「外交部」）、国家海洋局は「局」であり、日本では「庁」のレベルにあたる。

しかし、国家海洋局は中国のナショナリズム、特に反日感情を巧みに利用し、積極的に党中央の対日政策のツールとなることで、政治的な地位を急上昇させていく。それが、2007年頃から中国の海をめぐって緊張が高まった原因だった、と筆者は考える。

毛沢東時代と同様、海洋をめぐる混乱の過程では、党中央が相矛盾する二つの対外方針を採用していた。国内の実務担当者は、どちらを優先すべきかという問題で混乱した。穏健派であった胡錦濤と党中央が、国内的批判を受けて判断に行き詰まり、凝集力を低下させたため、実務部隊は独自行動を強め、自己利益拡大のために海上行動を過激化させた。それが国家海洋局であり、胡錦濤政権末期にはかなりの注目を集めた。

しかし、習近平政権は、海上行動の統率権を強引に党中央に引き戻し、国家海洋局から傘下の中国海警局を取り上げ、大幅な改組を行って、国家海洋局を実質的に解体する。習近平は、指導部が凝集力を失ったために中国の対外的なバランスが失調したと判断し、これを引き締め直すことで、中国の海洋政策、海上行動を「機能する」ものに変えていこうとしている。

1　国家海洋局の意欲——権益拡大のために

総合的海洋管理の模索

日本の識者の間では、国家海洋局を中国人民解放軍の一部のように議論してきた歴史がある。たしかに、国家海洋局のスタッフや装備は、特に初期には海軍の協力を得て整えられてきた。しかし、この関係性は改革開放以降に大きく変化し、国家海洋局はむしろ国務院、つまり国家系統の一員として役割を担っていく。

国家海洋局は1964年7月、国務院総理の提出議案に基づき、「海洋工作を強化し、我が国の海洋事業の発展をさらに促進し、国防建設と国民経済建設のニーズに応えていくため」、国務院の直属機構として設立され、科学技術委員会の管理下に置かれた。つまり、「専」

の面では、軍ではなく政府の一組織としてスタートした。

ただし、中国国内のリソースがまだ限られていたところ、国家海洋局をめぐるアレンジは折衷的であった。設立当初から、国家海洋局の「紅」、つまり政治思想の管理にあたっていたのは海軍だった。しかも文化大革命が始まると、国家海洋局は1970年に科学技術委員会の管理を離れ、国務院に所属したまま、「専」の面でも海軍の直接領導の下に入った。海軍の出身者が、退職して国家海洋局に移籍することも多かった。

このように、海軍とともに組織の歩みを始めた国家海洋局であったが、改革開放時代の到来でその外部環境は大きく変わる。経済発展が国家の優先事項となり、国家海洋局にもそれへの奉仕が求められたからだ。

1980年10月、国家海洋局の管理組織が、海軍から国家科学技術委員会（科学技術委員会の後身）に移された。これは国家海洋局を、国務院の下で全国の海洋工作を管理する職能部門へと転換させる措置だった。

以後、国家海洋局は、国家計画委員会に海洋工作の長期・単年度計画を直接報告して国家計画の一部を担い、必要経費も軍を通さず財政部から直接支給された。また遠洋以外の海域では、海軍とは別個の指揮・通信システムを構築していく。国家海洋局は、海軍から自立し、国家行政を担う官僚機構として新たな歩みを始めたのだ。

当時、国務院では、対外開放の窓口として沿海部の管理強化が課題となっていたが、国家海洋局に最も期待されていたのは、経済発展を側面支援する環境保護対策であった。1983年3月に「海洋環境保護法」が施行されると、国家海洋局の海洋環境監視船が中国の管轄海域（当初はおそらく沿岸地帯）でパトロール活動を始めた。1990年9月に初公布された国家海洋局令第1号・第2号も、同じく環境保護関連だった。旧国家海洋局系列の研究所は、現在も環境や海洋科学関連の科学者を多数抱えている。

ただ、環境への意識が向上した近年はともかく、当時の中国の関心は圧倒的に経済建設にあり、環境保護は二の次、三の次だった。つまり国家海洋局は「局」の位置付けどおり、国家行政の周縁部にあった。

しかし、海洋行政に責任を負う国家海洋局の側には、中国はどのように海洋に関わるべきかという問題意識が強く存在した。1971年に国連に加盟した後、中国が初めて参加した実務会議は翌年2月の海底平和利用委員会だったが、これはのちの国連海洋法条約制定に連なる準備会議の一つだった。ここに外交部と並んで代表を派遣した国家海洋局は、国連の場で海洋再分割に向けて国際法の再編が進んでいることに驚いたはずだ。

海洋行政を担う専門組織として、国家海洋局は国家の海洋権益保護に強い関心を向けた。しかし、国家からの国家海洋局への期待は主に経済建設への貢献だった。それらを折衷する海洋工作の土台として、国家海洋局内部では総合的な海洋管理という新たな方向性が示されるようになる。

尖閣諸島領有の主張と上部からの制約

改革開放初期に国家海洋局の局長だった羅鈺如が第一編者を務め、1985年に出版された『当代中国的海洋事業』は、当時の中国の海洋認識を示す貴重な書籍である。特に興味深いのは、同書が南シナ海の島々と尖閣諸島の領有権について、対照的な記述を行っていることだろう。

南シナ海の島々について、同書は強く領有権を主張したが、尖閣諸島についてはまるでタブーのように言及を避けている。1978年8月の日中平和友好条約の最終交渉では、同年4月の中国漁船の尖閣諸島領海侵犯事件を指し、園田直外相が鄧小平副総理に対して、「尖閣問題についての日本の立場は閣下のご承知のとおりであり、先般のような事件を二度と起こさないで欲しい」と述べた。これに対して鄧小平は、「中国政府としてはこの問題で日中間に問題を起すことはない」と発言した（「尖閣問題『中国側は話し合いを控えたいとし、日本側は聞きおくに留めた』」『外交』第18号）。同書の記述は、このときの鄧の約束と符合する。

それでも同書は、尖閣諸島問題と密接に関連する東シナ海の大陸棚の権益については、多くのページ数を割いて確保を強く主張していた。つまり中国の海洋専門家たちは、尖閣諸島の領有権主張について上部から言うなと制約された後も、大陸棚権益の確保という観点から、大陸棚の上に乗る尖閣諸島に関心を寄せ続けたようなのである。

海洋権益への強い関心は、国家海洋局だけでなく、中国国内の海洋関係者に共通していたようだ。1988年3月、中国はソ連の庇護を失ったベトナムと交戦し、スプラトリー6島礁を奪った。中国では前年夏から周到に攻撃準備が進められたが、海軍の制海・制空能力が低すぎたため全海域の占拠を断念し、攻撃目標を限定した。中国は1992年2月に「領海法」を制定し、国内法で初めて、南シナ海の島々と同様に尖閣諸島を中国領と明記した。「領海法」の起草工作には、国家海洋局も参加している。

中国は1993年に石油の純輸入国に転じた後、積極的に海底油田の探査を行っている。東シナ海について、日本は沿岸基線の等距離中間線で排他的経済水域（EEZ）を分けるべきと考えていたが、1994年頃から国家海洋局の科学調査船がその東側にも姿を現し、さらに尖閣諸島の周辺を徘徊するようになる。また、1992年11月にフィリピンから米軍が撤退すると、中国海軍は95年初めまでに、フィリピンが実効支配していたミスチーフ礁を占拠した。

国連海洋法条約と『中国海洋21世紀議程』

1994年に国連海洋法条約が国際発効した。この条約は海洋をめぐる一連の新たな国際法を取り決めたもので、日本では「海の憲法」などとも呼ばれる。中国も1996年5月15日にこれを批准した。同日、中国政府は「中華人民共和国の領海基線に関する声明」を発表し、大陸部およびパラセル諸島について自国の領海基線を宣言した。

国連海洋法条約の国内発効を受け、国家海洋局の取り組みには大きな変化が生じていく。

まず1996年4月、国家海洋局は『中国海洋21世紀議程』を発表し、今後の海洋工作の課題を初めて包括的な文書にまとめる。ここでは全体として、海洋の経済利用に強い関心が示された。

その前提となる、この文書の国際的な海洋秩序観は興味深い。『中国海洋21世紀議程』は冒頭で、「海洋を大規模に開発する能力を持つのは少数の先進国に限られ、海洋の全面的な開発と利用は大多数の国家を包括した地球規模のものになっていない」と、厳しい認識を示す。そして、国連海洋法条約を活用し、海洋を「大多数の国家」の側に引き戻す必要性を唱えている。

ここで国家海洋局は、国連海洋法条約の発効により、「海洋権の再分配は新段階に入り、200カイリ以内の海域〔一国の管轄海域〕は徐々に国土化し、公海と国際海底は国際的な共同管理の方向に発展していく」と理解していた。すなわち彼らは、中国の管轄海域から他国の影響を排除して「国土化」を進め、並行して国際海域の国際共同管理に食い込んで応分の利権を確保することが、「海洋覇権主義を打破し、海洋の持続的利用を進める」ための重要な任務とみなした。

この考えに基づき、『中国海洋21世紀議程』は、自国管轄海域における海洋権益の確保、国際海域における中国の影響力と利益の確保という二つの目標を明確に打ち出す。特に前者では、無人島や沿海部・管轄海域の管理状況に強い危機感を示した。

国家海洋局から見れば、無人島の多くは長い間「誰も管理していない状態に置かれ」、「一部の島嶼《とうしょ》の主権は激しい侵犯を」受けていた。その対策のため、立法措置による行政管理の開始、島への定期パトロールの実施、開発利用の許認可制度の立ち上げ、島および周辺海域の資源開発の長期計画の策定などが提起された。

また沿海部・管轄海域についても、海洋権益、海洋資源、海洋環境の保全の観点から、海洋法制の構築と海上法執行の強化、全国的な海洋総合管理体制と部門間の協調メカニズムの構築などが提唱された。国家海洋局はその後、この『中国海洋21世紀議程』に依拠しながら海洋政策を進めることになる。

自国の海域主張——モンゴル一国分の係争海域

国家海洋局の次の作業は、管轄海域に関する自国の主張を整理し、来るべき海洋画定交渉に備えることだった。１９９８年６月、中国は「排他的経済水域及び大陸棚法」を発表し、領海基線から２００カイリまでをＥＥＺ、自国の陸地領土のすべての自然延長部分を大陸棚と規定した。

１９９８年中、国家海洋局は『中国海洋政策』を制定し、黄海、東シナ海、南シナ海など海域ごとの管轄権主張を政策化した。これは近隣国との国際関係に大きな影響をもたらしていく。国家海洋局はこのとき、国連海洋法条約に合わせて自国の海域主張を整理するのではなく、それまで自国が行ってきた過大な政治的主張を実現するため、国連海洋法条約をいかに利用するかという発想で作業を行った。

その結果、中国は300万平方キロメートルの広大な管轄海域を主張し続けることになる。しかもその50％、ほぼモンゴル一国分の面積が他国との係争海域になった。これは、一国が抱える国際的火種としてはあまりに大きい。

それぞれの海域に対する中国の法的立場も、ちぐはぐなものになった。中国は、東シナ海では海底地形の重要性を強硬に主張し等距離中間線基準を否定するが、黄海や南シナ海では絶対に地形に触れない。その後唯一、2000年に境界画定交渉が終了したトンキン湾の領海分割では、中国は基本的に等距離中間線基準を採用している。『中国海洋政策』により、中国の実務者が国際法に基づいて他国と境界画定交渉を行うハードルは上がった。

同じ頃、もうひとつの重要文書が起草された。国家海洋局弁公室とその海洋発展研究所による『中国の海洋強国戦略』である。この文書は、シーレーンの安全や、公海・国際海底における資源開発配分を見据えながら、管轄海域を越えたより広い範囲で中国の海洋主権と権益を確保し、「海洋強国」を建設する長期戦略を構想していた（『中国海洋事業発展政策研究』）。

中国が国策として「海洋強国」の建設を唱えたのは2012年の中国共産党第18回大会が

6-1　国連海洋法条約の下で中国が主張する管轄海域

註記：中国の公式の主張には曖昧な点が多く、各線は概要である
出典：益尾知佐子他『中国外交史』（東京大学出版会、2017年）を基に筆者作成

最初だったが、これはその14年前に国家海洋局が唱えたものだった。『解放軍報』によると、1998年5月に張登義国家海洋局長が「海洋強国」の目標に言及したのが、中国のメディアでその構想を確認できる最初の事例である。国連海洋法条約の国内批准を受けてわずか2年のうちに、国家海洋局はここまで夢を膨らませ、海洋主管部門としての職務貫徹に燃えていた。

しかし、国家海洋局が打ち出したこの壮大な目標が、政府のなかで共有されていたとはとてもいえない。

経済発展の継続のため、中国ではエネルギーの確保が急務になっていた。1998年3月の国務院機構改革では国土資源部が新設される。大型石油企業を傘下に抱える、巨大省庁が誕生した。このとき、国家海洋局は海洋資源の行政管理機能を国土資源部に委ね、国土資源部の下に入った。国家海洋局の新たな任務は、海域使用管理、海洋環境保護、法執行などによる海洋権益の擁護、海洋科学技術研究の組織化・監督と定められた。国土資源部の管理下に置かれたことで、国家海洋局はより直接的に経済実利への奉仕を意識したとみられるが、政府組織のなかでその位置付けは低く、ぱっとしなかった。

意欲と期待の落差——2つの事例

国家海洋局の意欲と上位レベルの期待の落差を示す事例を、二つ挙げておこう。まずは国家海洋局の海洋科学調査船の問題である。

日中両国が1996年に国連海洋法条約を批准した後も、東シナ海では両国間のEEZや大陸棚の境界画定がなされていなかった。日本が等距離中間線での画定を主張したのに対し、中国側が沖縄トラフを中国の大陸棚の外延と主張し、議論が膠着《こうちゃく》したためである。1990年代以降、中国の海洋調査船が東シナ海のあちこちで資源調査らしき行動をとったが、それは潜在的には、日本側EEZへの権利侵害にあたる可能性が高かった。

加えて東シナ海では、国家海洋局の海洋科学調査船が1994年頃から尖閣諸島に近づき、96年9月上旬には二度、明らかな領海進入を行った。調査船は1997年4月と98年4月にも領海に姿を現し、複数回の進入を繰り返した（『中国の戦略的海洋進出』）。国家海洋局が国連海洋法条約の締結で息巻いていたことを考えれば、これが主権主張の示威行動だったのは間違いない。

ところがこの行動によって、日中の外交ルートで東シナ海問題が争点化する。11月の江沢民来日などの機を捉え、日本側はハイレベル対話で話を持ち出し、中国側に自制を要求した。これを受け、中国公船による尖閣諸島の領海への進入は2008年まで起こらなくなる。海洋権益を擁護したいという調査船の行動は、指導部レベルから抑止された可能性が高い。

もうひとつの事例は、中国海監総隊の設立である。1997年9月、国家海洋局は中央機構編制委員会弁公室に報告書を提出し、海上法執行部隊が分散している現状を踏まえ、それらの統一を訴えた。海洋管理の強化のため、彼らは沿岸警備の整備と強化を急務と見ていた。1998年10月には、国家海洋局にその船舶航空機派遣指揮センター（船舶飛機調度指揮中心）を改組し、新たな海上法執行部隊の一つとして中国海監総隊の設立が認められた。新組織は翌年9月に発足する。

ただし、国家海洋局が構築を訴えたような、複数の海上法執行部隊間の暫定的な協調機能は実現せず、新組織にその権限は与えられなかった。しかも中国海監総隊の人員編成は、おそらく国務院の機構簡素化を受け、指揮センター時代から45％削減される。2000年3月、国家海洋局は国家発展計画委員会に海監船13隻と海監用航空機5機の建造を申請したが、1000〜3000トン級の海監船6隻、航空機2機、総額4.5億元のみが認められた。海上法執行の質と量の向上をめざす国家海洋局にとり、こうした状況は歯痒《はがゆ》かっただろう。

海洋政策への国内の無理解を改善するため、この間、国家海洋局は研究者や海軍の戦略家のなかに理解者を増やすべく努力している。1994年には太平洋学会や中国社会科学院アジア太平洋研究所と協力し、学術誌『太平洋学報』の刊行を始め、海洋法学会などとの連携も深めた。1999年8月には国家海洋局は第1回海洋戦略高級検討会を開催し、海軍や研究機関などから参加者を得た。もともと専門家の少ない海洋問題では、所属機関を越えた意見交換が重視されたようだ。

2　反日ナショナリズムの追い風――係争海域への力の行使

不審船の自爆自沈事件――権益擁護活動の展開

21世紀に入った頃から、国家海洋局をめぐる国内環境は徐々に質的転換を迎える。2001年1月の春節前夜、温家宝副総理が国家海洋局を訪問、南極観測隊を慰問し、中国海監総隊を視察して、海上行政・法執行状況のブリーフィングを受けた。この訪問は、国家海洋局に所属する砕氷科学調査船「雪龍」の南極・北極調査（後者は1999年に初実施）の成功に光をあてた。それまでほとんど高位指導者に振り向いてもらえなかった国家海洋局にとって、記念すべき一瞬だった。

だが、実務的にはこれは、翌月成立する海洋科学調査の日中相互事前通報枠組みについての訪問だったとみられる。先述のとおり、日本側は東シナ海での中国の調査船の行動に苛立ちを強めていた。度重なる折衝の結果、両国は関係安定化のため、EEZ・大陸棚の境界画定が実現するまで、東シナ海で海洋科学調査を行う場合は相互に事前通報すると合意した。

温家宝の訪問は、両国間の合意を国家海洋局に周知するためだったと思われる。皮肉にも、自国の海洋権益を確保しようとする国家海洋局の係争海域での活動は、それを快く思わない日本側の指摘で自国指導者の関心を引いた。国家海洋局は当初、この事前通報枠組みを遵守したが、2004年頃から再び無視することが多くなった。

2001年初めには第10期5ヵ年計画の策定が進められていた。3月には朱鎔基総理、さらには江沢民総書記から国家海洋局に対し、海洋資源の総合管理や法整備の遂行に関する指示が下りた。同月に採択された計画要綱には、海洋関連の目標が初めて盛り込まれ、海洋資源調査と管理の強化、海域の利用・管理の強化、国家の海洋権益の擁護などが書き込まれた。これは国家海洋局にとって画期的措置だった。

国家海洋局は勢いに乗り、次に「海域使用管理法」の制定に漕ぎ着ける（2001年10月公布、02年元旦施行）。これを契機に国家海洋局は、全国の海洋利用を取り仕切る法的権限を獲得した。しかし、中国の指導部の国家海洋局への認知度を高めたのは、こうした地道な行政努力ではなく、東シナ海をめぐる国際政治だった。

第10期5ヵ年計画に合わせ、国家海洋局は2001年4月に海洋工作要綱を策定し、大陸棚やEEZでも計画的なパトロールと監視活動の実施を掲げていた。国際法上、EEZや大陸棚などの海洋権益を主張するためには、こうした「海上法執行」による行政管理を、国家がその海域で日常的に展開しているという実績が不可欠だからだ。

12月22日、偶然にも東シナ海で、九州南西海域工作船事件が発生した。日本のEEZで発見された不審船（北朝鮮工作船）が、海上保安庁の追尾を受けて日中中間線の西側に逃走し、日本側との銃撃戦ののちに自爆自沈した事件である。日本は北朝鮮への警戒を高めたが、中国海監総隊はむしろこれを、「日本が外国船に対して戦後初めて気が狂ったように武力を使い」、「我が国の海洋権益を激しく侵犯した」事例として指導部に訴えた。

日本側が不審船を引き上げるまでの9ヵ月間、中国海監総隊は現場で大規模、高強度の対日監視活動を続け、「党中央、国務院、および関連職能部門の指導者たちから高い評価を受けた」という（『中国海監大事記 一九八三−二〇〇九』）。折から日本の歴史認識をめぐって、中国国内の対日感情は悪化していた。

国家海洋局はこの事件をきっかけに、指導部に対して日本など諸外国への海上法執行の実績を積極的にアピールし始める。2003年1月からは毎年、「海洋行政法執行公報（原題：海洋行政執法公報）」を刊行、同年5月から12月には、中国海監総隊が「海盾2003」と題する初の海上法執行特別キャンペーンを行い、中国の近海に自分たちの公船を繰り出して存在感をアピールした。

9月には国家海洋局が、中国の管轄海域での米軍の軍事活動への対応を報告書にまとめ、外交部、総参謀部、海軍に送付し、温家宝総理から肯定的な反応を得たという。外国勢力に対する海上法執行はこの頃から、「権益擁護」活動という特別な呼称で呼ばれ始めた。

胡錦濤への弱腰批判——陳水扁・小泉純一郎の登場

並行してこの頃、最高指導者をとりまく国内環境は大きく変わりつつあった。2002年

11月に総書記に就任した胡錦濤は、第4章で触れたように穏健なイメージが強く、総書記が兼任するはずの中央軍事委員会主席に2年近く就任できなかった。その間に、中国国内の反日感情が悪化し、また台湾では陳水扁政権の独立志向が加速して、胡錦濤に対する国内の「弱腰」批判が、特に軍から強まった。

胡錦濤政権は、近隣諸国と多国間の国際協調を積極的に進め（「六者協議」開催など）、その対外政策は海外から高く評価された。しかしこの頃中国でインターネットユーザーが急増し、サイバー空間で自由な意見の表明が相次ぎ、世論の批判に苛まれることになる。

日中間では1990年代半ばには歴史認識問題が浮上していたが、2001年に首相の座についた小泉純一郎は、06年まで毎年靖国神社参拝を繰り返した。中国では2002年頃から一部のジャーナリストや学者が、歴史問題に執着せずにより広い視野で日本との関係を考えようという「対日新思考」を唱えていた。しかし、ネット世論はこれに激しく反発し、2003年をピークとして、彼らがネット上で激しい攻撃を受ける初めての現象が起きた。当時まだネット統制力を持たなかった中国政府は、それが政府批判に転化しないよう、祈るように見守るしかなかった。

2004年3月の総統選に向け、台湾では陳水扁が再選をかけた厳しい戦いに臨んでいた。台湾ナショナリズムを鼓舞して選挙戦を勝利に導くため、陳は台湾独立を宣言する可能性がきわめて高いとみられていた。人民解放軍はこのとき真剣に台湾侵攻作戦を練った。こうした状況のなかで、軍は胡錦濤の軟弱さを激しく突き上げたとみられる。

台湾総統選挙が翌月に迫る2004年2月、胡錦濤は中央政治局の第10回集団学習で、「国家の主権と安全保障を首位に置き、国家の主権と領土保全をしっかり擁護し、国家安全保障と根本利益をもしっかり擁護しなければならない」と発言し、7月にも同様の点を繰り返した。9月にようやく軍委主席への就任が認められた胡錦濤は、その中央軍事委員会拡大会議の場でもさらに、「強烈な歴史的使命感と政治的責任感を持ち、常に国家の主権と安全保障を首位において」活動した前任の江沢民主席の功績を称えた（『人民日報』）。

『人民日報』データベースによれば、当時、胡錦濤は軍人の前でのみ類似の発言を繰り返している。そのため人民解放軍が、主権と安全保障の問題で断固たる姿勢をとるよう胡に迫り、それを胡の軍委主席就任の条件にしていたと推測される。

中国海監総隊の海上法執行へ

対日・対台政策の手詰まりを受け、胡錦濤政権は対外的に断固たる姿勢をとろうとする。胡錦濤は2003年11月に、中国の海上法執行の問題点とされた「多龍管海」（複数の法執行機関が交錯しながら海洋を管理している状態）に関する文章を読んだ。そこで海洋権益と安全保障の擁護のため、海上法執行の機能強化に向けた方策の検討を温家宝総理に指示した。

最高指導者の関心を踏まえ、2004年1月19日（春節前夜）には、曽培炎副総理が国土資源部部長の孫文盛らと中国海監総隊を視察した。3月には中国海監総隊に急遽、FRP製の小型法執行船27隻分の予算がつき、翌年3月までに全国配備される。さらに鋼鉄製海監船の建造や改造なども認められ、2000年に許可されていた新造船の就航も加わり、艦船不足の問題はかなり解消された。2004年3月には、中国政府の黙認の下、中国人活動家7名が初めて中国大陸から出港、尖閣諸島に上陸している。

東シナ海の緊張は、国家海洋局への追い風を強めた。

2004年6月、中国は日中等距離中間線のギリギリ西側の春暁ガス油田で、海底パイプラインの敷設工事に着手していた。日本政府は日本側の資源が吸い上げられることを懸念し、中国に地下構造に関する情報開示を求めた。中国がこれを拒否し、日本側は7月に同海域で独自調査を始めたため、「日中は海洋資源をめぐってにわかに緊張し始めた」(『朝日新聞』)。こうしたなか、中国海監総隊東海総隊は2005年6月までの間、日本側の「一方的」調査に対して監視活動を展開し、国内で存在感を示した。

日中関係は緊張の一途をたどっていた。2004年8月にはサッカーのアジアカップの決勝戦で、勝利した日本側に対し中国人ファンが暴徒化した。翌年4月には、日本の国連安全保障理事会常任理事国入り申請を契機に、中国全土で大規模な反日デモが起きる。反日世論が政権批判に転化することを懸念した胡錦濤は、政治局常務委員会の緊急会議を招集したという。こうした国内状況を受け、日中対立の象徴と化した「釣魚島」や東シナ海の問題で、日本に厳然たる態度を示すことは、党指導部にとって国内的に重要な課題になった。

中国海監総隊の海上法執行は、これに応えるための手段として位置付けられた。東海総隊が提出した「東シナ海管轄海域画定」に関する報告書に対し、2005年8月末には胡錦濤が「重大指示」を下した。これは、翌年立ち上がる東シナ海の定期パトロール制度に関するものだった可能性が高い。

2006年4月末には、国務院が東シナ海ガス資源に関する国家海洋局の海上法執行案を承認。6月初めには、国務院の関連部局、軍、国有石油企業などの代表者が、「中国海監83」上で船上座談会を開いた。7月には国務院が、東シナ海の資源問題への対処を理由に、同海域で「権益擁護パトロール法執行工作」の定期化を承認する。

その直後の8月には中央外事工作会議が開かれた。これは、党中央が対外関係の実務者を集めて開く重要会議である。ここで胡錦濤は、発展利益の擁護という中国のそれまでの外交目的に、国家主権と安全保障の擁護を加えた新たな対外政策を発表した（『中国のアジア外交』）。彼は次のように発言し、国家主権や安全保障の貫徹のため、部下たちに新たな行動を呼びかけている。

「対外工作は、…国家主権、安全保障、発展の利益の擁護に資さなければならない」。「我々は対外工作のイニシアティブを拡大していくべきだ〔中略〕。新たな行動をとっていく〔有所作為〕ときの基礎は、国家利益を擁護し発展させることの上に置くべきだ〔中略〕。核心利益については、旗印を鮮明にし、原則を堅持し、寸分の妥協も許さず、ますます擁護を貫徹していくべきだ」(『胡錦濤文選』)。

これは実質的には、国家主権と安全保障の名の下で、中国の実務部隊が対外的な現場で強硬策をとるのを容認する政策転換であった。穏健派で人の意見によく耳を傾けた胡錦濤政権は、国内世論や軍に押され、中国の係争海域での海上法執行実施にゴーサインを出した。それまで日の当たらない存在だった国家海洋局は、海洋問題の専門家集団として時代の波に乗り、中国の国内政治のなかで存在感を急拡大していく。2005年1月、国家海洋局が中国海監船の第2期建造プロジェクトを申請すると、翌年9月にはスムーズに国家発展改革委員会の承認が下り、海監船7隻、航空機3機の新造が決まった。

この2000年代前半、南シナ海問題は中国とASEAN諸国の間で外交的に管理され落ち着いていた。ただし、指導部が主に日本を念頭に置いて承認した「権益擁護」活動は、国家海洋局という官僚組織を通して中国の管轄海域全体に広がり、対外関係のバランスを突き崩していくことになる。

全管轄海域のパトロール

日本との東シナ海をめぐる緊張をきっかけに、国家海洋局は日本とは無関係の分野でも、自分たちの問題意識を反映させるために動き始めた。一国の海洋行政という観点からすれば、すべての管轄海域で同様の政策が実施されないのはおかしい。2007年2月には東シナ海と同様のパトロール制度が、黄海および南シナ海中西部海域に広げられ、12月にはさらに南シナ海南部海域に拡大して、中国が主張する全管轄海域をカバーした。

この過程では、国家海洋局下の中国海監総隊と人民解放軍との、海上行動協調配置メカニズム（協調配合機制）も整備された。2004年11月には中国の原子力潜水艦が日本の領海内で潜水航行し、06年10月には沖縄近海で中国の別の潜水艦が米空母キティーホークに接近後、浮上する事件があった。米軍は中国の管轄海域全体で大きな存在感を持ち、東シナ海では日本の存在も無視できない。人民解放軍ではなく海上法執行組織が、係争海域で実効支配の強化を図っていくことは、日米同盟側とまだまだ実力差があるなかで、中国が軍事的衝突を避けながら実効支配地域を拡大するのに有用であった。

すでに2005年5月には、南シナ海での海上法執行について、国務院各部局や総参謀部を集めた合同調査研究が組織されていた。その後、2006年11月には、総参謀部が協調配置メカニズムの原案を承認した。翌年2月には、副総理の曽培炎と、党中央軍事委員会副主席の郭伯雄および曹剛川、対外関係担当国務委員の唐家璇が、国土資源部（国家海洋局の上部機関）の関連報告を承認した。こうして中国海監総隊の海上パトロールを、軍が背後から支援する体制が立ち上がっていった。

なお、両者の協力関係はその後も深まっていく。2009年になると、安徽省にある海軍の蚌埠《ほうふ》士官学校に中国海監訓練基地が設立された。そこでは海軍が海上法執行スタッフの研修を担当し、中国海監総隊の「軍事・政治的素質の向上」と「海洋及び海洋権益に関する意識の強化」に直接協力するようになる。

ベトナムへの実力行使

軍の後ろ盾を得た中国海監総隊は、弱い相手国に対して実際に力を行使する、準軍事的な海上法執行を試みる。その最初の事例は、2007年5月から7月にかけての対ベトナム「権益擁護」活動だった。

中国海監総隊が内部向けに企画したドキュメンタリー風の小説によれば、胡錦濤総書記の直接指示を受けた南海総隊が、5月にまず南シナ海中西部に向かった。そこではロシア船が、ベトナムの大陸棚延伸申請に関する海底調査を請け負っていた。南海総隊はロシア船をベトナムの護衛船から孤立させて作業妨害し、外交圧力も併用して、最後にはロシアにベトナムへの協力合意を解除させる。

さらに中国は、パラセル諸島の周辺海域に意図的に石油探査船を初投入する。警戒に集まったベトナム公船に対して、南海総隊はより大きな中国海監船を用い、5度にわたる計画的な体当たりを仕掛けた。ベトナムが南シナ海で石油を掘削して輸出国となり、2009年5月の国際期限を念頭に大陸棚延伸申請の準備を進めていたことに、国家海洋局は反感を募らせていた（『前進中的中国海監』）。

中越海軍の間では2005年9月にトンキン湾共同パトロール協定が締結されたばかりで、表面的には信頼醸成が進んでいた。しかし、2007年5月から7月の行動を皮切りに、中国海監総隊はベトナムの周辺海域、さらには南シナ海全域で「権益擁護」活動を展開していく。

ベトナム政府は中国海監総隊のベトナム公船への活動を公表しなかったが、国内では中国への不満が急激に高まった。12月には学生がハノイとホーチミンで反中デモを組織し、当局もそれを黙認した。ベトナム紙によれば、2005年から10年10月にかけ、中国に拿捕《だほ》されたベトナム漁船は63隻、漁民は725名に及んだ。

2007年中には、黄海で中国と韓国が管轄権を争う蘇岩礁（離於島《イオド》）周辺にも、中国海監総隊北海総隊のパトロール船が現れるようになった。2008年頃からはフィリピン周辺でも南海総隊が活動を開始する。中国の海上法執行は、数年のうちに急速に拡大した。

党中央の承認なき尖閣諸島領海進入

南海総隊や北海総隊の活躍を目にした東海総隊も、2008年12月には尖閣諸島の領海に進入してパトロールを実施する。この領海進入は党中央の承認を得ていない、国家海洋局の独自行動であった。

パトロールを率いた東海総隊の郁志栄《いくしえい》副隊長によれば、彼は日本の国際法の専門家に聞いた話を懸念していた。特定の国が一定の土地を50年以上にわたって実効統治していた場合、別の国が主権の申し立てをしても、国際法上の判決が逆転したことはないというのだ。彼を含め国家海洋局は、日本の尖閣諸島への実効統治が50年を経過する前に、それを打破しなければならないと考えた。日本政府の見解では、日本が尖閣諸島を併合したのは1895年だが、中国側は自国に都合よく、1972年の沖縄返還を「50年」の起点とみなした。

国家海洋局は、すでに党中央から許可を受けていた東シナ海定期パトロールの年度計画の一環として、このとき初の領海進入を行った。領海進入という特別な行動については、指導部にも外交部にも事前通知せず、自分たちは指導部が同意したパトロールを実行したのみと開き直った。だが、「釣魚島」は中国の一部という前提があったため、世論の批判を恐れた指導部は、国家海洋局の勝手な行動を咎めなかった。特に郁志栄の古巣の海軍が彼を庇《かば》い、処罰は下されなかったようだ。実際、郁志栄は2019年5月、筆者に対して意気揚々とこの初パトロールの意義を語り、それを隠す様子は見られなかった。

初の領海パトロールは外交的には最悪のタイミングだった。その5日後には福岡で、ASEANプラス日中韓の枠組みから独立したばかりの第1回日中韓サミットが開かれる予定だった。同年の5月の胡錦濤訪日で、日中関係はやっと改善の兆しを見せ、6月に両国は東シナ海ガス田の共同開発で合意した。しかし世論の反発を受け、中国側がその後の話し合いを遅らせたため、日本側はこのサミットで共同開発への勢いを取り戻すべく期待をかけていた。だが、中国の行動により、日本政府は中国の意図を憂慮し、海上保安庁は尖閣諸島の周辺に常時巡視船を貼り付けるようになる。東シナ海をめぐる緊張は一段と高まった。

話を少し戻すが、東海総隊による領海進入の半年前、２００８年7月には、国務院が国家海洋局の10年ぶりの組織改革を行っていた。これにより国家海洋局に、「海洋戦略研究と海洋関連業務」に関して政府組織全体の「総合的協調」を図る権限が認められる。１９９７年9月の報告書に沿った内容がようやく実現した。

決定を受け、漁業監督を行う農業部漁業局の漁政にも、中国海監総隊との協調が求められた。漁政は２００９年3月から南シナ海でパトロール活動を定期化し、海軍から転籍した大型監視船「漁政３１１」を用いて周辺諸国の漁業活動を排除した。さらに翌年4月から6月にかけて、マレーシアやインドネシアの公船とも対峙した。9月に尖閣諸島周辺で中国漁船と海上保安庁の衝突事件が起きると、漁政は東シナ海でもパトロールを定期化する。

「弱い指導者」と認識されていた胡錦濤政権は、国内の批判を受け、中国海監総隊、さらには漁政に対し、２００６年以降ほぼなし崩し的に係争海域での「権益擁護」活動の拡大を認めた。すなわち、国際的な係争の存在に目をつぶり、これらの海域は自国のものという前提に立って、実務部隊が力によって海域の実効支配の拡大を図るのを容認した。これによって国家海洋局は、国内政治でより大きなプレゼンスを獲得し、組織拡大を実現していく。

だが中国と海洋境界を接する国々は、台頭した中国が「強硬」化したと認識し、対中姿勢を硬化させた。こうした国々が米国への期待を高めたことは、オバマ政権が2011年11月にアジア太平洋リバランス戦略を正式に立ち上げる呼び水となった。「権益擁護」のための定期パトロールは、めぐりめぐって中国の対外環境の悪化を招いていった。

3　国家戦略の中心から解体へ——中国海警局の新設と召し上げ

海洋保護法による係争地の〝国土化〟

東アジアの海洋紛争は、2012年4月からのスカボロー礁をめぐる中比対立、9月の尖閣諸島をめぐる日中対立へと発展しピークを迎えた。11月に開かれた第18回党大会では、習近平が総書記に就任し、中国は海洋強国の建設を国家目標に掲げることになる。

この間、指導部の歓心を買うのに成功した国家海洋局は、国家の行政力を中国の主張する管轄海域全体に押し広げるため、海軍と協力して奮闘を続けた。その過程では、習近平の福建省時代の部下で、2011年2月にアモイ市長から国家海洋局長に就任した劉賜貴が、指導部への橋渡し役として重要な役割を果たしたようだ。

国家海洋局は2010年代前半、第一に管轄海域の島々に対して国内法に依拠した行政体制を構築すること、第二に総合的な海洋行政機構として自身の地位の向上を図ることに注力する。まず、第一の点について詳細に見ていこう。

国連海洋法条約の下で広大な管轄海域を勝ち取るには、陸地から遠い構造体を自国の島とみなし、その実効支配を固めて周辺海域の管轄権を主張するのが容易である（日本の沖ノ鳥島など）。２００３年には海島保護法の制定が全国人民代表大会の立法長期計画に盛り込まれ、２００９年12月に同法が成立した。国家海洋局は１９９６年に発表した『中国海洋21世紀議程』の段階から同法の成立を唱えており、起草工作でも中心的役割を果たしたとみられる。

海島保護法は中国に帰属する島々の管理区分体制を構築した。まず「無人島」の一部を「特殊用途島」に区分し、それをさらに①領海基点島、②国防用途島、③海洋自然保護島に分類した。②を国防と無関係の目的に用いることは禁止された（6-2）。

この法に基づき、国家海洋局は政府関連部門や軍事機関と協力しながら、「海島保護長期計画」の組織・編成の責を担う。海島保護法公布後、国家海洋局は中国に帰属する島をリストアップし、数々の行政文書を公布しながら、島嶼の開発と管理を進めるための行政体制の構築に励んだ。

２０１２年2月、国家海洋局は第1期全国海島保護長期計画（基本対象期間／２０１０年度～20年度）を発表した。これは『中国海洋21世紀議程』の構想を受け継ぎ、管轄海域の国土化を図っていくための具体的アクションプランであった。特殊用途島の管理強化に向け、そ

6-2　中国の島嶼管理体制

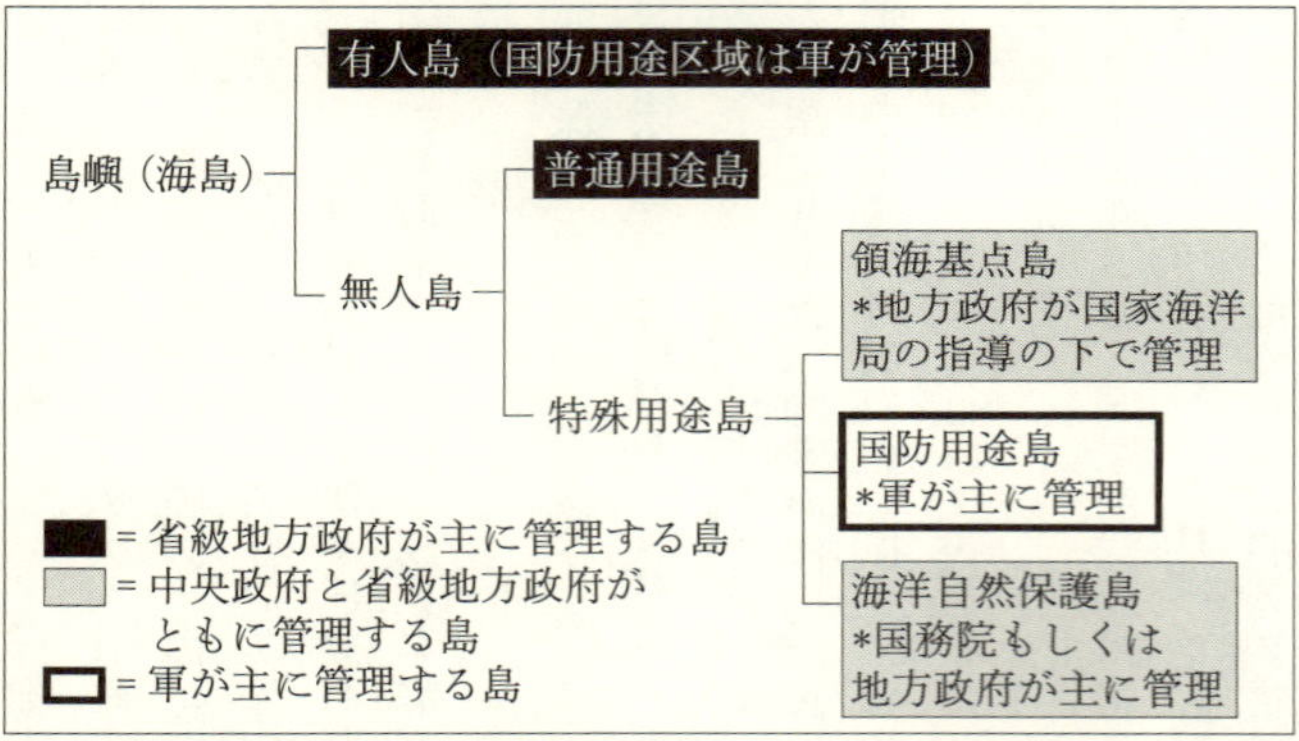

出所：益尾知佐子「長期計画達成に邁進する中国の海洋管理」『東亜』（2017年4月号）、80頁。引用にあたり一部改変

の手法や期限を具体的に定めていたのである。

この長期計画は、中国のみが明確に領有権を有する島々だけでなく、パラセル諸島およびスプラトリー諸島・スカボロー礁など他国と係争のある島々についても、「保護」計画を立案していた（公開版では後者の内容は省略）。2014年に顕在化したスプラトリー7島礁の埋め立ては、この長期計画に依拠していたと考えられる。

これは、海島保護法の施行後に国家海洋局や国務院が公布した行政文書からも裏付けられる。国内行政上、埋め立て7島礁は国防用途島に区分され、軍が主たる管理者とされた。ただしこの行政体制のなかでは、埋め立てなどによる自然状態の改変は、国務院の厳格な審査を経ねばならないと定められた。つまり国家海洋局は国務院内の海洋主管部門として、軍と緊密に協調しながら、埋め立て計画を策定・審議することになった（「長期計画達成に邁進する中国の海洋管理」『東亜』）。

逆に言えば、7島礁の埋め立ては軍と国務院の境界案件で、どちらにも最終決定権がなく、両者の上位主体である中央指導部の承認がなければ動かない計画であった。この国家プロジェクトにより、国家海洋局は国務院を代表し、中央指導部にその存在を直接アピールできた。

なお、国家海洋局はこの一連の作業の初期、2010年6月に「海島名称管理規則」を通達し、「島」や「岩礁」の定義を行っている。そこでは、自然状態ではなく「地理的実態的属性」によって名称判定が下されていた。すなわち、中国の国内手続き上この時点では、海面下にあるサンゴ礁などに人工島を造成し、それを島と認定することが可能だった。

よく知られているように、中国が南シナ海で主張していた「九段線」は、その国際法上の根拠が曖昧である。中国はこの弱点を克服するため、自国が実効支配しているスプラトリー諸島の7島礁を明確な島に変え、まだ宣言されていない南シナ海南部の領海基線をそこから引こうとしていた可能性がある。この規則は、常設仲裁裁判所が南シナ海に関する中国の主張を否定した後、2017年8月に国内で密かに廃止された。

中国海警局の新設——組織拡張と格上げの目論見

次に、第二の組織の地位向上の点を見ていこう。

国家海洋局関連の雑誌や書籍を見ていくと、２００９年頃から13年頃にかけ、国家海洋局の周辺で「海洋総合管理」に関する研究が増えていく。それにより、海洋管理を充実させるための組織改革をどう行うべきか、が議論されていたことがわかる。中国の専門家は、世界および近隣主要国の海洋管理体制を周到に研究していた。その問題意識の中核にあったのは、海洋管理をいかに国家全体の課題として位置付け、国力の注入を実現するかだった。

海洋に関連して、彼らは各国の管理体制や立法措置、政策や発展計画だけでなく、環境保護、経済・産業、資源、海岸線や島嶼の管理など、各方面の措置も比較検討していた。なかでもよく取り上げられたのは韓国である。これは、韓国が大国ではないが、総合的な海洋戦略を掲げ、機能性の高い港湾物流センターを建設するなど経済利用で成果を挙げていたことと、竹島／独島問題で効果的な対日海洋権益擁護を実現していたことによるようだ。国家海洋局は、海洋を管轄する総合組織の確立の必要性を訴え、実質的には国家海洋局の組織拡張と格上げを主張した。

こうした動きを踏まえ、２０１３年3月には第12期全国人民代表大会第１回会議が「国務院機構改革と職能転換方案」を可決し、国家海洋局の改組を発表する。そのなかで最も注目を集めたのは中国海警局の新設であった。それまで分散・乱立していた中国の海上法執行組織、すなわち中国海監総隊、中国漁政、公安部辺防海警、海関総署海上緝私警察（密輸取締警察）が統合され、国家海洋局のなかに中国海警局として新設されることになったのだ。これは7月に実現する。中国海監総隊は２００７年8月から「２０１０-２０２０年中国海監発展長期計画」を編成しており、これが参考にされた可能性もある。

このとき、海洋行政の主管部門として国家海洋局の機能も強化された。その任務は新たに、海洋の総合的管理と生態環境保護を強化し、海上権益擁護・法執行を強化し、統一的に中国海警チームの長期計画策定、組織建設、管理、指揮にあたり、海洋秩序と海洋権益を擁護すること、と規定された。

並行して、中央から国家海洋局に連なる指揮命令系統も構築された。国務院全体の調整を図る国家海洋委員会が設置され、国家海洋局がその具体的な任務を担った。

さらに、海上の突発事件に即応するため、ハイレベルの調整機構として中央外事弁公室海洋権益局（海権局）が設立された。海権局は国家海洋局、外交部、公安部、農業部、軍隊など海洋関連部門間の調整を行い、海洋権益に関する事項を統合的に管理した。２０１２年後半に設立された中央海洋権益擁護工作領導小組が、その上部組織だったようだ。

習近平政権による統制

わずか10年前は高位指導者の訪問すら受けたことのなかった国家海洋局は、２０１３年には海洋行政の主管部門として国民の注目を集め、国家の中枢に駆け上った。国内政治上、これは大きな飛躍だった。しかし同時に、国家海洋局の幹部の間には大きな不満が残った。

なぜなら、新設された中国海警局は公安部の業務指導を受けることになり、その局長は公安部副部長（正部長級）が兼任することになった。幹部ポストの多くも、公安部辺防海警からの異動者に占められ、改組は実質的に公安部の「乗っ取り」と言われた。「局」のなかに別の「局」を抱える変則的形態を迫られた国家海洋局は、劉賜貴局長（副部長級）が「部」への昇格を働きかけたが、上層部に受け入れられなかったといわれる。

しかもこの頃から、党中央の国家海洋局に対する統制が強まっていく。国家海洋局が2013年5月に発行した年報、『中国国家海洋報告（2013）』は、前年の第18回党大会が「海洋強国」の建設を国家目標に設定したこと、同局を中心に中国の海洋権益がしっかりと擁護されていることを誇らしげにアピールした。しかし、7月の中央政治局第8回集団学習では習近平が、「国家の海洋権益を守るためには、海洋権益の維持をがむしゃらに進めるやり方から、統一的にさまざまな考慮を図っていく形に変えていかねばならない」と発言している。習近平は、中国の海洋権益をしっかり守りながらも、平和と安定の維持に向けた努力を怠ってはならないと強調した。

こうした上部の指示を受け、翌年4月の『中国国家海洋報告（2014）』では、劉賜貴局長が「権益擁護と安定擁護（維穏）の関係を統一的に処理しよう」と記述し、海洋問題で中国の国際環境を悪化させてはならない、と主張した。国家海洋局はその後、党中央の指示を貫徹せよと繰り返し唱えるようになる。新たな最高指導者が海洋問題の重要性を認め、自らそのグリップを握ったことで、国家海洋局の自由度は一気に低下したと思われる。

胡錦濤政権は、国内のナショナリズムが高まり、海洋が国際的な争点として急浮上した際、専門家集団である国家海洋局の提言に沿って対応策を立て、結果的に中国の対外環境のバランスを喪失させた。しかし習近平政権は、国家海洋局をしっかりと統制しながら、海をめぐる国際的な問題を自分で管理する方向性を打ち出した。

福建省の地方幹部出身だった劉賜貴局長は、2014年12月に国家海洋局を離れて海南省に転出し（のち省委員会書記）、南シナ海の島々を行政区域とする三沙市の建設に邁進していく。だが、後任局長である王宏は国家海洋局の生え抜きで、高位指導者とのつながりが薄かった。この人事により、国家海洋局の政治力は大きく後退していく。

北極、南極、深海へ

中国海警局新設など、国家海洋局をめぐる2013年の改組は、中間措置的な意味合いが強かった。国家海洋局本体と中国海警局との関係は特に曖昧で、国家海洋局のなかに公安部からの幹部が常駐し、従来のスタッフがオフィスから追い出されたという噂すらあった。

国家海洋局と中国海警局は予算上も別立てだった。2010年半ばには、各部局の予算・財政報告がホームページ上で公開されていた。しかし、そこで示された国家海洋局の予算は、とても1万トン級、5000トン級の大型海警船を次々に調達できる規模ではなかった。大型海警船の建造が、公開報道でたびたび報じられていたにもかかわらず、である。情報筋によれば、中国海警局は海の中国人民武装警察（武警）を組織する目的で作られたため、船の建造費は国務院予算に含まれない（つまり非国務院系統の予算から出ている）とされた。

当時、中国の武警は表面上、国務院に所属する公安部の指揮命令系統に属しながら、中央軍事委員会からも指示を受ける準軍事組織として国内治安の維持に当たっていた。中国海警局は武警からの予算配分を受け、将来的に海の武警となる道をすでに歩み始めていた。

中国海警局は、2012年9月以降、たびたび尖閣諸島への領海進入を行い、日本に大きな圧力をかけた。しかし中国海警局の周辺では、中国海監総隊や中国漁政など、出自の異なる組織間の統合がうまくいっていないという噂が絶えなかった。尖閣諸島周辺でその行動はルーティン化し、予測不能な行動は減少した。

国家海洋局は、組織の看板だった海上法執行を公安部辺防海警に奪われ、上部から厳しく管理されるようになり、新たな方向性を模索した。彼らが行政責任を負っていた海には、もともと中国の管轄海域と国際海域の両方があった。ところが管轄海域の海上法執行には手が出しにくくなったため、国家海洋局は残された海域に活路を見出そうとした。

国家海洋局の国際海域でのプレゼンスは、中国の科学技術力の向上とともに急拡大していた。2000年代初頭の計画に基づき、国家海洋局は04年にノルウェーのスヴァールバル諸島に初の北極観測基地・黄河基地を開設した。それ以降、国家海洋局の砕氷船・雪龍は地球温暖化理解の鍵となる科学データを採取しながら、北極海をめぐる各航路開設の可能性を積極的に探る。さらに南極大陸では、既存2基地に続き、2009年に標高4000メートルを超える南極最高点のドームAに崑崙基地を建設した（夏季のみ運営）。2013年には雪龍が、氷に閉じ込められたオーストラリアの科学調査隊（ロシア船利用）の救助にあたった。2011年からは新たな砕氷船、「雪龍2号」の建造にも着手した。

国家海洋局は中国科学技術部と協力し、傘下の中国大洋協会を通して深海探査艇の開発も推進し、2009年には「蛟龍」号を進水させた。蛟龍は当初は南シナ海、のちにはインド洋などで多くの潜水実績を積み、2012年6月にはマリアナ海溝で7062メートルの有人潜水世界記録を打ち立てた。同時期に「海龍2号」や「潜龍1号」といった無人深海作業艇や深海資源探査艇も開発され、後継艇の開発も続き、深海開発の実現性を着実に高めた。国家海洋局はこうした国際海域に、新たな希望をつなごうとした。

決定打なき迷走

国家海洋局は組織の新たな看板を作り出すため、こうした実績を国内社会にさかんにアピールし、大国ナショナリズムに訴えた。2015年3月には、第12期全国人民代表大会第3回会議の解放軍代表団全体会議に参加した習近平政権が、「軍民融合発展戦略」の実施を指示している。これを受け国家海洋局は、自分たちの実績をどうやって軍や安全保障に役立てるか、積極的に考えるようになった。

しかも、習近平は2013年秋から、陸上部で「シルクロード経済帯」、海洋部で「21世紀海上シルクロード」を建設する世界構想を打ち出していた（合わせて「一帯一路」）。その実施はまさに習近平自身の政治生命をかけた課題となり、2017年5月には彼の肝いりで、北京で「一帯一路」高級フォーラムが開かれ、国中の注目が「一帯一路」に集まった。国家海洋局はこのうち「海上シルクロード」になんとか食い込もうとし、不慣れながら多くの国際会議を開催し始めた。

なかでも国家海洋局が興味を示したのは、北極圏の活用である。地球温暖化とともに北極海の氷が解け、北極海航路の開設が現実味を帯びてきていた。2015年頃までに、国家海洋局は北極研究に大量の予算を投下し、その利用可能性を組織的に検討し始めた。このテーマは、使い方によっては中国の安全保障にも寄与するはずだった。

2017年6月、国家海洋局は国家発展・改革委員会とともに、『「一帯一路」建設における海上協力構想』を発表する。これは国家海洋局が国際社会に向けて発表した初の、そして唯一の政策文書になった。「一帯一路」に関しては、中国の国家発展・改革委員会、商務部、外交部が2015年3月に「共同建設推進のビジョンと行動」を発表していたが、その重点は陸上のシルクロード経済帯に置かれた。そのため、ここで「海上協力構想」を発表したことは、国家海洋局が「海上シルクロード」建設の、少なくとも重要主体のひとつとして国家のお墨付きを得たことを意味した。

注目されたのは、この「海上協力構想」が3本の「海上シルクロード」建設を主張したことであった。1本目と2本目は、南シナ海を通り、東西に分岐して地中海と南太平洋をめざすもので、人々の想定どおりだった。しかし3本目として、北極を通ってヨーロッパをめざすシルクロードが初めて提唱されたのだ（起点は不詳）。またこの文書は、経済協力の重要性を謳いながら、「北斗」などの中国式衛星測位システムを世界的に普及させること、近隣国と安全保障協力を進めることも提起していた。総じて、極地、深海、大洋という三つの領域で、経済・軍事・科学技術力を用いて、中国として総合的に影響力を拡大させるという方針を明らかにしたのである。

だがほどなく、「海上シルクロード」という政治資源を、国家海洋局が占有できていないことも明白になった。半年後の2018年1月、中国が発表した初の「北極白書」は、北極航路を「氷上シルクロード」と名付け、北極に関する国際ルール制定への参画に高い意欲を示した。ただし、公式発表会でその説明にあたったのは外交部の幹部であった。急にホットになった北極を、国内各組織が取り合う図式が露呈した。国家海洋局本体は、新たな決定打をつかめないまま迷走していく。

4 組織への分割、徹底的な解体

他方、中国海警局についてはさらなる組織改革が議論されていた。これは、公安海警学院や武警学院など、武警系の教育研究機関から発表された論文などで裏付けられる。そこでは、中国海警局の国家海洋局からの分離、武装法執行の強化、軍隊化（武警との融合）、党の指導強化などが取り上げられていた。こうした論文が最も多く言及していたのは、海軍の下に直接、沿岸警備隊が置かれた米国式の組織であった。

2016年11月には、中国海警局局長の孟宏偉が中国人として初めて国際刑事警察機構（インターポール）の総裁に選ばれ、リヨンの本部に着任した。奇妙なことに、彼は2017年12月まで局長として在任し続け、その後も後任が発表されていない（2019年7月現在）。

こうした動きは、中国海警局をめぐる改組が水面下で進行中だったためと考えられる。しかもそれは、軍および武警をめぐる改革と軌を一にした。すでに2015年11月の中央軍事委員会改革工作会議で、習近平は大規模な軍事改革を発表していた。

2017年12月には、武警部隊の領導指揮体制の調整が発表された。翌年元旦から、武警部隊は国務院（公安部）の指揮を離れ、中央軍事委員会の集中領導を受けることが決まる。同時期に孟宏偉の中国海警局局長退任が発表されたのは、中国海警局が武警とともに、まもなく中央軍事委員会の指揮下に移動することを暗示していた。

2018年1月10日には、習近平が新しい旗を武警部隊に授与する授旗式が開かれた。翌日、中国の潜水艦とフリゲート艦が尖閣諸島の接続水域に進入したのは、彼らが死守すべしと考える管轄海域が、ようやく明確に軍系統の領域に入った〝祝砲〟だったのだろう。

手塩にかけて育てた海上法執行組織を、中央軍事委員会に正式に召し上げられた国家海洋局の末路はさみしいものになった。2018年3月の全国人民代表大会中、党と国家の大規模な機構改革案が発表され、中国海警局の武警部隊への転属が公表された。しかし、この改組は国家海洋局本体とその上部組織にも関わる大型のものだった。

まず、海洋問題を統制してきた中央海洋権益擁護工作領導小組が廃止された。そしてその職責は、外事との調整強化という理由で、小組から格上げされた中央外事工作領導委員会、およびその弁公室に委ねられた。

次に、国家海洋局や、その上部組織であった国土資源部の解消が決定された。新設された自然資源部が、海洋部を含めた国土の利用・開発を統合的に実施することになった。対外的な場合にのみ、自然資源部には国家海洋局の名称の使用継続が許可され、極地や深海の探査ではこれを使い続けられるようになった。

さらに、国家海洋局の職責のうち、海洋環境保護については新設の生態環境部が、自然保護区や自然遺産保護については新設の国家林業・草原局が担当することになった。つまり、国家海洋局は全部で4組織に分断され、徹底的に解体されたのだ。のちに公表されたところでは、局長だった王宏は、自然資源部の党組メンバーにはなったが、序列は第9位でしかなかった。

この改組の枠組みは、中国の管轄海域を国土とみなし、陸の領土と同じようにしっかりと統治・管理するという方向性をより明確に打ち出している。すなわち、国家海洋局が1996年の『中国海洋21世紀議程』で示した目標に沿ったものだった。しかし、その目標を中央軍事委員会主席である習近平が共有し、彼自身が中国海警局のグリップを握ったことで、国家海洋局は再び国家組織の周縁部に追いやられ、さらには海洋行政の主管部門としての特殊な役割を否定された。国家海洋局は、国内のサバイバルゲームに敗退したのだ。

中国の家父長の決定に、国家海洋局は逆らうすべもなかった。国家海洋局傘下の『中国海洋報』は、3月27日、幹部の間の「熱烈な反響」を記事にし、党中央の決定を擁護する姿勢を示して、職員たちのショックをなんとか和らげようとした。

4　国内政治から見た海洋問題

日中関係悪化による浮上

国家海洋局の組織史を紐解くと、その問題関心が長い間、高い一貫性を維持してきたことに驚かされる。

国家海洋局の担当者たちは、国連海洋法条約の下で国際的な海洋分割が始まったという認識に基づき、中国が新たな国際秩序のなかで海洋権益を最大化できるよう、細心の注意を払いながら対策を打ち出そうとした。なぜならそれが、彼らに与えられた任務だったからである。

2000年代後半以降、諸外国に「強硬」と指摘された海上法執行や島嶼管理強化のアイディアは、基本的には1996年の『中国海洋21世紀議程』で提唱されていた。国家海洋局は、海洋の行政管理や海洋権益の維持という任務に忠実に、彼らなりの考慮で中国の利益拡大に尽力した。

ただし、国家海洋局の国内的な位置付け、およびその提案の達成度は、中国の国力の大きさと国内の政治状況によって劇的に変化した。国家組織の日陰者だった国家海洋局が指導部の関心を引いたのは、歴史と海の問題をめぐる日中関係の悪化がきっかけだった。「弱腰」を批判され、毅然とした対外政策をとる必要性に迫られた胡錦濤政権は、2006年夏、国家主権と安全保障の擁護という新たな外交目的の提唱と並行して、中国海監総隊の増強を許可した。それればかりではなく、国家海洋局の提案に沿う形で、中国の主張する管轄海域全体で排外的な「権益擁護」活動の展開を容認し、法律整備や島嶼行政を通して管轄海域の統治体制を固めた。軍の支援も得ながら、国家海洋局は海洋行政の主管部門として国内政治上の地位を急上昇させ、指導部はその提案の多くを取りいれた。

対日関係をきっかけに始まった新たな行政措置は、国家海洋局という官僚組織を通して、中国の主張する管轄海域全域に広がっていく。中国海監総隊にしてみれば、日本の海上保安庁を相手に東シナ海で活動するより、強い海上法執行機関を持たない東南アジアの国々に対して、南シナ海で力を行使する方がずっと容易であった。

国家海洋局は中国海監総隊や漁政を通して管轄海域での海上法執行に励み、彼らの理解に沿って中国の海洋権益を守っていこうとした。しかしその強硬策には、外交部が管轄する国際問題への考慮がまったく欠けていた。

「潮流」を決める習近平

国家海洋局の積極的な行動は、結果として、海をめぐる中国の外部環境を極度に悪化させた。海洋問題と外交問題のアンバランスを意識した指導部は、海洋権益擁護の重要性を認め、南シナ海で7島礁の埋め立てを実施しながらも、国際社会で中国の建設的イメージを取り戻そうとする。その代表例が「一帯一路」である。

国家海洋局にとって、国内政治を利用して存在感を急上昇させた代償は高かった。再び国際協調に舵《かじ》を切った指導部は、中国の信用を傷つけた国家海洋局の「罪状」をあらためて認識することになった。

高之国など国家海洋局に所属する国際法学者たちは、政権が主張する南シナ海の「九段線」を弁護するため、「歴史的水域」などの新概念を打ち出し尽力してきた。しかし、20

16年7月に発表された仲裁裁判判決でこれが根本的に否定され、中国の国際的なメンツが汚されたことも、指導部の国家海洋局への評価を下げた可能性がある。

「中華民族の偉大な復興」という歴史的使命を意識する習近平は、中国の伝統的な社会秩序に基づき、中国全体を再び機能させるために、各方面の権力をあえて自分に集中させた。彼は海洋問題の重要性を認めるがゆえに、自分の目がより届きやすい中央軍事委員会に中国海警局の指揮権を置き、国家海洋局を解体して、一組織の決断で中国全体が流されることのないよう予防策をとった。

2018年には、中国海警局の初代局長だった孟宏偉がリヨンのインターポールから中国に呼び戻され、所在不明のまま辞表が提出された。孟宏偉は翌年、収賄容疑で中国共産党を除名され、公職追放処分を受ける。国家海洋局の局内局としての中国海警局も、トップの処分とともに、歴史から徹底的に抹殺されることになった。

中国の最高指導者によるこの引き締め措置で、近隣国にとって中国の海上行動の予測不能性は低下した。しかし、それにはよい面も難しい面もある。最高指導者が自分の国内的な凝集力を高めようとしているときには、中国の実務部隊は自分の判断で意味ある決定をしにくくなる。そのため中国とのビジネスライクな実務交渉はむしろ難しくなり、すべての重要な問題の解決に、中国の最高指導者との良好な政治的雰囲気が求められる。必然的に近隣国の人々も、中国の指導者の顔色をうかがい続けることになろう。

終章　習近平とその後の中国

正統派の指導者、習近平

中華人民共和国の建国から70年。それを率いた中国共産党は、さまざまな失敗を繰り返しながらも、中国の人民をひとつの国家の枠組みに取り込むことにほぼ成功してきた。70年前、統一的なアイデンティティなど持たず、バラバラだった人々は、中国共産党が基盤とする漢族的な社会秩序に従い、一体的な国民＝「中華民族」として統合された。特に経済近代化の効果は絶大で、いまでは高山に暮らすチベット人まで、生活のために積極的に中国の経済社会への参入を図っている。中国共産党の問題処理能力は、好き嫌いを別として相当高い。

本書ではこれまで、中国の対外行動がそのときどきの国内状況に応じ、どの程度、どのように変化してきたかを論じてきた。中国の対外行動を捉えるときに理解しやすいのは、中国が外婚制共同体家族に根付いた社会秩序を持ち、家父長、つまり最高指導者の国内凝集力をバロメータとして、一定のサイクルで変化する社会だ、と考えていく方法である。

家父長のもとで生きる中国の息子たち、そしてそれに従う家人たちは、潜在的にはそれぞれが家父長になる可能性を秘めた、自由で活発で、創造性に富んだ人々である。しかし、家父長は彼らに好きにさせると、中国全体がまとまらなくなり、ひいては自分の地位が危なくなると恐れる。そのため生命力とやる気に富み、また実力のある家父長ほど、自分の息子たちをしっかり抑え込み、指示に従って行動させようとする。逆にそうした力に欠けた家父長ほど、息子たちをなだめ、一定の自由を認めながら、中国という共同体にとどまるよう説得し続ける。家父長と息子たちの関係性によって、中国社会が外部社会にどのような行動を取るかが決まってくる。

中華人民共和国の初代家父長・毛沢東は個人崇拝を進めすぎた。第3章で見たように、彼は理想主義者で、党の対外関係も国家の外交関係もしっかりやれと実務者たちに指示する一方、組織間の問題調整には手をつけなかった。各組織は絶対的な権限を持つ最高指導者の意思を忖度し、それぞれに彼の意図を汲んでちぐはぐな行動をとり、またそれをエスカレートさせて中国の対外関係を麻痺させた。

対照的に胡錦濤は、家全体をしっかりまとめることができなかった。家父長の能力のなさを見抜いた息子たちは、表面的には父を立てて服従しつつも、それぞれの利益拡大をめざしてバラバラな行動を取り始めた。これは、第5章や第6章で見たとおりである。中国をめぐる対外関係は、各主体のクリエイティブな行動で活気付いた面もあるが、全体的なバランスは大きく乱れた。党中央の意思に反して、中国をめぐる対外環境の緊張は高まった。

中国では、社会秩序のメカニズムはどの時期も共通である。しかし、そのうえに君臨する家父長の凝集力は変化する。凝集力が強すぎれば社会は萎縮し、弱すぎれば一体性を失う。大家族のまとまりを重視するなら、全体の統制はしっかり握りつつ、だがその握力は家人を握り潰さない程度にとどめ、社会全体を自分の意思の下で動かすことができるのが善き指導者である。そう考えると、習近平はおそらく、中国の伝統に根ざした正統派なのだ。

強面で有能な「万能主席」

習近平は就任直後から、党内に「領導小組」（特定の分野に関して政策や方向性を定め、関連各系統と各部門間の調整を図る指導グループ）を数多く打ち立て、国家制度を飛び越えて自らへの権力集中を図ってきた。第３章で述べたように、この手法は毛沢東がもともと１９５８年にとった手法とよく似ている。ただし習は、20近い「領導小組」の組長に自分で就任し、あらゆる問題の最終決定権を制度的に握った。オーストラリアの中国グローバル研究センターは、２０１４年に習を「万能主席（chairman of everything）」と呼んでいる。

また、習は反腐敗の名目で軍隊の切り崩しも進め、２０１４年末以降、大規模な組織改革を断行して組織を一新した。さらに２０１８年３月には「党と国家の機構改革を深化させる方案」を発表し、中国共産党と国務院の組織改革に大なたを振るい始めた。

こうした動きを振り返れば、習近平は明らかに、党・軍・国の各系統の息子たちに対して統制を強化することで、自分の意思を中国の各領域に浸透させようとしている。2018年3月に改正された中国憲法では、中国共産党は「中国の各民族・人民」を継続的に領導すると規定された。習近平はその中国共産党の全体を掌握している。

トップダウンで中国全体を動かそうとする彼のやり方は、第2章で説明したとおり、中国の伝統的な、強面で有能な家父長の姿そのものである。習近平は、中国という大家族の運営上の問題を彼なりに分析し、他の指導者が考えもしなかった手法で、党・軍・国家の各組織にメスを入れている。彼の強力な威厳の下で暮らす一四億の家人たちからすれば、束縛の重さに息がつまり、愚痴をこぼしたくなることも多かろう。それでも習近平のアプローチは、外婚制共同体家族を基盤とする中国社会のなかで、全体を一体的に運営するという目的においては有効なのだ。

中央外事工作委員会の新設

では、習近平の下で対外政策をめぐる中国の組織運営はどう変化しているのか。

2018年3月の「党と国家の機構改革を深化させる方案」では、既存の領導小組のうち4つが委員会に格上げされた。「中央全面深化改革委員会」、「中央インターネット安全・情報化委員会」、「中央財経委員会」、「中央外事工作委員会」が新設された。各委員会は、各分野の政策的な方向性を大局的に定め、組織の全体配置を整え、統合的かつ協調的に各分野の作業を監督することになった。習近平はいつものように、これらすべての委員会の主任に就任した。各委員会には常設の弁公室（事務室）が設けられ、弁公室主任が任命された。

各委員会のなかで、「中央全面深化改革委員会」が開催した会議の数は２０１９年９月までに10回におよび、突出している（「中央財経委員会」は５回、その他は１回ずつ）。習近平がいかに国内の体制改革を重視しているかが見て取れる。

もっとも、習近平がすべての委員会の主任で、各委員会の名簿にも重複が多いせいか、会議では分野を跨《また》いだような意思決定が行われている。たとえば中央全面深化改革委員会第10回会議では、本来は中央財経委員会の担当と思われる金融インフラの統合的管理についての方案が通過している。習近平のもとで決定が下され、全国に伝えられることが重要なのだろう。

いずれにせよ、このとき以降、中国の対外関係は中央外事工作委員会が指揮することになった。第６章で述べたように、同時に中央海洋権益擁護工作領導小組は解消され、その機能は中央外事工作委員会に吸収されている。

中央外事工作委員会では、李克強総理が副主任になり、筆頭委員には習近平の盟友で、国家副主席として対米交渉でも活躍する王岐山がついた。それに続く委員には、まず中央政治局委員で元外交官の楊潔篪が、そして外交部、中央対外連絡部（中連部）、中央宣伝部、国防部、公安部、国家安全部、商務部、国務院台湾事務弁公室、国務院香港マカオ事務弁公室、中央対外宣伝弁公室、国務院僑務弁公室のトップが名を連ねた。さらに、委員会の実務部隊となる弁公室の主任には楊潔篪が、副主任には外交部の常務副部長が就任している。

中央外事工作委員会のメンバー構成自体は、領導小組時代から大きく変わったわけではない。しかし、弁公室も入れると実に3名の職業外交官がおり、外交部の存在感の拡大が際立つ。また、報道によれば、領導小組時代に比べ弁公室のスタッフの人数が拡張され、そこから各関連組織に働きかけを行う監督・協調機能が強化されたようである。

対外関係の「集中的統一的領導」

中央外事工作委員会の設立目的は、習近平のリーダーシップのもとでの、中国の対外関係の統合的運営である。2018年5月15日には第1回会議が開かれた。ここで習近平は、「政策決定と議事協調の役割を発揮する」同委員会の役割を強調し、今後はトップの権力と機能の強化を図り、対外工作の体制とメカニズムを改革し、外事工作チームの建設を強化して、党中央の対外政策決定が全国に行き渡り貫徹されるようにする、と宣言している。彼はまた、地方の対外活動も中央の配置に従うべきと強調した。習近平は翌6月の中央外事工作会議でも、外事工作に対する「集中的統一的領導」の重要性を再度強調した。

これまで中国の組織については、組織間の連携、特に国家系統と軍系統のそれがきわめて弱く、行動がちぐはぐで指導者の意図が推し測りにくい、という弱点が指摘されてきた。特に海洋問題では、その状態が対外的な衝突のリスクを高めているとすら懸念されていたのである。しかし習近平は、こうした問題に正面から向き合い、「部下たちの勝手な行動で、党中央が流される」状況を未然に防ごうとしている。そのために、中国の高級幹部はほぼ全員が党員という事情を利用し、党の機能強化によって組織間協調を図り、全体の一体性を高めようとする。

これは民主主義国の基準では、中国共産党の一党独裁を強化し、正式な国家制度を骨抜きにする悪質な改革であろう。しかし、中国共産党の永続的な領導が前提となる中国では、実際問題に対処する有効な手法と言える。

この機構改革で、対外活動の運営方法も変わり始めた。習近平は先述した第1回会議で、地方の対外活動への問題意識を吐露していた。その後、同委員会の司令ルートが、党中央から地方政府へと急速に張り巡らされていく。省や自治区の党委員会に外事工作委員会が設立され、省級政府の省長・自治区主席（実質的なナンバー・ツー）ではなく、省級党委員会の書記（実質的なナンバー・ワン）がその主任に就任させられた。党中央という父の下、各地に配置された息子たちが、自分の守備範囲の対外活動に明確な責任を負わされたのだ。

各省・自治区の党委員会は2019年前半までに、それぞれ外事工作委員会会議を開催している。外事工作に従事する各地の実務者に、党中央の指示を学習させ、それに基づいて日常業務を実施させていくためだ。

並行して、党中央のレベルでも政策調整が進められているようだ。この点では、2019年7月に発表された中国の『国防白書』のトーンの変化が注目される。2015年までの『国防白書』は、中国軍をめぐる国際環境や中国人民解放軍の軍事戦略を主に説明してきた。しかし2019年『国防白書』の内容はかなり変わり、国内外の読者に「世界の平和を担う中国の国防努力」を総合的にアピールしていく内容になった。習近平政権の対外関係の成果を総合的に解説し、中国の国防予算は実は世界の主要国より少ないと訴える、外交文書のような『国防白書』が公表された。習近平のもとで、中央軍事委員会と中央外事工作委員会の間でも高度な調整が実施されているのだろう。

こうした変化は、中国の対外行動の軟弱化、もしくは強硬化を単純に意味するのではない。国家を率いる最高指導者として、習近平も主権問題では譲歩しにくい。しかし、彼は国内社会の潮流に流されるのではなく、むしろ自分で潮流を作り出して、対外政策の適切な硬軟バランスを自分で判断し、貫徹していこうとしている。

国際関係は常に複雑だが、中国の行動は彼の治世下で安定し、突発的な行動は減り、外部からも予測しやすくなった。胡錦濤政権が世論や部下たちの突発的な行動に流され、それを収拾するために対外行動を急進化させたことを考えれば、習近平のもとではある種の「穏歩」が実現している。

実例を挙げよう。米中貿易紛争が激化するなか、香港では2019年6月に反中デモが発生し、その後も100日を超えて継続している。大陸中国では武力鎮圧の声が高まり、デモ参加者も運動の国際化を狙って大陸への挑発行動をとったが、習近平は踏みとどまっている。いま香港で再び「天安門事件」が起きれば、西側の自由主義国との全面対立を招き、それが世界の東西分断に拡大して新たな冷戦が始まる可能性すらある。世論に流されて武力鎮圧に走れば、中国にとってきわめて不利な結果を招くと判断しているのだろう。

習近平下の中国社会

では、このような国内的変化のなかで、中国社会の対外行動は今後、どのように変化していくのだろうか。

第一に言えるのは、当面の間、個々の中国人の対外行動は全体的に、党中央の意向を受けたかなりお行儀のよいものになるということだ。

習近平は大局に従えというお触れを出し、中国人はこうあるべきという理想を説きながら、社会全体に対する締め付けを強化している。習近平が総書記になった頃から、中国は世界最先端の情報技術を駆使し、個々人の行動を緩やかに、しかし抜本的に規制するようになった(『幸福な監視国家・中国』)。ネット統制に加え、監視カメラや電子マネーが普及し、当局は各人の生活に関わるさまざまな面を監視できるようになった。これを受け、当局が定めたルールに従って生活を謳歌することが社会潮流になっている。そもそも経済発展にともない、乱暴なやり方で自己利益拡大に走る中国人もあまり見かけなくなった。

習近平政権は、中国人の海外での活動についても指針を出している。彼が進める「一帯一路」には、スリランカのハンバントタ港の対中租借問題を契機に、2017年頃から国際的な批判が高まった。2018年1月の中央全面深化改革領導小組第2回会議は、『「一帯一路」の国際商業紛争を解決するメカニズム・組織の構築についての意見』を審議している。これにより、「一帯一路」をめぐって国際紛争が生じたときには、相手国の法律および当事者の意思を尊重し、また国際的な条約や慣例も積極的に活用しながら解決を図る原則が確立された。翌年4月の第2回「一帯一路」フォーラムでも、商業的・財政的な持続的発展を確保しながら、現地の経済社会発展に対して実際の貢献をめざす方針が打ち出されている。

政権が明確な方向性を指し示したのを見て、企業の側は次のように判断する。強力な指導者のお触れに背き、それが大使館などの報告で当局に知られれば、自分のビジネスの基盤である母国とのつながりが脅かされる。そんなリスクを冒すよりは、現地社会との軋轢《あつれき》の最小化に務め、むしろ模範企業となって現地社会に溶け込んでいく方がよっぽどコストが小さい。——習近平政権は、海外で経済活動を展開する中国人にこうした判断を促すことで、彼らの行動をより穏健な方向に誘導していくだろう。それ自体は悪いことではない。

他方で第二に、国家と社会の一体化が進み、社会が国家におもねるような行動を取っていく可能性が高い。特に企業においては、そうした傾向が顕著化すると予想される。

中国は市場経済とはいえ、労働者の2割程度しか雇用しない国有企業が、4割程度のGDPを稼ぎ、銀行の新規ローンの6～7割を受ける特殊な状況にある。WTO加盟前後の中国では、国有企業の民営化もあって民営企業の躍進が目立ち、「国退民進」(国有企業が後退し民営企業が進歩する)と呼ばれた。しかし胡錦濤政権の後半からは、それとは逆の「国進民退」現象が観察されている。当局は民間の経済活動への介入を強化している。

中国共産党が莫大な資本の使い道を握る社会主義経済では、当局の意向を無視した経済活動はまず不可能である。大きな企業であればあるほど、国家に逆らえばまっとうな経済活動が難しくなる。2000年前後から、中国当局は企業に海外進出を奨励してきたが、2017年頃からその海外直接投資にも細かい規制をかけ始めた。当局の民営企業への介入が強まるなか、アリババの創立者で中国で最も著名な起業家ジャック・マーが、2019年9月に完全引退した。背景には当局との関係の難しさがあったと推測されている。

中国の指導者は、経済発展に民間のイノベーションが重要ということを十分に理解している。彼らの目から見れば、中国の製造業は「からだはでかいが強くない」。中国が国際的な競争力を獲得し、さらにそれを高めていくには、民営企業にイノベーションを促していくことが課題である。民間資本が弱いなかでそれを実現するには、国家が企業の研究開発費などを支援し、そこに大量の投資を行うことで、戦略的に重要な核心的技術の向上を図ればよい。これはかつてのソ連と共通する全体主義的な発想である。2015年5月に発表され、のちに米国から問題視された『中国製造2025』は、そうした考えで執筆されている。米国からの圧力の高まりを受け、中国政府は最近、この文書にほとんど言及していない。しかし、中国ではいまも多くの人が、自国の科学技術力は西側諸国に比べてまだまだ脆弱で、だからこそ自国は西側の圧力にさらされていると考えている。彼らにとって、戦略性の高い分野でイノベーションを起こす可能性のある企業を国家が支援することは、まったく不公正ではなく、むしろ指導者が行うべき当然の行為である。

習近平政権のやり方は、中国の人々に支持されている。当局と民営企業の力の差が圧倒的なため、実際問題として民営企業も、当局に寄り添った生存戦略をたてざるを得ない。

強力な指導者、習近平は、大家族としての一体性を中国社会全体に求めている。おそらく当面の間、中国社会の側もその要求をはねのけられない。中国共産党が国家形成と経済近代化で成し遂げた実績は、多くの人々に実利を提供しており、党中央に対する「父殺し」が起きる気配もない。家父長が健在な間、人々は習近平のムードに合わせ、その共同体のなかで日々の生活を営んでいくしかないのだ。

キメラの生き様と国際秩序

こうした状況が継続すれば、キメラの生き様にも影響が出そうである。第4章で論じたように、マルクス－レーニン主義を標榜する中国共産党が市場経済を受け入れ、キメラに転身したのは、中国共産党を延命させるための究極の策だった。自由主義経済と権威主義的な政治体制の組み合わせには無理があり、だからこそ西側諸国は、中国は一定の経済発展を遂げた後に民主化するだろうと想定していた。しかし、そうはならなかった。中間形態に無理があるのであれば、成長したキメラは、権威主義の側に回帰していかざるを得ない。

力強い家父長の下では、全体統制の力が自然に強く働く。習近平が中国のためによかれと判断し、細かい指示を下して有能ぶりを発揮すればするほど、そのやり方は本質的に自由主義体制とは異質なものになる。中国の台頭によって、国際的には価値観をめぐる対立が拡大する、という見方には根拠がある。

西側からすれば、中国は自分たちの自由経済を不公正な形で活用し、自己利益の拡大に励んでいると見える。しかし習近平としては、自分は自由貿易を推進し、民営企業を国としてしっかり支えているのに、西側はなんの不満を並べているのだ、ということになる。中国は自由主義経済の意義に共鳴して市場経済を採用したのではなく、それを政権維持のため便宜的に活用してきたのだが、優先順位の差は表面的には見えにくく、議論のベースが嚙み合わない。

米中貿易摩擦はこの火に油を注いでいる。トランプ米大統領が仕掛けた関税戦は、中国国内で経済的な混乱が広がるなかで、中国の人々の一体感を高める作用を生んでいる。習近平政権は知的財産権の保護や外資の受け入れ制限の縮小など、米国の要求をかなり受け入れ、対話継続の姿勢を示してきた。しかし、中国では米国のやり方への批判が急速に高まっており、逆に中国当局の経済政策を擁護する声が増えている。米中貿易摩擦によって、習近平の権威は強化され、中国経済は自由主義からより遠ざかっていく可能性が高い。

権威主義的な性質を増した巨大なキメラの存在は、国際秩序にもかなりの影響を与えていくだろう。ただしその影響の広がり方は、キメラがサバイバルの恐怖をどれだけ強く感じたかによっても変わってくる。

中国は対外政策で常に全体バランスを考慮してきた。第1章で論じたように、特定国との摩擦が拡大すれば、統一戦線の発想に基づいて他国を味方につけようとする。指導者の国内統制力が強い場合は、実行力も高まる。2018年の日中関係の大幅な改善は、その典型事例だった。

米国との対立の深まりを受け、中国は「一帯一路」下で世界の国々、特に発展途上国への接近をさらに強め、各国への実際の貢献の道を探っている。だが、より権威主義的な性質を増し、統治強化に向けた技術力も備えたキメラがそうした貢献に励めば、中国が独裁政権の経済発展を結果的に支援し、世界のなかで権威主義体制の長期化と普及に貢献してしまう可能性は存在する。中国の経済支援は政治的な条件をつけず、相手国の政治体制も問わないため、そうした国々の指導者にとって魅力的だ。中国が米国との対立を強め、より熱心に仲間探しに励むような事態になれば、世界が二つの陣営に分断されていく日が来ないとは限らない。

だが、権威主義的で貧しい国々の「盟主」になることは、中国にとってコストは高くメリットが少なく、理想的な選択肢ではない。中国の人々は、祖国が国際社会からリスペクトされることは望んでいるが、自分たちが努力で豊かさを手に入れてきただけに、発展途上国への無償奉仕を望んでいない。習近平政権は、そうした状況に追い込まれることを回避すべく、全力で外交努力を尽くすと見られる。キメラとの共存は、国際社会にとっても長期的な課題である。

他方でそれ以上に、キメラの最大の問題は世代交代である。本書で説明してきたように、中国の社会秩序には家父長の生命力に応じたサイクルがある。家父長が長い時間にわたって上からの統制圧力をかければかけるだけ、息子たちの間には不満が累積し、圧力がなくなったときの拡散力が強くなる。習近平は定年のない党主席への就任をめざしているといわれ、実際に２０１７年の第19回党大会では慣例を破って後継者指名をしなかった。習近平の治世は相当長期にわたって続く可能性もあるが、習とて不死の存在ではない。

習近平という重しを失ったときに、中国のキメラがどうなるかはまだわからない。しかし、中国社会は必ず拡散の方向に向かう。毛沢東の死後、鄧小平は市場経済という〝秘薬〟に手を出し、中国共産党の統治体制を守った。しかし、市場経済はもはやキメラに組み込まれて常態化しており、習近平後の指導者にとって起死回生の奇策にならない。

多様性に富み、活力と創造性に溢れた人々からなる巨大な中国を、ひとつの国家の枠組みの下で機能する社会として統治し続けるのは、いかなる個人や組織にとっても容易ではない。「ポスト習近平」問題は、中国社会にとってきわめて大きなチャレンジであるとともに、中国台頭時代の国際秩序のあり方を左右する重要な変数でもある。

あとがき

もう大昔のことだが、私は小学1年生の6月に福岡市内で最初の転校をした。新しい学校ではすぐに友達ができた。放課後に時間があると、私は坂を下ってその子のマンションの下に行き、声を張り上げて名前を呼んで、「あっそびましょー」と誘い出した。

2年生になったある日、担任の先生が彼女についてこう告げた。「ユン・サイエンちゃんは韓国の人なので、もうすぐ韓国に帰ることになりました」。そして世界地図をみせて、韓国はここです、と言った。その後先生は、世界地図を教室の後ろに貼り直した。

このとき、私は仰天していた。外国の存在は知っていたが、友達の「さいえんちゃん」が外国人だなんて考えたこともない。振り返れば、私の声を聞いた大人たちは、マンションに外国人が入居しているなと思っていたはずだが、私は鈍感力に富む子どもだった。あまりに衝撃を受け、ランドセル入れの棚によじ登り、先生の世界地図に体ごと貼り付いて確かめたのをよく覚えている。「大韓民国」の四文字。福岡のすぐ隣なのに、東京よりずっと近いのに、日本とは違う色で塗られていた。優しかった「さいえんちゃん」は外国人で、どこか手の届かないところに帰るんだ。私は心のなかで、このとき初めて国境を目にしていた。ただ、私は九州育ちで家族も外国人との交流が多く、大陸をいつも身近に感じていた。おかげで当たり前に、「日本の中央で育った日本人」とは違った観点で国際関係を捉える習慣ができていたように思う。父はもう何十年も残留孤児や留学生の面倒ばかりみているが、その源流をたどると、九州の西、熊本県の天草で暮らす祖父母の影響があった。

中学校を卒業してすぐに小学校の代用教員になった祖父は、勤務先が毎年変わる不規則な生活のなかで、その土地その土地の古老から民話を聞き取るのを趣味にしていた。テレビで放映されていた『まんが日本昔ばなし』に、この間天草のサツマイモの話が出てきたよと電話で言ったら、「たわけ、それはうちのご先祖の話じゃあ」と怒られたことがある。祖父によると、薩摩国は支配下の琉球を通して中国からサツマイモを入手し、それを戦略作物に位置付けて門外不出とした。薩摩を訪ねた際、それを気に入ってこっそり持ち出したのは、江戸の青木昆陽先生ではなく、益尾家の祖先だったという。

祖母が大切にしていたわが家のファミリーガッド、裏山の老嶽山《おいたけさん》の神様の話も面白かった。なんと、神様の正体は明の皇帝であった。明朝が倒れ大陸から逃げ出した皇帝は天草に流れ着き、村はずれの岬でいつも、「ああ、もう一度明の国が見たい、見たい」と泣いて暮らしていた。皇帝はそのうち岩になり、やっぱり明の国が見たいと山の上に飛んで行った。老嶽山の御神体の岩には牡蠣《かき》の殻がついており、それは皇帝が岬で泣いていた名残である。

キリシタンの影響を受けた農民反乱で、天草の人口の大半は消失した。鎖国中ではあったが、天草では明の崩壊後に大陸からの亡命者が黙認されたようだ。

祖父母が教えてくれたのは昔話だけではなかった。彼ら自身が、大陸からの引き揚げだったのだ。祖母は18歳のとき、花嫁修業のため初めて天草を出されたが、行き先は長崎でも大阪でもなく、そのころ間島《かんとう》と呼ばれていた今日の中国吉林省朝鮮族自治区、龍井であった。抗日パルチザンが活躍した不安定な土地だ。しかし、貧困率の高い天草地方ではかつて、貧しい家の少女たちは外国に売られ、「からゆきさん」と呼ばれる海外売春婦にさせられた。だから龍井の郵便局で働けたことを、祖母はありがたく思っていた。

年下の弟たちを養う必要のあった祖父は、非正規教員でも正規教員の6割増しの給料が出ると聞いて北朝鮮勤務を選び、あちこちで10年ほど教鞭をとった。1945年5月に徴兵され、家族を寧辺に残したまま日本本土に戻ったが、途中で受け取った朝鮮人の教え子からの手紙を大切にしており、行方の知れぬ彼らのその後を案じていた。

他方で、生まれたばかりの長男と3歳の娘とともに取り残された祖母は、まさに国家の棄民となった。敗戦後、北朝鮮にいた日本人教員とその家族たちは、国の帰国指示を待って平壌に集結する。しかし、1年待っても東京の指示は届かず、満州からぼろぼろになって流れてくる日本人難民や、どんどん数を増やすソ連兵で、街は混沌状態となった。子ども2人を抱えて38度線の鉄条網を突破し、「命だけ拾って」博多港に到着するまで、祖母は辛酸《しんさん》を舐《な》めつくしたようだ。

なのに彼女の思い出話はなぜか、大陸での初めての体験のわくわくと、日常生活のさまざまな美しさに彩られていた。そして、自分が亡国の民として明日をも知れぬ立場に追い込まれたとき、日本への憎しみを超え、人としての思いやりから幼子に食べ物を恵み、命をつないでくれたアジュンマ《おばさん》たちへの感謝の念でいっぱいだった。

中学校で日本史を習った後、私は祖父に直接、「あっちに行っとったとは、侵略っちゅーんやなかとね」と尋ねたことがある。祖父は言葉を詰まらせ、だいぶ長い間、ただ黙って私を見つめた。あのときの複雑な、なんとも悲しげな表情を、私は生涯忘れないだろう。

祖父母は偶然、歴史の最前線に放り出された人たちだった。しかしそれだけに、そこに居合わせた他の人々についてもよく理解し、彼らに強い気持ちを寄せ続けた。実際の人間社会は国家間関係の潮流とは別のレベルで展開すること、双方を重ね合わせなければ複雑な歴史は理解できないことを、私は祖父母から学んだ。二人の昔語りが、私にとって最初の聞き取り調査になった。

「わざわざ外国に行くんが、そげな苦労せんでよか」と祖母に強く反対されたが、海の向こうに好奇心を抱いた私は、高校時代にアメリカへの交換留学に出た。祖母の言葉どおり、最初のホストファミリーとは合わず、涙したこともあった。しかし2番目のホストファミリーやご近所さんには本当によく面倒を見てもらい、世界観が変わった。それをきっかけに、私は国際関係を学びたいと考え、帰国後は無理な受験勉強をして東京大学に入り、やがて国際関係論コースに進学した。わが家では語学オタクの父がずっと中国語の勉強をしていたため、当たり前のように第二外国語に中国語を選んだ。

ただし、国際関係論を勉強するようになって、心のなかにはずっと後悔があった。いろいろな専門分野を知ってから思ったのは、田舎でのびのび育った私の適性は、文化人類学とか生態学とかのフィールド調査の分野だった。頭脳の切れ味で勝負するような理論的な国際関係論の世界は、本来まったく向いていなかった。育ちのいい都会出身の帰国子女たちに囲まれ、私はできるだけ背伸びしてお上品に、知ったかぶりの猫かぶりで過ごした。

だから、ひょんな偶然から北京大学への交換留学に出してもらって、私はやっと水を得た魚になれた。ちょうど中国では日本の歴史認識が問題視され始めた頃で、ただでさえ文化摩擦が当たり前な留学生活はまさに摩擦だらけ、へたな中国語で中国人と数え切れないほど口論した。しかし、「なんやこんな国」と腹を立てる留学生の目にも、アメリカ行きの奨学金を勝ち取るため、朝から晩まで図書館に詰める学生たちの姿は説得力があった。友人に蘇琪《スーチー》という中国名をつけてもらい、彼らに「中国人はこういう状況でなぜこう考えるのか」という謎を一つひとつ解いてもらって、私はだんだん中国のディープさにはまった。もちろん、大学院に進学して論文を書くときには猫かぶりを続けたけれども、研究者としての私を育ててくれたのは、中国というフィールドそのものだった。

研究対象国の人々に愛着を持つ人間にとって、2010年からの日中関係の緊張は苦しかった。私は一研究者として、中国政府の立場は擁護できないと考えている。しかしもはや双方とも感情的になり、まともな議論は不可能になった。さらに私の国籍のため、中国では日中関係とまったく関係のないテーマでも意見交換や訪問が拒否され、聞き取り調査も難しくなった。点の問題が、日中関係の全体を支配した。加えて対中警戒心高まる日本では、私のずっと後から中国外交の研究を始めた人たちがどんどんメディアで活躍していくのを、私は地方で世捨て人のように傍観していた。慣れ親しんだ研究手法もとれず、自分が誰の役に立っているとも思えず、何をどうすべきなのかわからなくなった。国家という怪物に足元をすくわれ、私は数年間、アイデンティティ・クライシスの状態にあった。

なんとかリハビリできたのは、九州の海のおかげだ。ハーバード大学での在外研究中、私はチャールズ川で乗ったカヤックを気に入ってしまい、帰国するとたまに家族と自宅近くの海を漕ぎ始めた。九州北部の海岸線沿いには、東アジアの国家間のつばぜり合いを示す遺跡が多くある。その一方、国家の枠組みにひるむことなく、むしろ時には国家間の緊張を利用しながら、海を超えて活躍した僧や海賊・商人の足跡もたくさん残っている。対立の元凶になった海で遊びながら、私はだんだんと、大陸で苦労した祖父母の話を思い出していた。そこでようやく、国家間関係の潮流がどううねり狂おうとも、人は人として、自分が信じる方向で努力し続けるしかない、という凡庸《ぼんよう》な結論に達した。

中公新書の白戸直人さんに、本を書いてみませんかと誘っていただいたのは、そういう時期だった。ずっと中国を見てきた人間として、自分なりに貢献できるかもとは思ったが、すごく乗り気だったわけでもない。新書用にわかりやすい文章をと言われても、すっかり猫かぶりが板についている。

ただし、周囲をよく見渡してみたら、中国の国家としての大戦略を分析した本は日本にはすでに豊富で、同じようなものを書く意味はない。日本の辺境で、中国に一隣人として接してきた私にできるのは、東京対北京の視点で中国を論じることではなく、さまざまな顔を持った個人の集合体として中国を捉え直すこと、そしてそのような社会から生まれる中国の対外行動を、これからも中国と共存せざるをえない日本の人々に説明していくことなのでは、と考えた。

こうしてできたのが、開き直りの本書である。このなかでは、研究者としての自分をなかば振り切り、専門分野を度外視して、できるだけ直感的な説明を心がけた。緻密《ちみつ》な論理構成が求められる学術論文では書けないざっくりさで、中国社会がいつ、どうして特定の動きをするのか、そのリズムが中国の対外行動にどう影響するのかを自分なりに提示した。

ご一読いただければわかるとおり、人間交流によって国家間関係が平和になるといった楽観的な立場は、本書では取っていない。むしろ、中国のちぐはぐな対外行動の原因が国内社会にあり、だからこそ改善は難しいと指摘している。過去20年あまりの中国観察記録をまじめに整理したつもりだが、結果的には普段の私の裏バージョンみたいな本になった。学界からは激しいお叱りを受けそうだが、祖父母が喜んでくれる気がして、自分としては気に入っている。

本書を仕上げるまでに、多くの方々にお世話になった。名前はあえて挙げないが、日中関係の冷却期に私の訪問を受け入れ、膝を交えて話をしてくれた中国の友人たちにはとても感謝している。私は一時は、もう専門を変えようかとすら思いつめていた。だが、「何があっても交流は続ける」という心意気の人たちが対岸にいてくれたおかげで、なんとか心を折らずにすんだ。

私は田中明彦先生とエズラ・F・ヴォーゲル先生に強く影響を受けている。元・指導教員の田中先生の研究姿勢は常に合理的で、私は先生の背中から多くを学んだ。元・上司のヴォーゲル先生は、いつも誰にでも細やかな配慮と心遣いを払う人格者だ。しかし、長年先生の近くで働く間に、私はその社会貢献精神の強さや、ご自分への要求の厳しさも目の当たりにしてきた。これは私の大きな財産である。

本書の大半は福岡の研究室で執筆したが、最後の部分がなかなか書き終わらなかった。それが完成したのは、中国社会科学院アジア太平洋グローバル戦略研究院、および外交学院での訪問研究中である。言い訳がましいが、北京・農光里のアパートで普通の人々にまぎれて生活するうち、ようやく中国的な感覚が戻り、心を落ち着けて筆を進められた。2度目の長期在外研究を支援してくださった九州大学、および比較社会文化研究院の同僚には深く感謝している。また、本書には私の学生たちがたくさん登場する。彼ら、彼女らとの刺激的な日常は、私の大切な学びの時間だった。どうもありがとう。ご自身もたいへんななかで、プロフェッショナルな編集作業をしてくださった白戸さんには、深くお礼をお伝えしたい。

本書の執筆に最も貢献したのは、まちがいなくわが夫である。わがままな妻を持ったため、どんどんスーパーダディぶりを増していく夫には、まったく頭が上がらない。よく多くの方々から、女性なのにそんなに家を空けていてなぜ大丈夫なんですかと聞かれるが、秘密はすべて家庭にある。

最後に、天草の血を引くわが娘の話をしたい。外国人の多い環境で育った彼女には、いつも国籍の違う友達がいる。中国や韓国のバックグラウンドを持つ子は、顔も考え方も似ていて特になじみやすいようだ。彼女は母親ほど無知ではないから、友達が外国人だということは小さいときから理解していた。でも、どうもほとんど気にしておらず、ずっと一緒におバカな遊びに興じてきた。いつの間にか誰かに山査子《サンザシ》の味を教わり、母の中国出張のたびにお土産オーダーを出してくる。

でも、母はそれが嬉しいのだ。みんなとたくさんの時間を一緒に過ごしていれば、国籍よりも一人ひとりの人間性に意味があると自然にわかるから。そしてその積み重ねが、ナショナリズムをひらりと飛び越え、その先を歩み続けるのに必要だから。

複雑な東アジアの国際関係を思い、娘とその子どもたちが自由な個人として生き続けてくれることを願って、本書を結びたい。

２０１９年６月　博多湾で、辺境人の誇りを胸に

益尾知佐子／Chisa／蘇琪

参考文献

各章の参考文献目録を、日本語文献（著者姓五十音順）、英語文献（同アルファベット順）、中国語文献（同ピンイン順）の順に表示した。邦語訳がある文献はそれを表示した。

序章

Lai, Hongyi, *The Domestic Sources of China's Foreign Policy*, Routledge, 2010.

第1章

岡部達味「中国外交の古典的性格」『外交フォーラム』第九巻第一三号、一一〇-一一七頁。

——『中国の対外戦略』東京大学出版会、二〇〇二年

白石隆・ハウ・カロライン『中国は東アジアをどう変えるか』中公新書、二〇一二年。

トゥーキュディデース『戦史』（上、中、下）岩波文庫、一九六六-六七年（久保正彰訳）。

平松茂雄『甦る中国海軍』勁草書房、1991年。

フレイヴェル、テイラー『中国の領土紛争——武力行使と妥協の論理』勁草書房、二〇一九年（松田康博監訳）（M. Taylor Fravel, *Strong Borders, Secure Nation: Cooperation and Conflict in China's Territorial Disputes*, Princeton University Press, 2008）。

益尾知佐子『中国政治外交の転換点——改革開放と「独立自主の対外政策」』東京大学出版会、二〇一〇年。

Hashmi, Sana, *China's Approach Towards Territorial Disputes: Lessons and Prospects*, KW Publishers Pvt Ltd in association with Centre for Air Power Studies, 2016.

Johnston, Alastair Iain, *Cultural Realism: Strategic Culture and Grand Strategy in Chinese History*, Princeton University Press, 1995.

第2章

トッド、エマニュエル『第三惑星』（原題 *La Troisième Planète*）、『世界の多様性——家族構造と近代性』藤原書店、二〇〇八年に収録（荻野文隆訳）。

——『新ヨーロッパ大全Ⅰ』藤原書店、一九九二年（石崎晴己訳）。

——『新ヨーロッパ大全Ⅱ』藤原書店、一九九三年（石崎晴己、東松秀雄訳）。

——『家族システムの起源Ⅰ ユーラシア 上』藤原書店、二〇一六年（石崎晴己監訳）。

『強軍之路――親歴中国軍隊重大改革与発展　第一巻』解放軍出版社、二〇〇九年。

第3章

宇野重昭『中国と国際関係』晃洋書房、一九八一年。

衞藤瀋吉・岡部達味『世界の中の中国』読売新聞社、一九六九年。

高文謙『周恩来秘録――党機密文書は語る』文藝春秋、二〇〇七年（上村幸治訳）（高文謙『晩年周恩来』明鏡出版社、二〇〇三年）。

バーネット、A. ドーク『現代中国の外交――政策決定の構造とプロセス』教育社、一九八六年（伊豆見元・田中明彦訳）。

益尾知佐子『中国政治外交の転換点』東京大学出版会、二〇一〇年。

Lee, Kuan Yew, *From Third World to First: The Singapore Story, 1965-2000*, Harper Collins Publishers, 2000.

戴秉国『戦略対話――戴秉国回憶録』人民出版社・世界知識出版社、二〇一六年。

耿飈『耿飈回憶録（一九四九―一九九二）』江蘇人民出版社、一九九八年。

牛軍『従延安走向世界』福建人民出版社、一九九二年。

沈志華『毛沢東、斯大林与朝鮮戦争』広東人民出版社、二〇〇三年。

呉冷西『十年論戦　一九五六―一九六六――中蘇関係回憶録』上・下、中央文献出版社、一九九九年。

第4章

ヴォーゲル、エズラ・F.『現代中国の父　鄧小平』日本経済新聞社、二〇一三年（益尾知佐子・杉本孝訳）。

益尾知佐子・青山瑠妙・三船恵美・趙宏偉『中国外交史』東京大学出版会、二〇一七年。

ヤーコブソン、リンダ&ディーン・ノックス『中国の新しい対外政策――誰がどのように決定しているのか』岩波現代文庫、二〇一一年（辻康吾訳、岡部達味監修）。

Weiss, Jessica Chen, *Powerful Patriots: Nationalist Protest in China's Foreign Relations*, Oxford University Press, 2014.

「日本経済専家大来等第二次来華座談状況簡介」『経済研究参考資料』第三五期（総第二三五号）一九八〇年三月一日、二―七頁。

第5章

石井明『中国国境――熱戦の跡を歩く』岩波書店、二〇一四年。

益尾知佐子「世界に飛び立つ南寧――中国の地域主義

の展開における広西地方政府の役割」『中国研究月報』第六四巻一一号、総七五三号（二〇一〇年一一月号）、一一八-四〇頁。
Yang, Dali L., *Beyond Beijing: Liberalization and the Regions in China*, Routledge, 1997.
谷源洋「中国-東盟博覧会——制度安排、戦略決策」『亜非縦横』二〇〇四年第四期、三二-三四頁。
古小松主編『中国-東盟博覧会』社会科学文献出版社、二〇〇九年。

第6章

青山瑠妙『中国のアジア外交』東京大学出版会、二〇一三年。

田島高志「尖閣問題『中国側は話し合いを控えたいとし、日本側は聞きおくに留めた』——鄧小平・園田会談同席者の証言」『外交』第一八号（二〇一三年三月）、七四-八〇頁。

平松茂雄『中国の戦略的海洋進出』勁草書房、二〇〇二年。

益尾知佐子「長期計画達成に邁進する中国の海洋管理——『海島保護法』後の国内行政を手がかりに」『東亜』五九八号（二〇一七年四月号）、七六-八八頁。

——「中国海洋行政の発展——南シナ海問題へのインプリケーション」『アジア研究』六三巻四号（二〇一七年一〇月）、五-二三頁。

桂恒彬『前進中的中国海監』長征出版社（企画：中国海監総隊）、二〇一一年。

国家海洋局『中国海洋21世紀議程』http://www.scsb.gov.cn/scsb/zlxz/201604/d2d8baa2d4564bb7bfef82568e1b40.shtml（2017年9月25日最終確認）。

国家海洋局海洋発展戦略研究所課題組（国家海洋局課題組）『中国国家海洋報告』海洋出版社、各年版。

胡錦濤『胡錦濤文選』第二巻、人民出版社、二〇一六年。

羅鈺如・曽呈奎主編『当代中国的海洋事業』中国社会科学出版社、一九八五年。

于宜法・王殿昌等編『中国海洋事業発展政策研究』中国海洋大学出版社、二〇〇八年。

中国海監総隊編『中国海監大事記 一九八三-二〇〇九』海洋出版社、二〇一〇年（推定）。

終　章

梶谷懐・高口康太『幸福な監視国家・中国』ＮＨＫ出版新書、二〇一九年

◎主要図版出典一覧

読売新聞社　一六五、一七一頁

2018	1月 武警が国務院（公安部）の指揮を離れ、最高指導者の命令と中央軍事委員会の集中領導を受けることに。1月 初の「北極白書」発表。3月 憲法改正、国家主席の任期制限撤廃。3月「党と国家の機構改革を深化させる方案」通過、中央外事工作委員会など設置。中国海警局の武警部隊への転属決定、国家海洋局が全部で4組織に分割。3月 米国が鉄鋼・アルミ製品に追加関税措置を発動、米中貿易摩擦が本格化
2019	5月 第2回「一帯一路」高級フォーラム開催。6月 香港で抗議デモ発生、長期化へ。10月 北京で建国70周年パレード

2011	4月 ASEAN-中国記念サミットで中国-マレーシア欽州産業パークの設置決定。11月 オバマ大統領、オーストラリア連邦議会での演説で「アジア太平洋リバランス」を正式表明。2月 国家海洋局、第1期全国海島保護長期計画発表
2012	4～6月 南シナ海のスカボロー礁で中比公船が2ヵ月あまりに渡って対峙、事件後は中国が占拠。6月 中国が南シナ海をカバーする三沙市の設立を正式発表。6月 蛟龍、マリアナ海溝で7062メートルの有人潜水世界記録樹立。9月 日本政府が尖閣3島を私人から購入、中国で「国有化」に反発する大規模な反日運動。9月 習近平、中国-ASEAN博覧会の開幕式に参加。9月 中国初の空母、遼寧就航。11月 中国共産党第18回大会開催、習近平が総書記に就任、党大会で海洋強国建設を提唱
2013	3月 習近平、モスクワ国際関係学院で人類運命共同体の理念を提唱。3月 国家海洋局内に中国海警局の新設決定（中国海監総隊、中国漁政、公安部辺防海警など統合）。9～10月 習近平、一帯一路を提唱。12月 南シナ海で7島礁の埋め立て着手
2014	5月 中国、パラセル諸島沖にオイルリグ「海洋石油981」設置、ベトナム公船との対峙始まる
2015	1月 中国とASEAN後発4ヵ国の間で9割の商品についてゼロ関税実施。3月 習近平、軍民融合発展戦略の実施を指示。3月「一帯一路」に関して「共同建設推進のビジョンと行動」発表。9月 インドネシアの高速鉄道建設で中国が破格の条件を提示、日本から受注を勝ち取る。12月 中国主導のアジアインフラ投資銀行が発足
2016	7月 フィリピンによる南シナ海の「九段線」仲裁裁判で中国が完全敗訴。11月 ダライ・ラマがモンゴル訪問、中国がモンゴルと政治交流停止、対モンゴル貿易に高関税適用。11月 中国海警局局長の孟宏偉が国際刑事警察機構（インターポール）総裁に選出
2017	1月 習近平、ダボス会議で基調講演、自由貿易の擁護を主張。3月 韓国へのTHAAD配備に反対して中国国内で韓国製品の非買運動。5月 第1回「一帯一路」高級フォーラム開催。6月「一帯一路」建設における海上協力構想発表、北極圏ルート提唱。10月 中国共産党第19回大会、「新時代の中国の特色ある社会主義についての習近平思想」を党規約へ

中国の行動原理　関連年表

2004　3月 中国人活動家が中国大陸から出港、尖閣諸島に上陸。3月 陳水扁が台湾の総統選で再選、中国側は陳の独立宣言を強く警戒。6月 春暁ガス油田で海底パイプラインの敷設工事開始、日本側警戒。8月 サッカーのアジアカップ決勝戦で日本が優勝、中国人ファンが暴徒化。9月 中国共産党、「和諧社会」の実現を提唱。9月 胡錦濤、中央軍事委員会主席に就任。10月 南寧に茘園山荘が完成。11月 第1回ASEAN-中国博覧会が南寧で開催、ASEAN-中国物品貿易協定調印

2005　3月 反国家分裂法制定。4月 日本が国連安全保障理事会常任理事国入りを申請、中国全土で反日デモ。9月 中越両国、トンキン湾共同パトロール協定締結。10月 広西チワン族自治区政府、「北部湾経済園」の開発に着手。12月 南友公路完成

2006　7月 南寧で環北部湾経済協力フォーラム開催、汎北部湾経済協力圏の構築を提唱。7月 中国海監総隊、東シナ海で権益擁護定期パトロール制度立ち上げ。8月 中央外事工作会議で胡錦濤が対外政策に国家主権と安全保障の擁護を加える。10月 安倍晋三首相訪中、「戦略的互恵関係」の構築で合意。10月 茘園山荘でASEAN-中国特別サミット開催。11月 中越両国、「両廊一圏」推進に関する備忘録調印

2007　1月 ASEAN-中国サービス貿易協定調印。2月 広西北部湾国際港務集団設立。5～7月 中国海監総隊南海総隊、対ベトナム「権益擁護」活動を初展開。10月 中国共産党第17回大会。11月 外国メディアが中国の三沙市新設予定を報道、翌月ベトナムで反中デモ

2008　1月 国務院が広西北部湾経済圏発展計画を全国初の国際地域経済協力圏に承認。3月 チベット暴動。5月 胡錦濤訪日、四川大地震で日本のレスキュー隊が活躍。6月 日中両国、東シナ海でガス田共同開発合意。8月 北京オリンピック開催。8月 世界金融危機。12月 中国海監総隊東海総隊、尖閣諸島の領海内で初のパトロール実施。12月 福岡で第1回日中韓サミット

2009　3月 米海軍調査船インペッカブル、海南島沖で中国船5隻の妨害受ける。3月 中国漁政、南シナ海でパトロール活動を定期化。8月 ASEAN-中国投資協定調印。12月 海島保護法成立

2010　1月 ASEAN-中国自由貿易圏発足、中国と原加盟国6ヵ国の間で9割の商品についてゼロ関税実施。3月 Googleが中国から撤退。5～10月 上海国際博覧会（上海万博）開催。6月 国家海洋局、「海島名称管理規則」通達（2017年8月廃止）。9月 尖閣諸島沖で取り締まりを受けた中国漁船が海上保安庁の巡視船2艇に衝突、船長逮捕。10月 民主活動家の劉暁波にノーベル平和賞受賞

1997	2月 鄧小平死去 4月 中ロ、「世界の多極化と国際新秩序構築に関する共同宣言」で新安全保障観提唱。7月 イギリスから香港が返還。9月「新たな日米防衛協力のための指針（新ガイドライン）」発表、中国反発。9月 国家海洋局、海上法執行部隊の統一を提言。12月 クアラルンプールでASEAN設立30周年記念首脳会議開催、東アジア協力に弾み
1998	3月 国土資源部新設、国家海洋局はその傘下に。10月 中国海監総隊の設立許可（99年9月発足）。11月 江沢民訪日、日本の歴史認識批判。同年中 国家海洋局、『中国海洋政策』『中国の海洋強国戦略』制定
1999	5月 北大西洋条約機構（NATO）軍、駐ユーゴスラビア中国大使館を誤爆。11月 米中両国が中国のWTO加盟問題で合意
2000	3月 西部大開発開始。3月 台湾で総統選挙、民進党の陳水扁当選。11月 ASEAN-中国首脳会議で朱鎔基総理が双方の間で自由貿易圏の構築を提案
2001	1月 温家宝副総理が国家海洋局を訪問、南極観測隊を慰問。2月 海洋科学調査に関する日中相互事前通報枠組み成立。4月 海南島沖で米EP-3偵察機と中国の軍用機が接触、中国軍パイロット死亡。6月 上海協力機構設立。8月 小泉純一郎首相の靖国参拝（以後2006年まで毎年）。12月 中国のWTO加盟が実現。12月 九州南西海域工作船事件発生、中国海監総隊が対日監視活動
2002	11月 中国共産党第16回大会で胡錦濤が総書記に就任（中央軍事委員会主席未就任）。11月 中国とASEAN各国、「包括的経済協力の枠組み協定」調印、ASEAN-中国自由貿易圏の立ち上げを決定、「南シナ海における行動宣言」発表
2003	3月 イラク戦争開始。春〜夏 中国でSARS（重症急性呼吸器症候群）流行。8月 中国の調整により、北朝鮮の核問題を議論する六者協議の枠組みが始動。8月 商務部が広西チワン族自治区政府に博覧会の開催地に選定を通知。10月 中国とタイの間でフルーツ、野菜のゼロ関税実施、ASEAN-中国自由貿易圏の枠組みが始動。10月 ASEAN-中国首脳会議で温家宝総理が南寧で中国-ASEAN博覧会の開催を提案。11月 ボアオ・アジア・フォーラムで「平和的台頭」論発表。12月 中国-ASEAN博覧会の会場となる南寧の国際会議展覧センターが完成。同年中 一部のジャーナリストや学者の「対日新思考」論がネット上で炎上

1983	3月 海洋環境保護法施行、国家海洋局の公船が近海でパトロール開始
1984	5月 沿海14都市が対外開放都市に指定される。12月 香港返還に関する中英連合声明調印
1985	3月 ゴルバチョフ書記長就任、ソ連の政治改革に着手。8月 中曽根康弘首相の靖国神社参拝が日中間で争点化、中国で反日運動拡大
1986	7月 GATT加盟申請
1987	1月 胡耀邦総書記辞任。4月 マカオ返還に関する中国・ポルトガル共同声明
1988	3月 南シナ海のスプラトリー諸島で解放軍がベトナム側を攻撃、6島礁奪取。この頃から中国、「公正で合理的な国際政治経済新秩序」の実現を提唱
1989	1月 パンチェン・ラマ死去、チベットが不安定化、3月戒厳令。4月 胡耀邦前総書記が死去、追悼運動が民主化運動に転化、5月戒厳令。5月 ゴルバチョフ書記長訪中、中ソ両党関係正常化へ。6月 第2次天安門事件、趙紫陽総書記失脚、中国は西側諸国から政治・経済面で制裁受ける。11月 ベルリンの壁崩壊
1990	8月 インドネシアと国交回復
1991	1月 湾岸戦争開始、解放軍が米軍の技術力向上を注視するきっかけに。11月 中越関係正常化。12月 ソ連解体、ロシア成立へ
1992	1～2月 鄧小平が深圳、珠海、広州、上海などで南巡講話、市場経済化の継続を主張。2月 中国、領海法を制定
1993	11月「社会主義市場経済体制確立の若干の問題に関する中共中央の決定」、市場経済を肯定
1994	7月 中国、ASEAN地域フォーラムに参加。12月 解放軍がフィリピンの実効支配していたミスチーフ礁を占拠
1995	5月 核拡散防止条約（NPT）無期限延長決定から包括的核実験禁止条約（CTBT）採択前（96.7）にかけて3回の核実験。7月 第3次台湾海峡危機（～96.3）
1996	3月 台湾初の自由総統選挙、李登輝当選。4月 国家海洋局、『中国海洋21世紀議程』発表。4月 日米安全保障共同宣言発表。5月 中国、国連海洋法条約を批准。7月 橋本龍太郎首相、靖国神社を私的参拝、靖国問題が再び争点化。9月 国家海洋局の海洋科学調査船、尖閣諸島の領海に進入。9月 国連総会で包括的核実験禁止条約（CTBT）採択

1971	7月 キッシンジャー米大統領補佐官訪中、ニクソン米大統領が中国との関係改善を発表（ニクソンショック）。9月 林彪国防部長、モンゴルで墜落死。10月 中国が国連加盟。12月 中国外交部、沖縄返還協定に関連して尖閣諸島（釣魚島）の領有権を正式に主張
1972	2月 ニクソン米大統領訪中、米中共同声明（第1上海コミュニケ）発表。5月 沖縄返還。9月 日中共同声明発表、日中国交正常化
1974	1月 解放軍、南ベトナムからパラセル諸島を武力奪取。4月 鄧小平副総理、国連特別総会で演説、「三つの世界論」発表
1975	1月 全国人民代表大会で周恩来総理が「四つの現代化」を再提起、鄧小平副総理の下で国内改革「整頓」始まる。4月 ベトナム戦争終結、南北ベトナムが統一へ
1976	1月 周恩来総理死去。4月 第1次天安門事件発生、鄧小平失脚、華国鋒が総理就任へ。9月 毛沢東主席死去。10月「四人組」逮捕
1977	7月 中国共産党第10期3中全会開始、鄧小平が職務復帰へ。8月 中国共産党第11回大会開催、文化大革命終結を宣言、近代化建設路線を発表
1978	2月 日中長期貿易取り決め調印。4月 尖閣諸島の領海付近に100隻以上の中国漁船が集結。5～7月 谷牧国務院副総理率いる視察団、西欧5カ国訪問。8月 日中平和友好条約調印。秋 北京の西単で「北京の春」運動開始。10月 鄧小平、日本訪問。11月 鄧小平、タイ、マレーシア、シンガポールを歴訪。12月 中国共産党第11期3中全会、鄧小平が指導権掌握。12月 ベトナムがカンボジアに大規模な武力侵攻
1979	1月 米中国交正常化、中国が「台湾同胞に告げる書」発表。1～2月 鄧小平訪米。2～3月 解放軍がベトナムに大規模な武力侵攻。6～7月 北京で第5回駐外使節会議、対外政策に関する再検討始まる。7月 深圳、珠海、汕頭、アモイの4都市が輸出特区に指定される。9月 谷牧副総理が来日、政府借款要請（中国から「資本主義国」に対して初）
1980	5月 谷牧が日中経済知識交流会の結成準備に着手。5月 深圳、珠海、汕頭、アモイの4都市が輸出特区から経済特区に改称される。
1981	6月「建国以来の党の若干の歴史問題に関する決議」採択
1982	3月 ブレジネフ書記長、タシケントで中国に関係改善を呼びかけ。7月 中国、日本の教科書検定問題で文部省への批判開始。8月 米中共同声明（第2上海コミュニケ）発表。9月 中国共産党第12回大会で胡耀邦が「独立自主の対外政策」を発表。12月 国連海洋法条約調印

1956	2月 ソ連共産党第20回大会でスターリン批判。6月 ポーランドで民衆暴動。10月 ハンガリー動乱、ソ連軍が鎮圧
1957	6月 毛沢東、反右派闘争を発動、反体制派を駆逐
1958	5月 長崎国旗事件、伍修権駐ユーゴスラビア大使が帰国、中国共産党第8期2全大会で毛沢東が大躍進政策を発動。6月 毛沢東、党中央に外事小組、財経小組、科学小組など新設。8月 中国人民解放軍が台湾軍の守る金門島を攻撃（第2次台湾海峡危機）
1959	3月 チベット動乱、ダライ・ラマがインドに亡命。7～8月 廬山会議で彭徳懐らが毛沢東批判。9～10月 フルシチョフ訪中、中ソの意見対立が顕著に
1960	1月 中国、ビルマと国境協定調印（隣国と初）。4月 中国、米国との平和共存を唱える「現代の修正主義者」への批判論文を公表。6月 ブカレスト会議で中ソ関係が悪化。7月 技術支援のため訪中していたソ連人専門家の帰国開始。9月 中ソ両党会談で鄧小平がソ連批判。10月 26ヵ国兄弟党代表大会で鄧小平がソ連批判
1961	10月 ソ連共産党第22回大会でソ連がアルバニア批判
1962	1月 七千人大会で毛沢東が大躍進の失敗を自己批判、王稼祥が対外政策の穏健化を求める意見書を党指導部に提出。8月 毛沢東、王稼祥を「三和一少」と批判。10～11月 中国人民解放軍が国境紛争地帯でインドを急襲（中印戦争）
1963	6月 鄧小平が代表団を率いて訪ソ、ソ連との会談で舌戦。9月 中国がソ連批判の9書簡「九評」の公表開始
1964	7月 国家海洋局設立。8月 トンキン湾事件、ベトナム戦争激化、中国の介入拡大。10月 フルシチョフ解任、ブレジネフが書記長就任、中ソ関係の冷却化は続く。10月 中国が初の原爆実験に成功
1965	9月 インドネシアで9・30事件、国内の共産党問題でスカルノ大統領が失脚
1966	3月 中国共産党、ソ連共産党第23回大会への招待を拒否、両党関係断絶。5月 文化大革命開始
1967	8月 各国国内の共産党対応を共通の関心事項として、東南アジア諸国連合（ASEAN）が結成。8月 中連部の王力、紅衛兵を率いてイギリス公使館を焼き討ち
1968	8月 チェコ事件。ソ連の介入により「プラハの春」中断。年末国連のアジア極東経済委員会（ECAFE）が尖閣諸島周辺に海底油田の存在を指摘
1969	3月 中国軍が国境線上の珍宝島（ダマンスキー島）でソ連軍を急襲。4月 中国共産党第9回大会開催

中国の行動原理　関連年表

年	項　目
1848	2月　マルクスとエンゲルス、『共産党宣言』出版
1917	3月　ロシアで2月革命、帝政ロシア崩壊。11月　ロシアで10月革命、ボリシェヴィキが政権掌握
1919	3月　ボリシェヴィキの主導で、国際共産主義運動の指導組織、コミンテルンが誕生
1921	7月　上海で中国共産党結成
1922	12月　ソビエト連邦成立
1924	1月　第1次国共合作始まる
1927	4月　上海クーデターで国共分裂（第1次国共内戦へ）。8月　南昌蜂起
1934	10月　中国共産党、国民党の追跡を逃れ長征を開始
1935	10月　中国共産党、延安の西北革命根拠地入り
1937	9月　国民党の蔣介石、第2次国共合作に同意
1945	8月　抗日戦争終結
1946	1月　米トルーマン大統領の特使マーシャルが国共関係を調停。6月　第2次国共内戦が本格化
1949	6月　毛沢東、論文「人民民主専制を論ず」発表。10月　中華人民共和国成立、国民党は台湾に逃避。11月　劉少奇、アジア・オセアニア労働者大会で帝国主義者への武装闘争呼びかけ。12月　毛沢東訪ソ（〜50年2月）
1950	1月　ソ連とともにベトナム民主共和国を承認、ベトナムの抗仏戦争に介入。2月　中ソ友好同盟相互援助条約締結。6月　北朝鮮軍が南進、朝鮮戦争開始。9月　国連軍が仁川上陸。10月　中国人民解放軍がチベット進駐。10月　中国人民義勇軍、鴨緑江を渡る
1951	1月　中共中央対外連絡部設立。7月　朝鮮休戦会談（〜53年7月）
1953	3月　スターリン死去。5月　中ソ経済援助協定調印、ソ連の支援の下で中国の経済建設が始まる。7月　朝鮮戦争休戦協定調印
1954	4〜7月　朝鮮戦争の終結とインドシナの休戦を話し合うジュネーブ会議開催。4月　中印、平和共存五原則に関わる共同声明調印。9月　初の憲法制定。9月　中国人民解放軍が金門・馬祖島の砲撃開始（第1次台湾海峡危機）。12月　米華相互防衛条約締結
1955	4月　周恩来、バンドン会議（アジア・アフリカ会議）参加。7月　第1期全国人民代表大会第2回会議で第1次5カ年計画が通過（1953〜1957年度）

益尾知佐子（ますお・ちさこ）

1974（昭和49）年佐賀県生まれ．東京大学教養学部教養学科第三（国際関係論）卒業．東京大学大学院総合文化研究科国際社会科学専攻博士課程修了．日本学術振興会特別研究員，日本国際問題研究所研究員，エズラ・F・ヴォーゲル研究助手などを経て，2008年より九州大学大学院比較社会文化研究院准教授．専攻・国際関係論，中国の対外政策．

著書『中国政治外交の転換点』（東京大学出版会，2010年）

共著『日中関係史1972～2012』（東京大学出版会，2012年），『チャイナ・リスク』（岩波書店，2015年）『中国外交史』（東京大学出版会，2017年）他多数

訳書 エズラ・F・ヴォーゲル著『日中関係史』（日本経済新聞出版社，2019年）

共訳 エズラ・F・ヴォーゲル著『現代中国の父 鄧小平』上下（日本経済新聞出版社，2013年）

中国《ちゅうごく》の行動原理《こうどうげんり》
中公新書 2568

2019年11月25日初版
2022年5月10日4版

著　者　益尾知佐子
発行者　松田陽三

本文印刷　暁印刷
カバー印刷　大熊整美堂
製　本　小泉製本

発行所　中央公論新社
〒100-8152
東京都千代田区大手町1-7-1
電話　販売 03-5299-1730
　　　編集 03-5299-1830
URL https://www.chuko.co.jp/

Published by CHUOKORON-SHINSHA, INC.
Printed in Japan　ISBN978-4-12-102568-5 C1231

政治・法律

h2

108 国際政治（改版） 高坂正堯
1686 国際政治とは何か 中西　寛
2190 国際秩序 細谷雄一
1899 国連の政治力学 北岡伸一
2574 戦争とは何か 多湖　淳
2652 戦争はいかに終結したか 千々和泰明
2621 リベラルとは何か 田中拓道
2410 ポピュリズムとは何か 水島治郎
2207 平和主義とは何か 松元雅和
2576 内戦と和平 東　大作
2195 入門 人間の安全保障（増補版） 長　有紀枝
2394 難民問題 墓田　桂
2629 ロヒンギャ危機―「民族浄化」の真相 中西嘉宏
2133 文化と外交 渡辺　靖
113 日本の外交 入江　昭
1000 新・日本の外交 入江　昭
2402 現代日本外交史 宮城大蔵
2611 アメリカの政党政治 岡山　裕
1272 アメリカ海兵隊 野中郁次郎
2650 米中対立 佐橋　亮
2405 欧州複合危機 遠藤　乾
2568 中国の行動原理 益尾知佐子
700 戦略的思考とは何か（改版） 岡崎久彦
2215 戦略論の名著 野中郁次郎編著
721 地政学入門（改版） 曽村保信
2566 海の地政学 竹田いさみ
2532 シンクタンクとは何か 船橋洋一
2697 戦後日本の安全保障 千々和泰明